示范校重点专业建设成果教材
职业教育技能型实用人才培养系列规划教材

KEYUNQICHEJIASHIYUAN

# 客运汽车驾驶员心理训练

XINLIXUNLIAN

主　编　吴　刚　彭月秋

西南交通大学出版社
·成　都·

图书在版编目（CIP）数据

客运汽车驾驶员心理训练 / 吴刚，彭月秋主编. —成都：西南交通大学出版社，2018.10
示范校重点专业建设成果教材 职业教育技能型实用人才培养系列规划教材
ISBN 978-7-5643-6429-8

Ⅰ. ①客… Ⅱ. ①吴… ②彭… Ⅲ. ①旅客运输－汽车驾驶员－心理训练－中等专业学校－教材 Ⅳ. ①U471.3

中国版本图书馆 CIP 数据核字（2018）第 213362 号

示范校重点专业建设成果教材
职业教育技能型实用人才培养系列规划教材
**客运汽车驾驶员心理训练**
主编 吴 刚 彭月秋

责任编辑 梁 红
封面设计 何东琳设计工作室

出版发行 西南交通大学出版社
（四川省成都市二环路北一段 111 号
西南交通大学创新大厦 21 楼）
邮政编码 610031
发行部电话 028-87600564 028-87600533
网址 http://www.xnjdcbs.com
印刷 四川森林印务有限责任公司

成品尺寸 185 mm × 260 mm
印张 14.75
字数 313 千
版次 2018 年 10 月第 1 版
印次 2018 年 10 月第 1 次
定价 44.00 元
书号 ISBN 978-7-5643-6429-8

课件咨询电话：028-87600533

# 市级中职示范校重点专业建设
# 教材编写委员会

# 总　序

近 5 年来，国家先后颁布了《国务院关于加快发展现代职业教育的决定》（国发〔2014〕19 号）、《国家教育事业发展“十三五”规划》（国发〔2017〕4 号）、《国务院办公厅关于深化产教融合的若干意见》（国办发〔2017〕95 号），重庆市为贯彻落实国家颁布的相关政策文件，特制定了《重庆市人民政府关于加快发展现代职业教育的实施意见》（渝府发〔2015〕17 号）等政策文件，大力推进职业教育改革发展。

为积极响应国家政策，更好地适应重庆经济转型和产业结构调整的需要，2014 年，重庆市教委、市人力社保局、市财政局决定实施市级中等职业教育改革发展示范学校建设计划，2014—2016 年，在全市范围内重点支持建设不超过 30 所市级中等职业教育改革发展示范学校。项目学校通过人才培养模式改革、专业课程体系建设、校企合作、师资队伍建设等，促进学校改革创新、内涵发展，成为全市中等职业学校改革创新的示范、提高质量的示范、办出特色的示范，在中等职业教育改革发展中发挥引领骨干和辐射作用，为经济社会发展培养高素质劳动者和高技能技术人才。

2016 年 8 月，重庆市公共交通技工学校成功申报为市级中职示范校项目建设学校。经过两年的建设，在课程改革和教材建设上取得了可喜成绩，为进一步总结经验，固化成果，特组织骨干教师编写了 20 余门系列优质课程配套教材，并交由西南交通大学出版社审核出版。

本系列教材是在相关企业专家的悉心指导以及参与下完成的。教材以强化学生职业能力和培养综合素质为主线，以工作过程为导向，以典型工作任务和生产项目为载体，立足行业岗位要求，参照相关职业资格标准和行业技术标准，遵循中职学生成长规律、中职教育规律和行业生产规律进行开发建设。教材按照项目导向、任务驱动、模拟情境等教学模式要求，构建学习任务单元，注重学生可持续发展能力、创新能力、综合技术能力的培养，具有典型的工学结合特征。

本系列教材是重庆市公共交通技工学校不断深化教学改革的结果，更是市级中职示范校建设的一项重要成果，其中凝聚了各位编审人员的大量心血与智慧，也凝聚了众多行业专家的智慧。同时，在编写过程中得到了有关兄弟院校的大力支持，在此一并表示诚挚感谢!希望该系列教材的出版能有助于促进中职相关专业人才培养质量的提高，能为交通运输类职业院校的教材建设起到积极的引领和示范作用。本系列教材涉及专业面广，加之编者对现代职业教育理念的学习和认知仍需不断地改进和提高，书中难免存在不妥之处，恳请专家、同行不吝赐教，以促使我们不断提高教材编写的质量和水平。

李　灿

2018 年 5 月

# 前言 PREFACE

为深入贯彻《国务院关于加快发展现代职业教育的决定》（国发〔2014〕19号）和全国职业教育工作会议精神，加强优质职教资源建设，根据重庆市委、市政府《关于大力发展职业技术教育的决定》（渝委发〔2012〕11号）有关要求，重庆市教育委员会、重庆市人力和社会保障局、重庆市财政局自2014年启动重庆市市级中等职业教育改革发展示范学校建设工作。2016年8月18日，重庆市公共交通技工学校立项重庆市第三批市级中等职业教育改革发展示范学校建设单位。

本书是重庆市公共交通技工学校示范校重点建设专业汽车驾驶专业的建设成果之一。本书总结了学校多年的专业教学经验，结合行业、企业对客运汽车驾驶员的特殊要求，以学生就业为导向，以能力为本位，符合汽车驾驶专业教学改革精神，能够适应客运企业对驾驶技能型人才的要求。本书是在重庆市公共交通技工学校《汽车驾驶专业人才培养方案》和《汽车驾驶专业课程体系》的框架下，依据《客运汽车驾驶员心理训练课程标准》编写的，具有以下特色：

1. 本书结合国内外最新的相关研究成果，以知识适度够用为原则，将学科知识和行业发展需要有机的结合。

2. 本书设置有“学习目标”“案例导入”“思考练习”“补充资料”“补充案例”等几个板块，部分章节还设置有“心理测试”板块，既注重学生对基础理论和知识的理解与掌握，同时又可以提高学生分析问题、解决问题的能力。

3. 本书以典型的实际案例为载体，文字简洁，通俗易懂，图文并茂，容易培养学生的学习兴趣，提高学习效率。

本书主要内容包括：驾驶员职业适宜性检测、心理健康自评测试、感知、情绪、意志、注意、气质、性格、能力、个性倾向性、心理调适以及乘客心理分析与沟通技巧训练等。

本书在编写过程中参考了大量的书籍、论文等文献资料，并引用了一些研究成果，在此对这些专家和学者表示深深的谢意。由于工作疏忽或者其他原因，有一些引证参考资料未列明出处，若有此情况，在此深表歉意。

本书由重庆市公共交通技工学校吴刚、彭月秋担任主编，由于编写水平有限，书中难免有不当之处，敬请广大师生提出意见和建议，以便再版时完善。

**编　者**

2018 年 5 月

# 目录 CONTENTS

# 第一章

# 驾驶适宜性检测

## 学习目标

1. 熟知驾驶适宜性和驾驶适宜性检测的概念。
2. 了解驾驶适宜性检测的发展。
3. 掌握驾驶员适宜性检测的内容。
4. 了解我国驾驶适宜性检测的应用现状。

## 案例导入

小陈，男，20岁，高中毕业后一直在外地务工。近年来，随着重庆经济的快速发展，城市化进程不断加快，特别是城市公共交通的快速发展，对于城市公交车驾驶员的需求越来越大。最近，小陈萌生了回家乡做一名公交车驾驶员的想法，但是小陈还未取相关驾驶资质，他内心很忐忑，不知道自己是否适合做一名公交车驾驶员。

【思考练习】

1. 作为一名职业驾驶员，为什么需要进行驾驶适宜性检测？
2. 驾驶适宜性测试主要检测什么内容？

近年来，随着汽车保有量的不断增多，机动车驾驶人的数量也在逐渐加大，随之而来的就是道路交通事故的频发。据国家安全监管局和交通运输部于 2017 年 12 月 19 日联合发布的 2017 年《道路交通运输安全发展报告》显示：目前，中国道路交通事故年死亡人数仍高居世界第二位。每年交通事故总量仍居高位，事故起数、死亡人数分别占全国重特大事故总量的 70% 和 80%。交通事故令国家和社会都蒙受了巨大的损失，减少交通事故的发生已成为全球共同的目标。

交通安全的影响因素主要是道路交通系统中的人、车、路、环境。这四个要素对交通安全分别产生不同程度的影响。根据美国的研究，主要由驾驶员引起的道路交通事故占 57%；而我国的道路交通事故统计资料表明，主要由驾驶员造成的交通事故占 60% 左右，由道路环境条件引起的交通事故占 30% 左右，由汽车故障、车辆维护不当等因素诱发的交通事故仅占 10%。由此可见，驾驶员是导致交通事故高发的最主要原因。通常驾驶员的驾驶行为受驾驶技能的影响，但心理和生理因素也是导致驾驶员发生交通事故的主要原因。

为此，对驾驶员进行驾驶适宜性检测，对提高驾驶员的安全素质，保证交通安全具有重要作用，同时，对于驾驶员的选拔和科学化管理也具有重要意义。

## 第一节　驾驶适宜性检测的发展

### 一、驾驶适宜性

职业适宜性是指一个人从事某项工作时必须具备的生理、心理素质特征，是在先天因素和后天环境相互作用的基础上形成和发展起来的。职业适宜性包括诸多内容，但由于场合不同，可能会有不同的强调要点：工作效率、无事故倾向、最低能力和特性要求、熟悉工作速度、意愿适应、个人背景等。

驾驶适宜性属于职业适宜性之一，是驾驶员安全有效地从事驾驶工作必须具备的基本生理、心理素质特性，二者相对稳定而又相互弥补，是在一定交通环境下实现车辆安全行驶的可能性。

### 二、驾驶适宜性检测

驾驶适宜性检测是通过一定的仪器设备和手段，有目的地对驾驶员或要考取驾驶执照的人员生理和心理指标进行量测，从而判定其是否继续从事驾驶工作或是否成为驾驶员。这是安全驾驶的一项可靠的保证措施，可以辨识驾驶员群体中个体的驾驶适宜性优劣程度。

## 三、驾驶适宜性检测的目的

据公安部统计，截至 2017 年年底，全国机动车保有量达 3.10 亿辆，其中汽车 2.17 亿辆；机动车驾驶人达 3.85 亿人，其中汽车驾驶员 3.42 亿人。驾驶员的整体水平参差不齐，差异明显，驾驶适宜性检测的目的，就是在于培养出合格的驾驶员。通过驾驶适宜性检测，可以达到以下目的：

### （一）筛选出适宜从事驾驶的人员

通过科学的仪器诊断，可以区别合格驾驶员与事故多发驾驶员，对事故多发驾驶员进行有针对性的培训，若经培训仍不能达标者，则属于严重不适宜者，将其劝离职业驾驶员队伍，这样可以有效地筛选出适宜从事驾驶活动的驾驶员。

### （二）结合检测结果，进行有效改正

通过检测，驾驶员可以通过加强对自身的了解，如了解自身生理、心理素质等的状况，如果检测出自身存在问题，还可有针对性地进行改正，从而提高行车的安全性。因此，驾驶适宜性检测能有效地提高驾驶员队伍的群体素质，从根本上起到预防道路交通事故，减少交通隐患的作用。

## 四、驾驶适宜性检测的发展

美国最早开始驾驶适宜性检测，自美国心理学教授敏斯托伯格开创驾驶适宜性检测以来，许多国家相继研究驾驶适宜性问题，至今全球已研制出诸多驾驶适宜性检测方法。早期的驾驶适宜性检测主要局限于人体的运动、感觉、协调性、个性等方面，以后逐渐扩展至个体的兴趣、态度、认知方式、技能等多种生理和心理素质。

### （一）美　国

1930 年，美国设计了一系列旨在测评驾驶适宜性的量表及问卷，1936 年规定，在高中生必修课中开设驾驶模拟器训练等。但在驾驶适宜性理论和测评技术上一直难以突破，直至 20 世纪 70 年代中期，才恢复对驾驶员个性与交通事故关系的研究。相对而言，美国对于驾驶适宜性的研究较少，主要是由于美国经济发达，更重视高速公路和车辆安全性的建设，并把重点放置在安全设施的完善和安全教育上。

### （二）日　本

日本自 20 世纪 50 年代开始研究驾驶适宜性检测。1957 年东京警视厅对事故驾驶员的心理特征进行深入调查，在此基础上研究、开发了各种量表式的驾驶适宜性检测技术。1973 年日本公布了《自动车事故对策中心法》，同年成立“自动车事故对策中心”，至 1976 年已形成全国范围 50 个支所的网络，建立了一整套完整的检测系统并得到社会公认。20 世纪 80 年代初，日本的交通事故率居世界之首，由此引起了政府和学者的重视。通过对驾驶员进行心理、生理检测，分析出驾驶员发生交通事故的原因。对肇事驾驶员有针对性地培训，改正其操作方法；对有些不适宜从事驾驶工作的人员，劝其从事其他工作。由于此项研究成果深入广泛地应用，日本在一段时间内成为世界上道路交通事故发生最少的国家。1988 年日本警视厅开发出精度和实用性更高的驾驶适宜性检测技术——CRT 驾驶适宜性综合检测器。同一时期，日本汽车事故对策中心应用计算机技术，研制出新驾驶适宜性检测系统 NATS（New Aptitude Testing System）。现在日本正在深入研究驾驶适宜性的自动化检测，日本的驾驶适宜性检测技术已经更新至第四代，即 CRT-Ⅳ。

### （三）中　国

从 20 世纪 80 年代开始，我国在驾驶适宜性方面进行了系统的研究，取得了不少研究成果。

1．硬件系统方面

如中国农业大学的“机动车驾驶员驾驶适宜性系统”，吉林工业大学的“驾驶适宜性检测系统”，中国车辆检测中心研制的“驾驶职业能力检测系统”，福建省交通科学技术研究所开发的“JS 驾驶适宜性测评系统”，公安部交通管理科研所研制的驾驶适宜性检测设备，长安大学“人—车—环境系统安全重点实验室”研制的驾驶人适宜性检测设备等，都促进了中国驾驶适宜性检测的发展。

2．法律法规方面

1995 年国家颁布了由刘志宏教授主持制定的第一部《中华人民共和国军用汽车驾驶员选拔卫生标准》（GJB2262-95）；2001 年国家质量检验检疫总局发布《机动车驾驶员身体条件及其测评要求》（GB18463-2001）；同年，交通运输部颁布实施了我国首个行业标准《职业汽车驾驶人适宜性检测评价方法》（JT/T422-2001）。2014 年，《职业汽车驾驶员适宜性检测评价方法》被交通运输部颁布的《道路运输驾驶员适宜性检测评价方法》JT/T 442-2014 替代。

3．科学研究方面

1992 年 8 月，杭州市公安局交通管理部门建立了中国第一个驾驶适宜性检测中心。以金会庆为代表的安徽三联事故预防研究所为推动中国驾驶适宜性检测的发展和普及应用做出了重大贡献。他们从 1989 年开始对事故倾向性和驾驶适宜性进行了系统的研究，进而综合描述了道路交通事故发生的流行病学特征，提出事故倾向性驾驶员与安全驾驶员在人体形态、生理机能、视觉机能、心理、神经生化等方面存在差异。同时，他们在吸收国外先进经验的基础上，结合中国国情，建立起符合中国实际的驾驶适宜性检测指标系统，并研制整套检测设备，开发系统软件，进行驾驶适宜性检测的标准化研究，为驾驶适宜性检测在中国快速发展打下了坚实的基础。

20 世纪 90 年代中期，原西安公路交通大学的李百川教授主持职业驾驶员驾驶适宜性检测技术研究，通过对 7 个省市 13 000 多名客运汽车驾驶员三年内发生的交通事故状况进行调查，初步验证了职业驾驶员中事故倾向性的存在，并于 1996 年应用从日本引进的当时先进的职业驾驶甄别检测设备，对我国 14 个省的 2 392 名客运汽车驾驶员进行了检测，同时调查了被检测驾驶员连续 5 年的事故记录。综合事故情况的分析，经过数据处理，建立了适合我国国情的职业驾驶员适宜性检测体系，并制订出首个客运汽车驾驶员适宜性检测标准，即 2001 年交通部颁布的 JT/T 442-2001《职业汽车驾驶员适宜性检测评价方法》。

近几年，长安大学的研究者在营运车辆驾驶人驾驶适宜性检测设备系统建立、营运车辆驾驶人驾驶适宜性检测评价指标和体系构建以及营运车辆驾驶人适宜性检测综合指标与交通事故相关性等方面进行了大量的研究，并起草《道路运输驾驶员适宜性检测评价方法》JT/T 442-2014，丰富了我国驾驶适宜性的研究成果。

## 第二节 驾驶适宜性检测的内容

### 一、日本的驾驶适宜性检测

日本的《货物自动车运送事业输送安全规则》第十条第二项和《旅客自动车运送事业输送安全规则》第三十八条第二项规定以下三种驾驶人员必须接受驾驶适宜性的检测：① 初次应聘职业驾驶员；② 65 岁以上的驾驶员；③ 发生交通事故的驾驶员。除此之外，还规定客运企业每隔 3 年必须对营运车辆驾驶员进行一次为时 2 ~ 3 天的轮训。轮训前驾驶员必须先被安排进行适宜性检测，通过检测结果分析驾驶员安全驾驶的心理或生理缺陷，并在培训过程中进行针对性的训练。

目前，日本的驾驶适宜性检测项目主要包括：① 身体（生理机能）适宜性检测；② 精神医学的适宜性检测；③ 心理、性格适宜性检测。检测项目主要有视觉机能、性格及安全态度、危险感知检测，处置判断、反应判断、注意力分配、紧急/连续紧急反应等。检测方式除了机器检测之外，还包括笔试部分，并通过驾驶模拟器和专家讲解的方式对驾驶员进行相应的培训。

## 二、韩国的驾驶适宜性检测

韩国规定以下驾驶员必须接受驾驶适宜性的检测：① 初次检测对象（首次应聘的职业驾驶员）；② 特定检测对象（有过一次以上严重交通事故记录的职业驾驶员、根据年度审核累计积分超过 81 分的职业驾驶员、客运企业管理人员要求进行一次驾驶适宜性检测的驾驶员）。

初次检测对象的检测项目有：① 感知方面，包括速度估计、停车距离估计、注意力分配、深度知觉；② 智力方面，包括认知能力、认知风格；③个性方面，包括驾驶员的个性、个人思考及行为特征。特定检测对象的检测项目有：① 感知方面，包括简单反应、选择反应、处理视觉和听觉接收到的刺激、速度估计；② 智力方面，包括认知能力、认知风格；③ 个性因素，包括反社会心理（违规、不负责任、暴力倾向）、精神方面（抑郁、焦虑、愤怒、冲动倾向）；④ 视觉方面，包括动体视力（动体视力、静视力）、夜视力（夜间视力、暗适应）。检测方法包括笔试和仪器检测。

对于初次检测对象，检测人员会对其每个检测项目判定是否合格，要求所有检测项目均超过 50 分才能通过。对于特定检测对象，不做是否合格的判定，但要求所有受试者参加一个相关的培训，以纠正在检测过程中发现的缺陷。除此之外，韩国还要求各运输公司组织所有雇员进行驾驶适宜性的检测，并根据检测过程中发现的问题，对驾驶员进行相关的培训。

## 三、欧盟国家的驾驶适宜性检测

德国、芬兰等国家也成立相应的驾驶适宜性机构，对职业驾驶员与事故驾驶员进行反应敏捷性、对运动物体的判断能力、空间知觉、运动觉敏感性、暗适应、注意力水平、耐疲劳性、周边风险感知、紧急情况处置等项目的检测。同时制定了科学严谨的培训和继续教育制度，并利用高新科技手段对职业驾驶人开展培训，实施监督管理。

## 四、中国的驾驶适宜性检测

我国的驾驶适宜性检测项目可分为两大类，即生理素质检测项目和心理素质检测项目。生理素质检测项目主要有心血管机能、肺功能、听力、体力、静视力、动视力、视野、立体视觉、夜视力和辨色力等项目。心理素质检测项目包括空间知觉、速度知觉、时间知觉、反映时间、注意品质、个性、安全态度、应激和智能等。

### （一）驾驶员年龄和身体条件要求

2016 年 4 月 1 日，中华人民共和国公安部第 139 号令《公安部关于修改〈机动车驾驶证申领和使用规定〉的决定》规定，申请机动车驾驶证人员的年龄和身体条件应符合以下规定：

1．年龄条件

（1）申请小型汽车、小型自动挡汽车、残疾人专用小型自动挡载客汽车、轻便摩托车准驾车型的，在18周岁以上、70周岁以下。

（2）申请低速载货汽车、三轮汽车、普通三轮摩托车、普通二轮摩托车或者轮式自行机械车准驾车型的，在18周岁以上，60周岁以下。

（3）申请城市公交车、大型货车、无轨电车或者有轨电车准驾车型的，在20周岁以上，50周岁以下。

（4）申请中型客车准驾车型的，在21周岁以上，50周岁以下。

（5）申请牵引车准驾车型的，在24周岁以上，50周岁以下。

（6）申请大型客车准驾车型的，在26周岁以上，50周岁以下。

（7）接受全日制驾驶职业教育的学生，申请大型客车、牵引车准驾车型的，在20周岁以上，50周岁以下。

2．身体条件

（1）身高：申请大型客车、牵引车、城市公交车、大型货车、无轨电车准驾车型的，身高为155厘米以上。申请中型客车准驾车型的，身高为150厘米以上。

（2）视力：申请大型客车、牵引车、城市公交车、中型客车、大型货车、无轨电车或者有轨电车准驾车型的，两眼裸视力或者矫正视力达到对数视力表5.0以上。申请其他准驾车型的，两眼裸视力或者矫正视力达到对数视力表4.9以上。单眼视力障碍，优眼裸视力或者矫正视力达到对数视力表5.0以上，且水平视野达到150度的，可以申请小型汽车、小型自动挡汽车、低速载货汽车、三轮汽车、残疾人专用小型自动挡载客汽车准驾车型的机动车驾驶证。

（3）辨色力：无红绿色盲。

（4）听力：两耳分别距音叉50厘米能辨别声源方向。有听力障碍但佩戴助听设备能够达到以上条件的，可以申请小型汽车、小型自动挡汽车准驾车型的机动车驾驶证。

（5）上肢：双手拇指健全，每只手其他手指必须有三指健全，肢体和手指运动功能正常。但手指末节残缺或者左手有三指健全，且双手手掌完整的，可以申请小型汽车、小型自动挡汽车、低速载货汽车、三轮汽车准驾车型的机动车驾驶证。

（6）下肢：双下肢健全且运动功能正常，不等长度不得大于5厘米。但左下肢缺失或者丧失运动功能的，可以申请小型自动挡汽车准驾车型的机动车驾驶证。

（7）躯干、颈部：无运动功能障碍。

（8）右下肢、双下肢缺失或者丧失运动功能但能够自主坐立，且上肢符合本项第5目规定的，可以申请残疾人专用小型自动挡载客汽车准驾车型的机动车驾驶证。一只手掌缺失，另一只手拇指健全，其他手指有两指健全，上肢和手指运动功能正常，且下肢符合本项第6目规定的，可以申请残疾人专用小型自动挡载客汽车准驾车型的机动车驾驶证。

### （二）我国驾驶适宜性检测的项目

2014年6月27日，交通运输部颁布《道路运输驾驶员适宜性检测评价方法》JT/T 442—2014，规定了道路运输驾驶员驾驶适宜性检测的项目主要包括以下几项：

1．速度估计检测

速度估计检测主要是考察驾驶员是否能准确地估计和判断车速以及是否有急躁或迟缓反应的倾向。机动车在行驶过程中，由于速度较快，常常需要驾驶员在车辆行进过程中，准确估计出周围车辆以及自己所驾驶车辆的速度，如果不能准确估计车速，则容易导致对空间距离的判断不准，极易发生交通事故。尤其是在与其他车辆进行会车、让车、超车，或者行驶在复杂道路时，对车速没有相对准确的估计，容易引发交通事故（见图1.1）。

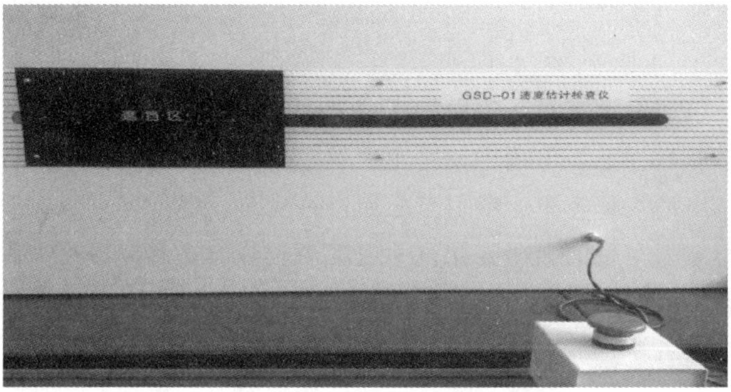


图1.1　速度估计检测仪

仪器原理：采用单片机控制视标滑块在支架上的运动状态。仪器面板上有一横槽，横槽左侧被一定宽度的黑色挡板遮住。小灯泡以一定速度在横槽中自右向左移动，中途因黑色遮蔽而消失。受检者用眼睛跟踪灯泡移动速度，估计灯泡到达挡板左端时，同步按下应答开关。用估计时间与正确时间的差异间接评判对速度估计的正确性。

本项检测练习3次，检测10次；有效测试时间为9.99秒；测试精度为0.01秒；目标移动速度145毫米/秒。

2．选择反应检测

选择反应检测主要针对驾驶员的机敏性以及选择反应时间和错误反应次数进行，即在道路交通环境变化较快的条件下，检测驾驶员在驾车时，其有效动作反应的快慢以及对无关信息的抗干扰能力。通过对交通事故的调查统计，可以看出驾驶员动作反应的速度及有效性都对道路交通事故产生影响。驾驶员反应时间的长短，直接关系到交通事故的发生概率。驾驶员对道路上车辆及行人与自身驾驶车辆之间距离变化的反应时间越短，越能及时有效地采取相应的操作行为；反之，驾驶员反应时间越长，注意稳定性越差，就越容易发生错误反应，也就越容易导致交通事故的发生（见图 1.2）。

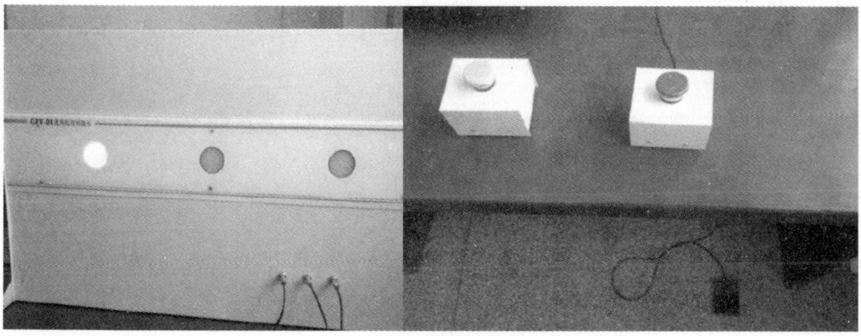

图 1.2　选择判断检测仪

仪器原理：采用计算机控制红、黄、蓝三种颜色刺激信号和蜂鸣器，三种颜色刺激信号和蜂鸣声随机出现，要求受检者对不同刺激分别由左手、右手和右脚做出不同反应，从而达到检测驾驶员对复杂情况反应能力的检测目的。仪器记录每次反应时间及反应的正确性。

本项检测练习 3 次，检测 16 次；计时精度为 0.01 秒。

3．深度知觉检测

深度知觉检测主要是针对驾驶员在行车过程中对认知物体远近、大小和几何形状的能力进行检测。驾驶员的深度知觉越准确，越能帮助其准确地估计和判断行车距离，才能确保行车安全。而通常很多驾驶员会发生一些追尾、剐蹭的交通事故，主要是由于驾驶员缺乏足够的驾驶知识和经验，才导致深度知觉不准，进而发生交通事故（见图 1.3）。

图 1.3　深度知觉检测仪

检测原理：仪器内有三根标杆，两侧的两根标杆位于箱体中部，固定不动作为空间参照物，中间一根装在滑块上，滑块由计算机控制往复运动。箱体内背景照明采用冷光灯泡。检测时，受检者坐在距离仪器中心 2 米的地方，计算机控制中间竖杆前后移动，当受检者认为中间竖杆与两根参照物杆处于同一水平时，按下应答器，仪器记录其中间竖杆与参照物杆的距离差值，即为空间感知检测值。

本项检测练习 2 次，检测 3 次；检测范围：0 ~ ±200 毫米；检测精度：1 毫米。

4．动体视力检测

动体视力检测主要是针对驾驶员在行车过程中对动态物体的视觉分辨力进行检测。在行车过程中，驾驶员主要是通过动视力来获取车内环境和车外环境的各种信息。动视力，一般是指驾驶员感知移动事物的视觉机能，车速越高动视力就越差，而动视力的好坏不能依靠静视力去衡量，因此，动视力的高低对交通安全极为重要（见图 1.4）。

图 1.4　动体视力检测仪

仪器原理：采用计算机控制微型电子显示屏模拟视标“C”形环四个切口方向和运动状态（以一定的速度由远向近移动），在受检者看清视标环缺口方向的瞬间，用应答反应键和四位开关做出反应。

本项检测练习 2 次，检测 5 次，如果连续三次误答，应停止检测，待休息 30 分钟后重新检测；测试视力范围：0.1 ~ 1.5。

5．暗适应检测

暗适应检测主要是针对驾驶员从明亮环境进入黑暗环境，是否能在短时间内有效识别当前信息以及视觉适应时间进行检测。人眼在光线发生明暗变化时，能在有效时间内识别黑暗中的物体，称为暗适应。通常在夜间会车时，由于灯光照明的变化，会导致周围环境的明暗度也在变化，如果驾驶员的视力在短时间内不能尽快恢复，则无法辨别道路交通情况，极易引发交通事故（见图 1.5）。

仪器原理：采用计算机控制微型电子显示屏模拟视标“C”形环的四个切口方向，为了突出检测驾驶员在明亮环境突然变为黑暗环境时的特点，配有白炽强光刺激源。被检者在接受强光刺激 30 秒后，黑暗中辨认视标“C”缺口方向，并用应答开关和四方位开关做出反应。仪器记录黑暗中正确辨认视标所需的时间。

图 1.5　暗适应检测仪

本项检测不做练习，检测 1 次，重检需休息 30 分钟以上；强光刺激时间为 30 秒；“C”型视标模拟视力值为 0.2；测试范围：0 ~ 30 秒；计时精度：1 秒。

6．处置判断检测

处置判断检测主要是针对驾驶员在行车中注意力的分配以及方向操作的圆滑性和正确性进行检测。注意是影响驾驶员安全行驶的重要因素，驾驶员注意品质的好坏，不但影响行车过程中驾驶员对交通情况的正确判断和操作决策的正确性，而且还影响驾驶员在操作方向盘过程中对左右障碍是否进行有效避让，从而衡量出驾驶员方向操作的圆滑性和正确性，保证行车安全（见图 1.6）。

图 1.6　处置判断检测仪

仪器原理：由微机控制的电机通过齿轮带动圆盘以一定的速度转动，受检者通过操纵方向盘，使两根指针从转盘上视标箭头尾部通过。若指针从箭头前端绕过，或骑着箭头而过，或碰到转盘的红色边缘时，仪器均记录操作错误一次，这样就迫使驾驶员将注意力左右合理分配并采取相应的操作动作，减少错误次数。

测试时，转盘旋转 6 圈；测试时间 210 ± 1 秒；仪器分别记录 70 秒、140 秒与 210 秒内的左右侧错误数。

7．夜间视力检测

夜间视力检测仪主要用于检测在夜间驾驶员对低对比度事物的识别能力，不同的驾驶员对于辨认事物对比度的程度不尽相同，所辨别出事物对比度越小，其在夜间感知事物所需时间越少，其发生误判的概率越小，所以此仪器的设计目标在于确认驾驶员所能识别事物的最小对比度（见图 1.7）。

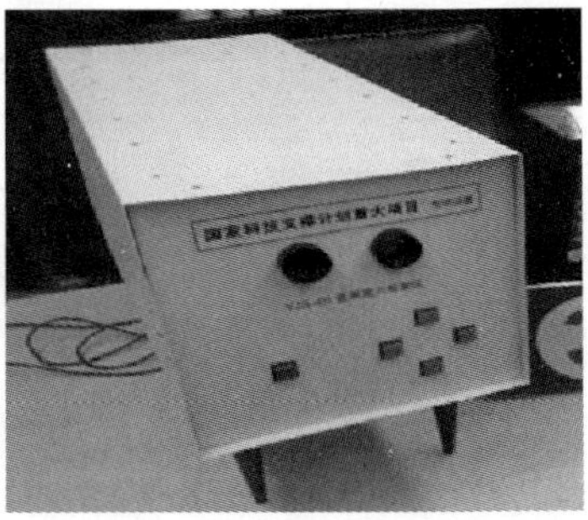

图 1.7　夜间视力检测仪

仪器原理：营造一个暗室用来模拟夜间行车环境。暗室后部的内部挡板上固定有视标“E”液晶显示屏，用来显示视标，模拟夜间环境下的外界信号。为了能准确地检测出驾驶员所能辨别的最低对比度，检测应该采用由难到易的检测程序，在 10 秒黑色背景的暗适应时间之后，每个对比度都有对应的等级给予驾驶员 5 秒的时间来辨认视标“E”的方向，这 5 秒中为驾驶员预留了多次凝视时间（250 毫秒～300 毫秒）、视觉判断时间（400 毫秒左右）、动作时间（200 毫秒左右）。驾驶员如果在此等级的对比度背景下能够正确判断出黑色“E”视标的上、下、左、右四个开口方向，即通过应答键和方向键正确回答开口方向，则驾驶员的夜间视力能力就用这个等级来表示，如果判断错误则重新开始。

本项检测练习 1 次，检测 1 次；视力等级共 10 级。

8．风险反应检测

由于紧急/连续紧急反应检测、周边风险感知检测都是要求受检者对于特定的视标做出相应的反应，所以采用在一个平台进行不同项目的测试（见图 1.8）。

图 1.8　风险感知检测仪

紧急/连续紧急反应检测的原理：在行车过程中，对简单反应时间的要求是对驾驶员的最基本的要求。对简单反应的检测即对基本信号的脚反应时间进行测试，由于红色信号具有刺激性强，长时间刺激更容易引起疲劳的效果，所以采用红色的刺激信号。检测时，受试者坐在电脑前面，注意观察显示屏中央位置，出现圆形红色信号时，立即进行右脚油门踏板抬脚反应，仪器自动记录紧急反应时间。

周边风险感知检测原理：根据驾驶员周边风险的感知原理以及驾驶员的视觉特性，要求驾驶员在中心集中注意力的同时，注意到四周信号判断，不但要求反应时间，而且要求反应的质量，所以中心和四周都应采用复杂反应刺激的形式来检测驾驶员中心和四周的反应能力和判断能力，并且根据人的凝视的特性，需要采取一定的形式强迫检测驾驶员将注意力集中在中心，并且同时在周边显示刺激信号，要求驾驶员做出正确的选择反应。

测试时，紧急反应检测五次，连续紧急反应检测 30 次；周边风险感知检测时，“□、×、△、○”视标颜色呈红色，随机显示 36 次。

## 五、中国驾驶适宜性检测的应用现状

目前，我国执行的《机动车驾驶人身体条件及其测评要求》国家标准中，对机动车驾驶人适宜性提出了六项强制性标准，如身高、视力、听力等，但全部都是身体方面的要求，且缺少视野、立体视觉、夜视力等生理因素要求，而涉及心理因素的速度估计能力、复杂反应能力、操作技能等指标却没有，所以，我国目前对机动车驾驶证申请人的检测只能说是身体条件检测，不能说是驾驶适宜性检测。

我国部分城市在对机动车驾驶人的管理中开展了驾驶适宜性检测的工作，开展此项检测工作的主要原因一般分为两种：第一种是大中型城市中，一些客运企业为提高生产安全管理水平，避免因重大群死群伤交通事故的发生造成企业的巨大损失，而选择购买驾驶适宜性检测设备，通过检测可以为企业选拔合格职业驾驶员提供参考依据；第二种是地方公安交通管理部门为加强对因交通安全违法行为记满 12 分或多次发生交通事故的驾驶员的管理，购买驾驶适宜性检测系统，用于驾驶员自愿选择进行检测，通过检测可以发现驾驶员存在的心理或生理上的驾驶缺陷，具体给予指导对策，提高驾驶员安全驾驶水平。

# 第二章

# 驾驶员心理健康自评测试

## 学习目标

1. 熟知心理健康的概念，掌握心理健康的判断标准。
2. 了解客运汽车驾驶员常见的心理问题。
3. 理解客运汽车驾驶员产生心理问题的原因。
4. 掌握客运汽车驾驶员心理调适的对策。
5. 运用 SCL-90 心理健康自评测试，了解自己的心理健康情况。

## 案例导入

### 公交驾驶员变身“弹弓狂人”

1988 年出生的小丁是一名公交车驾驶员。平时话不多，但爱好广泛，爬山、打球、骑车，和杭州的普通小年轻没什么两样，但这年轻人玩弹弓出了事。最终，他因为涉嫌寻衅滋事，站到了上城区法院的被告席上。

自 2012 年 7 月份开始，小丁每晚下班或者休息日，就骑着电动车，在上城区的复兴南街、海月路附近四处晃悠。

每当晃悠到一个僻静的地方，看看四下无人，小丁就掏出事先从网上买好的弹弓和钢珠，挑一辆停放在路边的车下手。瞄准玻璃车窗开始射击，听到玻璃“啪”一声碎掉之后，他又立马骑上电动车在夜色中溜走。

小丁这么干，已经不止一两次了。前后一个多月时间里，他一共作案 18 起，累计造成损失近 3 万元。“中弹”的这十多辆车，要么前后车门玻璃被击中，要么挡风玻璃被打碎，甚至连路边房子的外墙玻璃也有不幸中招的。直到 8 月底的一天凌晨，他被附近的巡逻队员当场抓获。巡逻队员从他身上查获了作案工具。

平时乖巧的小丁这是怎么了？小丁的爸爸得到派出所通知之后，有点不敢相信。玩弹弓的事情，其实爸爸是知道的，曾经还没收过。打车玻璃这事，小丁自己也知道不对，可就是控制不住。

“那段时间女朋友跟我分手了，工作压力也大，回到家里爸妈还特别不理解我，经常骂我。”站在被告席上的小丁声音低沉，“精神压力大，又实在找不到发泄口，真的没办法。”

在网上买到弹弓和钢珠之后，小丁还练习了好一段时间，对弹弓的射击距离和钢珠的破坏程度准确把握后，才敢上街。“每次打碎玻璃之后就觉得心里特别满足，好像那些不开心的情绪都被发泄掉了一样。”小丁说。

小丁的前女友程某说，他是个有些孤僻的男生，闷闷的，相处一段时间后，自己就无法忍受，所以提出了分手。

庭审过程中，这个年轻的小伙子始终低着头。没有为自己做任何辩护，一直表示忏悔。他说，想要对父母、对单位、对社会说一声“对不起”。

目前，小丁的家属已经对十几位受损的车主进行了赔偿，并取得了他们的谅解。法官没有当庭宣判。（来源：浙江在线）

## 【思考练习】

1. 案例中，导致小丁产生破坏行为的心理因素有哪些？
2. 如果你遇到和小丁一样的问题，你该怎么办？

近年来，客运汽车驾驶员的心理健康状况日益受到关注。有研究显示，客运汽车驾驶员在心理方面存在各种各样的问题，其中主要的心理问题为躯体化和强迫症状，其次为人际关系紧张、抑郁、焦躁、敌对、精神症状等。

客运汽车驾驶员之所以产生这样或那样的心理问题，一方面，与他们自身的心理健康状况有关，另一方面，与他们的工作性质和所处的社会环境有关。客运汽车驾驶工作是一项时间性、安全性、责任性都很强的，头手并用的技术性工作，在汽车行驶过程中驾驶员需要全身心投入。因此，驾驶员在行车过程中必须高度集中注意力，长期如此，若再遇到来自家庭、工作、人际关系等其他方面的不顺或打击，有些心理自我调节差的驾驶员很可能会出现心理问题，甚至不良行为。

## 第一节 客运汽车驾驶员的心理健康

### 一、心理健康的概念

1949 年，联合国世界卫生组织（WHO）对健康下了定义，即“健康不仅是没有疾病，而且包括躯体健康、心理健康、社会适应良好和道德健康。”由此可知，健康不仅仅是指躯体健康，还包括心理健康、社会适应良好等。心理健康是指个体的心理活动处于正常状态，即认知正常、情感协调、意志健全、个性完整和适应良好，能够充分发挥自身的最大潜能，以适应生活、学习、工作和社会环境的发展与变化。

在世界卫生组织对健康的定义细则中，心理健康的内容包括：

有足够充沛的精力，能从容承受日常生活和工作的压力而不会过度紧张。

处事乐观，态度积极，乐于承担责任，事无巨细不挑剔。

善于休息，睡眠良好。

应变能力强，能适应外界环境的各种变化。

### 二、心理健康的判断标准

1986 年，郭念锋在《临床心理学概论》中曾经明确提出判断心理健康水平的十条标准：

#### （一）心理活动的强度

心理活动的强度是指对于精神刺激的抵抗能力。不同的人对于同一类精神刺激的反应是各不相同的，这就能看出不同人对于精神刺激的抵抗力。抵抗力低的人往往容易遗留下后患，可以因为一次精神刺激而导致反应性精神病或癔症，而抵抗力强的人虽有反应但不致病。这种抵抗力主要是和人的认识水平有关，一个人对外部事件有充分理智的认识时，就可以相对地减弱刺激的强度。另外，人的生活经验以及固有的性格特征和先天神经系统的素质也都会影响这种抵抗能力。

#### （二）心理活动耐受力

前面说的是对突然的强大精神刺激的抵抗能力。但现实生活中还有另外一类精神刺激长期反复地在生活中出现，久久不消失，几乎每日每时都缠绕着人的心灵。这种慢性的长期的精神刺激可以折磨一个人整整一生，也可以使一个人痛苦很久。有的人在这种慢性精神折磨下出现心理异常，人格改变，精神不振，甚至产生严重的躯体疾病。但是也有人虽然被这些不良刺激缠绕，但最终不会在精神上出现严重问题，甚至把不断克服这种精神刺激当作生活的乐趣，当作一种标志，证明自己是一个强者。他们可以在别人无法忍受的逆境中做出成绩。可以把对长期精神刺激的抵抗能力看作一个人的心理健康水平的指标，即耐受力。

### （三）周期节律性

人的心理活动在形式和效率上都有着自己内在的节律性。比如，人的注意力水平就有一种自然的起伏。不只是注意状态，人的所有心理过程都有节律性。一般可以用心理活动的效率作指标去探查这种客观节律的变化。有的人白天工作效率不高，但一到晚上就很有效率，有的人则相反。如果一个人的心理活动的固有节律经常处在紊乱状态，不管是什么原因造成的，都可以说他的心理健康水平下降了。

### （四）意识水平

意识水平的高低往往以注意力水平为客观指标。如果一个人不能专注于某种工作，不能专注于思考问题，思想经常开小差或者因注意分散而出现工作上的差错，我们就要警惕，观察他是否出现心理健康问题。注意力水平的降低会影响意识活动的有效水平。思想不能集中的程度越高，心理健康水平就越低，由此而造成的其他后果，如记忆力下降等也越严重。

### （五）暗示性

易受暗示的人往往容易被周围环境的无关因素影响，导致情绪波动和思维紊乱，有时表现为意志力薄弱。他们的情绪和思维很容易随环境而变化，其精神活动具有不稳定的特点。当然，受暗示这种特点在每个人身上都或多或少存在着，但水平和程度差别较大，女性比男性较易受暗示。

### （六）心理康复能力

人的一生不可避免会遭受精神创伤，在精神创伤之后，情绪的波动、行为的暂时改变，甚至某些躯体症状都可能出现。但是，由于人们各自的认识能力不同、经验不同，从一次打击中恢复过来所需要的时间也会有所不同，恢复的程度也有差别。这种从创伤刺激中恢复到往常水平的能力，称为心理康复能力。康复水平高的人恢复得较快，而且不留痕迹，每当再次回忆起创伤时，他们表现得较为平静，原有的情绪色彩也很淡。

### （七）心理自控力

情绪的强度和表达、思维的方向和过程都是在人的自觉控制下实现的。所谓不随意的情绪和思维只是相对而言的，它们都有随意性，只是水平不高以至于难以察觉罢了。对情绪、思维和行为的自控程度与人的心理健康水平密切相关。当 个人身心十分健康时，他的心理活动十分自如，情绪的表达恰如其分，仪态大方，既不拘谨也不放肆。因此，精神活动的自控能力不失为心理健康的一个指标。

### （八）自信心

当一个人面对某种生活事件或工作任务时,必然会首先估计一下自己的应付能力。这种自我评估有两种偏差，一种是估计过高，一种是估计过低。前者是盲目的自信；后者是盲目的不自信。这种自信心的偏差所导致的后果都是不好的。前者很可能由于自身力不从心导致失败，从而产生失落感或抑郁情绪；后者可因自觉力不从心，害怕失败而产生焦虑不安的情绪。为此，一个人是否有恰当的自信是衡量心理健康与否的一个标准。自信心反映的是一种自我认知和思维的分析综合能力，这种能力可以在生活实践中逐步提高。

### （九）社会交往

人类的精神活动得以产生和维持，其重要的支柱是充分的社会交往。社会交往的剥夺必然导致精神崩溃，出现种种异常心理。因此，一个人与社会中其他人的交往也往往标志着一个人的心理健康水平。

当一个人毫无理由地与亲友和社会中其他成员断绝来往，或者变得十分冷漠时，这就构成了精神病症状，叫作接触不良。如果过分地进行社会交往，与素不相识的人也可以“一见如故”，这可能是一种躁狂状态。现实生活中比较多见的是心情抑郁，人处在抑郁状态下，社会交往困难较为常见。

### （十）环境适应能力

在某种意义上说，心理是适应环境的工具，人类为了保存个体和延续种族，为了自我发展和完善，就必须适应环境。因为，一个人从生到死，始终不能脱离自己的生存环境。环境条件是不断变化的，有时变动很大，这就需要采取主动性的或被动性的措施，使自身与环境达到新的平衡，这一过程就叫作适应。适应有积极适应和消极适应。前者指积极地改变环境，后者指躲避环境的冲击。有时，生存环境的变化十分剧烈，人们无能为力，只能韬晦、忍耐，即进行消极适应。消极适应只是形式，其内在意义也含有积极的一面，起码在某一时期或某一阶段上有现实意义。当生活环境突然变化时，一个人能否很快地采取各种办法去适应，并保持心理平衡，往往反映了一个人的心理健康水平。

### 【补充资料】

美国人本主义心理学家马斯洛认为，判断一个人的心理是否健康有十条标准：

（1）是否有充分的自我安全感。

（2）是否对自己充分地了解，并能恰当地评价自己的能力。

（3）自己的生活理想和目标是否切合实际。
（4）能否与周围环境保持良好的接触。
（5）能否保持自己人格的完整与和谐。
（6）是否具备并善于从经验中学习的能力。
（7）能否保持适当和良好的人际关系。
（8）能否适度地表达和控制自己的情绪。
（9）能否在符合集体允许的前提下，有限度地发挥自己的个性。
（10）能否在社会规范的范围内，适度地满足个人的基本需要。

## 三、客运汽车驾驶员常见的心理问题

客运汽车驾驶员作为一个特殊的职业群体，他们的工作环境、生活习惯、营养状况、精神文化生活等均有其特殊性。客运汽车驾驶员每天工作时间普遍过长、职业满意度不高、心理压力过大、时常处于高风险的应激状态。除此以外，还要保证行车安全，所有这些精神压力使得其负性情绪更加突出。客运汽车驾驶员常见的心理问题主要有：

### （一）心理疲劳

心理疲劳主要表现为，在高强度的客运工作压力下，如驾驶时间过长、外界驾驶环境较差或条件多变等，驾驶员会感到心慌、心绪不宁，对驾驶过程产生无力应付的感觉。心理疲劳是一种常见的心理现象，一般来讲，在客运工作结束后经过一段时间的休息，就能恢复。

### （二）焦　虑

焦虑是驾驶员的典型心理问题，是对行车过程中不确定因素的防御性身心反应，表现为因不可预见行车过程中的危险，而感到紧张不安、忧心忡忡。一般性焦虑是情境性、暂时性的，常会随着危险结束而消除。但是，如果运输危险持续、长时间作用，驾驶员不能及时调节心理状态，就会出现心理障碍，不自觉地紧张、担心。

### （三）抑　郁

抑郁是驾驶员在遭受心理挫折以后，如家庭变故、工作待遇不公平、工作分配不合理等，而产生干什么都没意思的郁闷感觉，表现为无精打采、疲劳无力、情绪消沉、悲观厌世。

【补充资料】

### 客运汽车驾驶员心理健康相关研究

刘堂龙等对宁波市公交驾驶员的研究结果表明，宁波市公交驾驶员 SCL-90 各类因子得分在与全国常模进行比较时，各类因子分值均显著高于常模，表明宁波市公交车驾驶员均处在不同程度的心理不健康状态,尤其是在躯体不适方面的主诉非常明显，并且随着工作年龄的增加呈现加重趋势。

毕言对辽宁省长途汽车驾驶员的健康状况的研究结果显示，他们的 SCL-90 总分及多项因子分与常模相比存在显著性差异。由于长途汽车驾驶员的生活缺乏规律，再加上驾驶室狭小，身体活动不足，又时刻担心发生交通事故，所以长期处于精神高度紧张状态，因此长途汽车驾驶员的心理健康问题显著高于一般常人。对长途汽车驾驶员进行 SCL-90 测验，发现其阳性项目、总均分及阳性均分都显著高于我国常模，即长途汽车驾驶员的心理应激源比常人要多。

## 四、客运汽车驾驶员产生心理问题的原因

导致客运汽车驾驶员产生各种心理问题的原因主要有以下几个方面：

### （一）客观方面

1．身体因素与经历因素

近年来医学遗传流行病研究表明：重型心理障碍如情感障碍、精神分裂症等，与基因遗传的关系较密切，而轻型心理障碍如神经症，则与基因遗传的关联度较小。有研究表明，心理障碍随着年龄的增加，经历因素的影响呈上升趋势，身体遗传因素的影响呈下降的趋势。刚参加工作的驾驶员其年龄大多处于青壮年期，因此经历因素和身体遗传因素对心理健康有很重大的影响。

2．家庭环境与社会因素

对于客运汽车驾驶员，家庭的影响主要包括家庭结构、家庭成员素质、家庭经济情况以及家庭氛围四个方面，如家庭变故、离异、夫妻一方失业等情况，其家庭的影响是不可忽视的。社会因素包括社会制度、社会结构、伦理道德水平、教育方式、经济发展水平、科学技术水平、传统习俗等方面。

3．环境变化的因素

有关研究表明，个人所处环境的巨大变化会使自我产生心理应激反应。虽然环境变化是工作、生活中不可缺少的一部分，但这种变化对个人适应的影响比较突出。生活、工作环境的变化对刚参加工作的驾驶员是一个具有现实性的大挑战。

4．重要因素的缺失

人际关系的缺失、荣誉的缺失、自尊的缺失以及个人自由性的缺失等是在客运汽车驾驶员中经常出现的。这一类缺失的影响有时是非常大的。人际关系主要是指与家人、朋友、同事特别是异性（恋人）的关系。一旦这些关系缺失或出现问题，不仅仅会影响到驾驶员的情绪、工作和生活，也可能会极大地影响到他们对自己的认知。

5．冲突与选择

在客运工作过程中，驾驶员通常要面临着各式各样的冲突与选择。主要包括：驾驶工作与家庭生活的冲突，驾驶操作与自我兴趣的冲突，家庭、生活、工作与情感之间的冲突，休息与加班之间的冲突，以及计划与发展现状的冲突等。驾驶员面临的冲突对他们的影响很大时，如关系到驾驶工作的完成和身体健康时，要做出选择就会比较困难了。

### （二）主观方面

1．个人价值观与道德水平

人生的价值观可分为两种类型：一类是利他主义的价值观，一生为了一个固定目标奋斗，在奋斗过程中不以个人利益为终极目的，为其他人、为社会做贡献；另一类是个人主义的价值取向，一切行为都是以自身利益为中心，不考虑他人与公共利益。如果一个人在利他主义价值观的指导下，内心善良、与人为善，对自己的事业充满无限激情。而另外一类价值取向的人只重视个人利益，以满足个人需求为目的，做一切事都自私自利，很难与其他人建立良好的人际关系，一旦个人需求得不到满足，就会抱怨他人与社会，影响正常工作与生活，难以形成健康愉悦的心境。

2．矛盾与冲突

对于新环境适应能力不强的驾驶员，容易产生心理问题的原因有两个方面：一是驾驶员自立自主意识日益增强，主观愿望与客观条件及对环境适应能力发生矛盾；二是新生物质生活的依赖性与精神生活的独立意识存在矛盾。

## 五、客运汽车驾驶员心理调适的对策

通过对客运汽车驾驶员心理成因进行分析，对客运汽车驾驶员进行心理调适的对策主要有以下几个方面：

### （一）自我调适

自我调适就是自我自觉主动防御负面心理的产生，通过自我了解、自我发现、自我改变、自我适应和自我发展带来心理自我修复，帮助自我从心理困境中摆脱出来。自我心理调适能力是一种潜能存在。自我调适能够解决学习、工作、生活中的心理问题或心理障碍，减轻或解除不良的精神症状，改善认知水平，消除不良行为，提高应付危机的技巧，促进人际和谐，回归社会，提高社会功能和社会适应力，并促进人格成熟，纠正心理偏差，恢复心理健康的能力。

如果驾驶员在枯燥、乏味的客运工作中产生负面情绪，应该学会自我调适、自我发现问题，学会改变思路、调整心态，积极适应客运工作环境，帮助自己从负面情绪中走出来，让积极向上、愉悦的心态主导自我内心，这样才能从根本上解决问题。

### （二）组织引导

健康的心理是道路交通运输行业和客运企业对其驾驶员的基本要求，而具有优秀心理品质则是行业和企业对于驾驶员的高端要求。要培养与塑造出具有优秀心理品质的驾驶员，企业责无旁贷，且不能盲目或者强迫，必须合理干预，正确引导，循序渐进。

#### 1. 塑造良好的组织环境

客运汽车驾驶员工作压力较大，其中一个重要原因是由于没有健康、良好的组织环境。对于客运企业来说，塑造良好的组织环境，重点在于企业积极健康向上的企业文化以及安全工作风气的建设。

#### 2. 建立和谐的人际关系网络

客运企业可以通过访谈模式，建立良好的上下级沟通渠道，达到对驾驶员正确理念、价值观等塑造的目的，再通过培养他们对驾驶工作的热情，让驾驶员安全地进行驾驶工作。访谈模式有多种，企业领导可以通过工作交流促使下属增强服务意识，也可以通过技术比武加强驾驶员之间的联系与配合；还可以组织部门年会或体育比赛活动，促使驾驶员之间加深信任，增进了解，提高团队合作性；企业领导或管理者还可以及时听取驾驶员的驾驶亲身体验，尤其在驾驶员与新车型磨合时期。领导干部还应经常深入基层了解下属的工作及生活状况，发现威胁驾驶员职业心理健康的各种隐患，有效解决下属反映的问题和困难，缩短与他们的心理距离。

#### 3. 开展具有针对性的培训活动

客运汽车驾驶员的工作紧张、忙碌，充满压力，客运企业应开展针对客运汽车驾驶员心理健康及心理调适能力方面的培训工作，可以使他们更好地了解心理健康规律，掌握自己的人格特质，正确评估自身能力素质和职业环境的差异，减少心理问题的发生。

【补充资料】

**公交驾驶员压力大 公交公司请健康专家做心理辅导**

2017 年 5 月 23 日，重庆两江公交一分公司对所辖 624 路、660 路、825 路、835 路等 10 余条公交线路的 370 多名驾驶员分批次开展心理辅导培训，对公交驾驶员进行

心理疏导，引导其学会自我情绪调节，保持良好平稳的心态，保障行车安全，助力城市畅通。（来源：大渝网）

### （三）社会支持

1. 营造良好的家庭环境

家庭与社会环境对客运汽车驾驶员心理教育工作的有效化是明显性的影响。因为良好心理的形成与建立同驾驶员的家庭情况、社会物质与精神状况有着十分密切的联系。每一个驾驶员都有特定的家庭情况，每一个时代也都是在特定的物质与精神条件下形成的，这些特定的情况及其关系时刻影响着、干扰着、促进着每一个驾驶员对自己的心理品质的确定与形成。

2. 提供优良的社会支持

社会支持可以帮助人们宣泄不良情绪、获得情感支持，从而有效缓解压力。社会上有很多具备专业知识和技能的心理咨询机构，机构中的专家可以为患有心理方面问题的客运汽车驾驶员进行咨询，保守驾驶员的秘密，并能准确、专业、迅速地帮助驾驶员解决心理问题，提供更为专业的服务。

【补充资料】

#### 放下公交车，去心理咨询室唠唠

交通越来越拥堵，驾驶员“路怒症”频发。为了让公交驾驶员及时疏解负面情绪，2016 年 5 月 17 日，交运温馨巴士 50 家心理咨询室“开张”，驾驶员可以通过打沙袋、画漫画、沟通讲述等多种方式解压。（来源：《齐鲁晚报》）

3. 营造良好的社会氛围

社会心理学的许多研究表明，一个人某种心态的形成和改变，与其所处的环境提供的相关信息有很大的关系。对于客运汽车驾驶员来说，他们的心态不仅受单位环境的影响，还受社会大环境的影响。从社会责任方面来说，社会环境中的某些因素（如社会舆论、社会倾向等）对他们的影响有时会更大一些。因此，在社会中应通过各种方式和途径，提高客运汽车驾驶员的心理调适能力，努力营造有利于提升驾驶员心理调适能力的社会氛围，减轻客运汽车驾驶员的社会心理压力。

## 第二节　SCL-90 心理健康自评测试

### 一、测试题目

指导语：请您根据最近一周以来自己的实际情况，选择最符合您的一项，并在每题后的 5 个方格中选择一格，做好标记。然后将每题得分填在测验后相应题号的评分栏中，其中“无”记 1 分，“轻度”记 2 分，“中度”记 3 分，“偏重”记 4 分，“严重”记 5 分。

| | 无 | 轻度 | 中度 | 偏重 | 严重 |
|---|---|---|---|---|---|
| 1. 头痛。 | □ | □ | □ | □ | □ |
| 2. 神经过敏，心中不踏实。 | □ | □ | □ | □ | □ |
| 3. 头脑中有不必要的想法或字句盘旋。 | □ | □ | □ | □ | □ |
| 4. 头昏或昏倒。 | □ | □ | □ | □ | □ |
| 5. 对异性的兴趣减退。 | □ | □ | □ | □ | □ |
| 6. 对旁人责备求全。 | □ | □ | □ | □ | □ |
| 7. 感到别人能控制您的思想。 | □ | □ | □ | □ | □ |
| 8. 责怪别人制造麻烦。 | □ | □ | □ | □ | □ |
| 9. 忘记性大。 | □ | □ | □ | □ | □ |
| 10. 担心自己的衣饰整齐及仪态的端正。 | □ | □ | □ | □ | □ |
| 11. 容易烦恼和激动。 | □ | □ | □ | □ | □ |
| 12. 胸痛。 | □ | □ | □ | □ | □ |
| 13. 害怕空旷的场所或街道。 | □ | □ | □ | □ | □ |
| 14. 感到自己的精力下降，活动减慢。 | □ | □ | □ | □ | □ |
| 15. 想结束自己的生命。 | □ | □ | □ | □ | □ |
| 16. 听到旁人听不到的声音。 | □ | □ | □ | □ | □ |
| 17. 发抖。 | □ | □ | □ | □ | □ |
| 18. 感到大多数人都不可信任。 | □ | □ | □ | □ | □ |
| 19. 胃口不好。 | □ | □ | □ | □ | □ |
| 20. 容易哭泣。 | □ | □ | □ | □ | □ |
| 21. 同异性相处时感到害羞不自在。 | □ | □ | □ | □ | □ |
| 22. 感到受骗，中了圈套或有人想抓住您。 | □ | □ | □ | □ | □ |
| 23. 无缘无故地突然感到害怕。 | □ | □ | □ | □ | □ |
| 24. 自己不能控制地大发脾气。 | □ | □ | □ | □ | □ |
| 25. 怕单独出门。 | □ | □ | □ | □ | □ |

| | | | | | |
|---|---|---|---|---|---|
| 26. 经常责怪自己。 | □ | □ | □ | □ | □ |
| 27. 腰痛。 | □ | □ | □ | □ | □ |
| 28. 感到难以完成任务。 | □ | □ | □ | □ | □ |
| 29. 感到孤独。 | □ | □ | □ | □ | □ |
| 30. 感到苦闷。 | □ | □ | □ | □ | □ |
| 31. 过分担忧。 | □ | □ | □ | □ | □ |
| 32. 对事物不感兴趣。 | □ | □ | □ | □ | □ |
| 33. 感到害怕。 | □ | □ | □ | □ | □ |
| 34. 您的感情容易受到伤害。 | □ | □ | □ | □ | □ |
| 35. 旁人能知道您的私下想法。 | □ | □ | □ | □ | □ |
| 36. 感到别人不理解您、不同情您。 | □ | □ | □ | □ | □ |
| 37. 感到人们对您不友好，不喜欢您。 | □ | □ | □ | □ | □ |
| 38. 做事必须做得很慢以保证做得正确。 | □ | □ | □ | □ | □ |
| 39. 心跳得很厉害。 | □ | □ | □ | □ | □ |
| 40. 恶心或胃部不舒服。 | □ | □ | □ | □ | □ |
| 41. 感到比不上他人。 | □ | □ | □ | □ | □ |
| 42. 肌肉酸痛。 | □ | □ | □ | □ | □ |
| 43. 感到有人在监视您、谈论您。 | □ | □ | □ | □ | □ |
| 44. 难以入睡。 | □ | □ | □ | □ | □ |
| 45. 做事必须反复检查。 | □ | □ | □ | □ | □ |
| 46. 难以做出决定。 | □ | □ | □ | □ | □ |
| 47. 怕乘电车、公共汽车、地铁或火车。 | □ | □ | □ | □ | □ |
| 48. 呼吸有困难。 | □ | □ | □ | □ | □ |
| 49. 一阵阵发冷或发热。 | □ | □ | □ | □ | □ |
| 50. 因为感到害怕而避开某些东西、场合或活动。 | □ | □ | □ | □ | □ |
| 51. 脑子变空了。 | □ | □ | □ | □ | □ |
| 52. 身体发麻或刺痛。 | □ | □ | □ | □ | □ |
| 53. 喉咙有梗塞感。 | □ | □ | □ | □ | □ |
| 54. 感到前途没有希望。 | □ | □ | □ | □ | □ |
| 55. 不能集中注意。 | □ | □ | □ | □ | □ |
| 56. 感到身体的某一部分软弱无力。 | □ | □ | □ | □ | □ |
| 57. 感到紧张或容易紧张。 | □ | □ | □ | □ | □ |
| 58. 感到手或脚发重。 | □ | □ | □ | □ | □ |
| 59. 想到死亡的事。 | □ | □ | □ | □ | □ |
| 60. 吃得太多。 | □ | □ | □ | □ | □ |

| | | | | | |
|---|---|---|---|---|---|
| 61. 当别人看着您或谈论您时感到不自在。 | □ | □ | □ | □ | □ |
| 62. 有一些不属于您自己的想法。 | □ | □ | □ | □ | □ |
| 63. 有想打人或伤害他人的冲动。 | □ | □ | □ | □ | □ |
| 64. 醒得太早。 | □ | □ | □ | □ | □ |
| 65. 必须反复洗手、点数目或触摸某些东西。 | □ | □ | □ | □ | □ |
| 66. 睡得不稳不深。 | □ | □ | □ | □ | □ |
| 67. 有想摔坏或破坏东西的冲动。 | □ | □ | □ | □ | □ |
| 68. 有一些别人没有的想法或念头。 | □ | □ | □ | □ | □ |
| 69. 感到对别人神经过敏。 | □ | □ | □ | □ | □ |
| 70. 在商店或电影院等人多的地方感到不自在。 | □ | □ | □ | □ | □ |
| 71. 感到任何事情都很困难。 | □ | □ | □ | □ | □ |
| 72. 一阵阵恐惧或惊恐。 | □ | □ | □ | □ | □ |
| 73. 感到在公共场合吃东西很不舒服。 | □ | □ | □ | □ | □ |
| 74. 经常与人争论。 | □ | □ | □ | □ | □ |
| 75. 单独一个人时神经很紧张。 | □ | □ | □ | □ | □ |
| 76. 别人对您的成绩没有做出恰当的评价。 | □ | □ | □ | □ | □ |
| 77. 即使和别人在一起也感到孤单。 | □ | □ | □ | □ | □ |
| 78. 感到坐立不安心神不定。 | □ | □ | □ | □ | □ |
| 79. 感到自己没有什么价值。 | □ | □ | □ | □ | □ |
| 80. 感到熟悉的东西变成陌生或不像是真的。 | □ | □ | □ | □ | □ |
| 81. 大叫或摔东西。 | □ | □ | □ | □ | □ |
| 82. 害怕会在公共场合昏倒。 | □ | □ | □ | □ | □ |
| 83. 感到别人想占您的便宜。 | □ | □ | □ | □ | □ |
| 84. 为一些有关性的想法而很苦恼。 | □ | □ | □ | □ | □ |
| 85. 您认为应该因为自己的过错而受到惩罚。 | □ | □ | □ | □ | □ |
| 86. 感到要很快把事情做完。 | □ | □ | □ | □ | □ |
| 87. 感到自己的身体有严重问题。 | □ | □ | □ | □ | □ |
| 88. 从未感到和其他人很亲近。 | □ | □ | □ | □ | □ |
| 89. 感到自己有罪。 | □ | □ | □ | □ | □ |
| 90. 感到自己的脑子有毛病。 | □ | □ | □ | □ | □ |

## 二、分数统计

### （一）总分项目

（1）总分：　　　　分

（2）总均分 = 总分/90 =　　　　分

（3）阳性项目数：　　　　个

（4）阴性项目数：　　　　个

（5）阳性症状均分=（总分 – 阴性项目数）/阳性项目数=　　　　　分

### （二）各类因子统计表（共 10 个因子）

| 因子 | 项　目 | 项目总分 | T 分 = 项目总分/项目数 |
|---|---|---|---|
| F1 | 1、4、12、27、40、42、48、49、52、53、56、58 | （　　）/12 | |
| F2 | 3、9、10、28、38、45、46、51、55、65 | （　　）/10 | |
| F3 | 6、21、34、36、37、41、61、69、73 | （　　）/9 | |
| F4 | 5、14、15、20、22、26、29、30、31、32、54、71、79 | （　　）/13 | |
| F5 | 2、17、23、33、39、57、72、78、80、86 | （　　）/10 | |
| F6 | 11、24、63、67、74、81 | （　　）/6 | |
| F7 | 13、25、47、50、70、75、82 | （　　）/7 | |
| F8 | 8、18、43、68、76、83 | （　　）/6 | |
| F9 | 7、16、35、62、77、84、85、87、88、90 | （　　）/10 | |
| F10 | 19、44、59、60、64、66、89 | （　　）/7 | |

注：1. 项目总分即前面对应项目的得分之和

2. T 分 = 项目总分/项目数

## 三、统计指标

### （一）总分项目

（1）总分：90 个项目单项分相加之和，能反映其病情严重程度。

（2）总均分：总分/90，表示从总体情况看，该受检者的自我感觉位于 1 ~ 5 级的哪一个分值程度上。

（3）阳性项目数：单项分≥2 的项目数，表示受检者在多少项目上呈有“病状”。

（4）阴性项目数：单项分=1 的项目数，表示受检者“无症状”的项目有多少。

（5）阳性症状均分：（总分 – 阴性项目数）/阳性项目数，表示受检者在“有症状”项目中的平均得分。反映受检者自我感觉不佳的项目，其严重程度究竟介于哪个范围。

### （二）因子分

因子分共包括 10 个因子，即所有 90 个项目分为 10 大类。每一因子反映受检者某一方面的情况，因而通过因子分可以了解受检者的症状分布特点，并可作廓图（Profile）分析。

## 四、参考标准

总分超过 160 分，或阳性项目数超过 43 项，或任一因子分超过 2 分。可考虑筛查阳性，做进一步研究。

## 五、得分解释

### （一）总症状指数

总症状指数是指，总的来看，被试的自我症状评价介于“没有”到“严重”的哪一个水平。总症状指数的分数在 1～1.5 之间，表明被试自我感觉没有量表中所列的症状；在 1.5～2.5 之间，表明被试感觉有点症状，但发生得并不频繁；在 2.5～3.5 之间，表明被试感觉有症状，其严重程度为轻到中度；在 3.5～4.5 之间，表明被试感觉有症状，其程度为中到严重；在 4.5～5 之间表明被试感觉有症状，且症状的频度和强度都十分严重。

### （二）阳性项目数

阳性项目数指被评为 2～5 分的项目数分别是多少，它表示被试在多少项目中感到“有症状”。

### （三）阴性项目数

阴性项目数指被评为 1 分的项目数，它表示被试“无症状”的项目有多少。

### （四）阳性症状均分

阳性症状均分指个体自我感觉不佳的项目的程度究竟处于哪个水平，其意义与总症状指数的相同。

### （五）因子分

SCL-90 包括 9 个因子，每一个因子反映出个体某方面的症状情况，通过因子分可了解症状分布特点。当个体在某一因子的得分大于 2 时，即超出正常均分，则个体在该方面就很有可能有心理健康方面的问题。

1．躯体化

主要反映身体不适感，包括心血管、胃肠道、呼吸和其他系统的不适，头痛、背痛、肌肉酸痛，以及焦虑等躯体不适表现。

该分量表的得分在12～60分。得分在36分以上，表明个体在身体上有较明显的不适感，并常伴有头痛、肌肉酸痛等症状。得分在24分以下，躯体症状表现不明显。总的来说，得分越高，躯体的不适感越强；得分越低，症状体验越不明显。

2．强迫症状

主要指那些明知没有必要，但又无法摆脱的无意义的思想、冲动和行为，还有一些比较一般的认知障碍的行为征象也在这一因子中反映。

该分量表的得分在10～50分。得分在30分以上，强迫症状较明显。得分在20分以下，强迫症状不明显。总的来说，得分越高，表明个体越无法摆脱一些无意义的行为、思想和冲动，并可能表现出一些认知障碍的行为征兆；得分越低，表明个体在此种症状上表现越不明显，没有出现强迫行为。

3．人际关系敏感

主要是指某些人际的不自在与自卑感，特别是与其他人相比较时更加突出。在人际交往中存在自卑感、心神不安、不自在，以及人际交流中消极地自我暗示、期待等是这方面症状产生的典型原因。

该分量表的得分在9～45分。得分在27分以上，表明个体人际关系较为敏感，人际交往中自卑感较强，并伴有行为症状（如坐立不安、退缩等）。得分在18分以下，表明个体在人际关系上较为正常。总的来说，得分越高，个体在人际交往中表现出来的问题就越多，越自卑，自我中心越突出；得分越低，个体在人际关系上越能应对自如，并抱有积极的期待。

4．抑　郁

抑郁以苦闷的情感与心境为代表性症状，以生活兴趣的减退、动力缺乏、活力丧失等为特征，还表现出失望、悲观以及与抑郁相联系的认知和躯体方面的感受。另外，还包括有关死亡的思想和自杀观念。

该分量表的得分在13～65分。得分在39分以上，表明个体的抑郁程度较强，生活缺乏足够的兴趣，缺乏运动活力，极端情况下，可能会有想死的念头。得分在26分以下，表明个体抑郁程度较弱，生活态度乐观积极，充满活力，心境愉快。总的来说，得分越高，抑郁程度越明显；得分越低，抑郁程度越不明显。

5．焦　虑

一般指那些烦躁、坐立不安、神经过敏、紧张以及由此产生的躯体症状，如震颤等。

该分量表的得分在10～50分。得分在30分以上，表明个体较易焦虑，易表现出烦躁、不安静和神经过敏，极端时可能导致惊恐发作。得分在20分以下，表明个体不易焦虑，易表现出安定的状态。总的来说，得分越高，焦虑表现越明显；得分越低，焦虑程度越低。

6．敌　对

主要从三方面来反映敌对的表现：思想、感情及行为。其项目包括厌烦的感觉，摔物、争论直到不可控制的脾气暴发等各方面。

该分量表的得分在 6 ~ 30 分。得分在 18 分以上，表明个体易表现出敌对的思想、情感和行为。得分在 12 分以下表明个体容易表现出友好的思想、情感和行为。总的来说，得分越高，个体越容易敌对，好争论，脾气难以控制；得分越低，个体的脾气越温和，待人友好，不喜欢争论，无破坏行为。

7．恐　惧

恐惧的对象包括出门旅行、空旷场地、人群、公共场所及交通工具，此外，还有社交恐惧。

该分量表的得分在 7 ~ 35 分。得分在 21 分以上，表明个体恐惧症状较为明显，常表现出社交、广场和人群恐惧；得分在 14 分以下，表明个体的恐惧症状不明显。总的来说，得分越高，个体越容易对一些场所和物体发生恐惧，并伴有明显的躯体症状；得分越低，个体越不易产生恐惧心理，越能正常地交往和活动。

8．偏　执

主要指投射性思维、敌对、猜疑、妄想、被动体验和夸大等。

该分量表的得分在 6 ~ 30 分。得分在 18 分以上，表明个体的偏执症状明显，较易猜疑和敌对，得分在 12 分以下，表明个体的偏执症状不明显。总的来说，得分越高，个体越易偏执，表现出投射性的思维和妄想；得分越低，越不易走极端。

9．精神病性

反映各式各样的急性症状和行为，即限定不严的精神病性过程的症状表现。

该分量表的得分在 10 ~ 50 分。得分在 30 分以上，表明个体的精神病性症状较为明显，得分在 20 分以下，表明个体的精神病性症状不明显。总的来说，得分越高，越多地表现出精神病性症状和行为；得分越低，越少表现出这些症状和行为。

10．其他项目（睡眠、饮食等）

附加项目或其他，作为第 10 个因子来处理，以便使各因子分之和等于总分。

# 第三章

# 驾驶员的感知

## 学习目标

1. 熟知驾驶员感知觉的概念、特征和规律。
2. 掌握驾驶员的视觉、听觉、触觉等保护方法。
3. 理解驾驶员的视错觉现象和利用方法。
4. 掌握驾驶员感知能力训练的方法。
5. 理解驾驶员危险知觉的影响因素。
6. 掌握驾驶员危险知觉的训练方法。

## 案例导入

### 斑马线：3D 的！

在人行道上，机动车与行人争位的情况时常出现，事故频发，于是各地交警部门开始想出不少点子。2010 年，浙江台州出现了 3D 版斑马线，这是国内首条立体彩色斑马线。

当地交管部门通过蓝白黄三色相间彩条，白色平行粗实线旁边紧挨着一条蓝色线，在两条线的两端，各有一个黄色四方块，使平面的斑马线呈现立体感，这些三色线段，都像一根根立体的柱子摆在路面上。过往的车主很容易将之看成障碍物，达到减速的效果。据介绍，这种斑马线是由塑料和玻璃钢珠组成的三色复合材料，其中玻璃钢珠能起到反光作用，从而达到强化视觉刺激的目的。

3D立体斑马线的效果如何呢？在一段时间的尝试后，不同司机对此有了不同意见：行人安全了，但车辆都容易急刹车造成追尾了。浙江台州的交警部门调查显示，大部分司机乍一看见这样的斑马线，的确下意识地减了速，有不少司机是临时才猛踩下刹车。有不少司机担忧，这种因为视觉引起的误差导致的忽然减速有造成追尾的可能性。更有司机表示，“时间长了，都知道这地的斑马线怎么回事，感觉就起不到什么作用了。”但司机还是认同，在五十米可视范围内，这种斑马线的警示效果不错，太远就不行了。（来源：广州日报）

【思考练习】

1. 驾驶员在行车过程中，如何感知交通信息？
2. 驾驶员常见的错觉有哪些？
3. 如何利用驾驶员的错觉？

# 第一节　驾驶员的感知与行车安全

## 一、感觉的概述

### （一）感觉的概念

人对客观事物的认识是从感觉开始的，它是最简单的认识形式。感觉是人脑通过感官对客观事物个别属性的直接反映，是最简单的心理过程。例如，在行车过程中，我们的眼睛看到了红绿信号灯的光线、耳朵听到了汽车发动机的声音、鼻子闻到了汽油燃烧的气味等。

### （二）感觉的种类

我们可以把感觉分成两大类。

第一类是外部感觉，有视觉、听觉、嗅觉、味觉和肤觉五种。这类感觉的感受器位于身体表面，或接近身体表面的地方。

视觉，是通过视觉系统的外周感觉器官（眼）接受外界环境中一定波长范围内的电磁波刺激，经中枢有关部分进行编码加工和分析后获得的主观感觉。

人的眼可分为感光细胞（视杆细胞和视锥细胞）的视网膜和折光（角膜，房水，晶状体和玻璃体）系统两部分。其适宜刺激是波长为370～740纳米的电磁波，即可见光部分，约150种颜色。该部分的光通过折光系统在视网膜上成像，经视神经传入到大脑视觉中枢，就可以分辨所看到的物体的色泽和分辨其亮度。因而可以看清视觉范围内的发光或反光物体的轮廓，形状，大小，颜色，远近和表面细节等情况。

听觉，是听觉器官在声波的作用下产生的对声音特性的感觉。人类能听到物体振动所发出的 20 ~ 20 000 Hz 的声波。可以分辨出声音的音调（高低）、音强（大小）和音色（波形的特点）。通过音色我们可以分辨出哪个是火车的声音，哪个是汽车的声音，能够分辨出熟人的说话声，甚至走路声。还可以确定声源的位置、距离和移动。

嗅觉是挥发性物质的分子作用于嗅觉器官的结果。通过嗅觉我们也可以分辨物体。

味觉是溶于水的物质作用于味觉器官（舌）产生的。味觉有甜、酸、咸、苦等不同的性质。

肤觉也称触觉，是具有机械的和温度的特性物体作用于肤觉器官，引起的感觉。分为痛、温、冷、触（压）等基本感觉。

第二类感觉是反映机体本身各部分运动或内部器官发生的变化，这类感觉的感觉器位于各有关组织的深处（肌肉）或内部器官的表面（胃壁、呼吸道）。这类感觉有运动觉、平衡觉和机体觉。

运动觉反映我们四肢的位置、运动以及肌肉收缩的程度，运动觉的感受器是肌肉、筋腱和关节表面上的感觉神经末梢。

平衡觉反映头部的位置和身体平衡状态的感觉。平衡觉的感受器位于内耳的半规管和前庭。

机体觉是机体内部器官受到刺激而产生的感觉，又称内脏感觉。其反映机体内部状态和各种器官的状态。它的感受器多半位于内部器官，分布在食道、胃肠、肺、血管以及其他器官。

### （三）感觉产生的条件

产生感觉必须具备两个条件：一是客观外界事物的刺激，并且要有足够的强度，能为主体所接受。在我们的生活环境中，并不是任何的刺激都能引起感觉，如我们感觉不到落在皮肤上的尘埃，因为它太轻了，我们也听不到远处手表的嘀嗒声，因为声音的强度不够。二是个体的主观感觉能力。由于每个人的生活实践和环境的不同，人们的感觉能力表现出很大的差异，如经过职业训练的染色专家可以区分 40 ~ 60 种深浅不同的灰色，品酒专家可以品尝出上百种酒类，有经验的驾驶员可以根据发动机的声音准确判断出故障所在，可以准确判断出对面来车的速度和距离等。

【补充资料】

#### 感觉阈限

感觉阈限可分为绝对感觉阈限（Absolute Threshold）和差别感觉阈限（Differential Threshold）两类。

刺激物只有达到一定强度才能引起人的感觉。例如，我们平时看不见空气中的灰尘，当灰尘落在我们的皮肤表面时，我们也不能觉察到它的存在。但是，当细小的灰尘聚集成较大的尘埃颗粒时，我们不但能看见它，而且能感觉到它对皮肤的压力，这种刚刚能引起感觉的最小刺激量，叫作绝对感觉阈限；而人的感官觉察这种微弱刺激的能力，叫作绝对感受性。绝对感受性和绝对感觉阈限之间是反比关系，绝对感受阈限的值越低，绝对感受性就越高，反之亦之。用公式表示为：$E=1/R$（E 代表绝对感受性，R 代表绝对感觉阈限）。

两个同类的刺激物，它们的强度只有达到一定的差异，才能引起差别感觉，即人们能够觉察出它们的差别，或把它们区别开来。例如，几百人参加的大合唱，如果增减一个人，人们听不出声音的差别，如果增加或减少 10 个人，差别就明显了。这种刚能引起差别感觉的刺激的最小差异量称为差别感觉阈限或最小可觉差。对这一最小差异量的感觉能力，叫作差别感受性。差别感觉阈限与差别感受性之间呈反比关系。差别阈限越少，即刚刚能够引起差别感觉的刺激物间的最小差异量越小，差别感受性就越大。

## 二、驾驶员的感觉

在行车过程中，驾驶员要通过自己的各种感受器官获得信息，例如，眼睛感受车外各种物体的亮度和颜色，耳朵倾听发动机的声音，两手感受方向盘的操作力量，右脚感受加速及制动状况，臀部感受车体的震动状况等。汽车驾驶是一项特殊的工作，驾驶员的心理有着自身的活动规律，与驾驶行为有关的最重要的感觉有视觉、听觉、平衡觉、震动觉、触觉等。

### （一）驾驶员的视觉

汽车在行驶过程中，驾驶员通过各种感觉器官接收信息，其中 80%～90% 的信息是通过视觉获得的，可见，驾驶员的视觉对驾驶活动的影响之大。所以，驾驶员的视觉特别重要。

#### 1. 视　力

视力是指分辨细小的或遥远的物体及细微部分的能力，眼识别远方物体或目标的能力称为远视力，识别近处细小对象或目标的能力称为近视力。在健康检查时，主要是检查远视力。在一定条件下，眼睛能分辨的物体越小，视觉的敏锐度越大，视力的基本特征在于辨别两点之间距离的大小。视力可分为静视力、动态视力和夜视力。

（1）静视力。

静视力是指人和观察对象都处于静止状态下检测的视力。而一般测定的静视力指的是中心视力，中心视力是视网膜黄斑区在中心凹处的视力功能。它对驾驶行为特别重要，能使驾驶员获得清晰而准确的信息。如果视网膜发生病变，如中心视网膜炎等，中心视力就会下降，视物不清，驾车是很危险的。因此，行车中要求驾驶员应该注视前方，不断转动眼球，尽量通过中心视力获取更多清晰准确的信息，以保持驾驶行为处于良好状态。

（2）动视力。

动态视力是指眼睛在观察移动目标时，捕获影像、分解、感知移动目标影像的能力，这里指驾驶员在行车中的视力。静止时，看事物最清楚，而移动时，其视力便下降。一般来说，人的动态视力比静止视力下降 10%～30%，并且，速度越快，视力越下降。

第一，驾驶员动视力与人年龄的关系。

有研究表明，人的年龄与动视力成反比，年龄越大，动视力低落率也越大。尽管年龄较大的驾驶员视力正常，但眼的机能已下降，如远视力、夜视力、动视力均不如年轻人，开车应放慢车速，以弥补视力的不足。一些国家的老年人专用车，车速一般低于 50 千米/小时。因此，年龄偏大的驾驶员在行车时，车速宜适中，以免因视力减弱而造成交通事故。

第二，驾驶员动视力与照度强弱的关系。

照度的强弱直接影响驾驶员的动视力。在照度过强或过弱的地方行车时，驾驶员就要考虑到这一因素对动视力的影响。例如，在晴雪天，强日光灯、探照灯下开车，照度过强，动视力变弱；在傍晚、阴雨天、雾天、风沙天行车，照度过弱动视力也会变弱。因此，在照度过弱或过强的情况下，驾驶员要注意动视力改变的情况，以保证行车安全。

第三，驾驶员动视力与车速快慢的关系。

行车中驾驶员随车运动，而车外的一切事物都作相应的运动，物体在静止状态中的特性在驾驶员的心理中发生了变化。车速高、车外的物体可见时间短，那么驾驶员的动视力也就弱，反之，则越强。因此，行车速度要适中，并且两眼要注视前方，以延长车外物的可见时间，提高视觉能力。

有研究表明，驾驶员的动视力随着车速的变化而变化。一般来说动视力比静视力低 10%～20%，特殊情况下比静视力低 30%～40%。例如，车速为 60 千米/小时，驾驶员可以看清前方 240 米处的交通标志；当车速提高到 80 千米/小时，则连 160 米处的交通标志都看不清楚。

第四，驾驶员动视力与车外物体运动方向的关系。

因为人的双眼是在一个水平横线排列看，而且头部向水平方向的范围和速度较之上下方向运动的范围和速度要大要快，所以在正常情况下，物体的垂直方向运动时，驾驶员的动视力的降低程度要比向水平方向运动时大，即人眼对上下运动方向运动的物体视能力弱。而当物体作横向或平行运动时，驾驶员的视力相对要强。

（3）夜视力。

夜视力，也称暗视力，是人在光线微弱的环境中的一种视觉能力。人的视力在夜间会降低，并发生种种变化，因此夜间行车事故率较高。特别是傍晚时分最容易出事故，人们把这个时刻称为“魔鬼时刻”。因为黄昏时光线暗，空间照度和日落前相差很大，人的中心视力和色觉减弱，因此，在黄昏时行车，驾驶员要加倍小心。

第一，夜视力对夜间会车的影响。

一般来说，夜间会车容易出事故，这是因为对方车灯的强光耀眼，会造成自己的视觉障碍，同时，夜间反复会车，驾驶员会造成视机能混乱，对来车和路边行人看不清。因此，夜间会车前不准开大灯，当对方车辆开大灯时，自己的眼睛要稍向外侧看，尽量避免注视对方车灯强大的光流，但侧向时间不宜过长，否则也会出问题。如果因会车过多，视觉疲劳或已出现混乱，要放慢车速或在安全地带停车，休息一会。

第二，夜视力对辨别目标的影响。

夜间行车，驾驶员对物体的颜色、大小、形状、距离的辨别或判断会受到影响。这是因为，在光线较暗的地方，人眼不像在正常光线下一样能自由调节焦距。随着光线的减弱，眼睛的光范围也逐渐缩短，直到完全黑暗，缩为一点。这一点到眼睛的距离，就是人在黑暗中的视焦距。而视焦距的变短直接影响着驾驶员在夜间行车时对不同颜色物体的识别能力，夜间辨别目标物体的视距如表 3.1 所示。

表 3.1　辨别目标物体的视距表（单位：米）

| 物体颜色 | 白 | 黑 | 乳白 | 红 | 灰 | 绿 |
|---|---|---|---|---|---|---|
| 能辨别某种颜色的距离 | 82.5 | 42.8 | 76.6 | 67.8 | 66.3 | 67.6 |
| 能确认是某种物体的距离 | 42.8 | 18.8 | 32.1 | 42.7 | 36.4 | 36.4 |
| 能确定运动方向的距离 | 19 | 9.6 | 13.2 | 24 | 17 | 17.8 |

第三，夜近视、夜盲症对夜间行车的影响。

夜近视是在黑暗中视焦十分近的人。这些人白天视力正常，但在光线稍暗的情况下就看不清较远的物体。夜盲症俗称“鸡缩眼”，即一到黄昏，其视觉机能就减弱。夜近视和夜盲症是影响夜间行车的两种眼病，患有上述两种眼病的人在夜间从事驾驶活动，发生交通事故的概率就会增加。

### 2. 视　野

视野是眼睛注视的一个目标时，所看见物体的空间范围。它可以分为静视野和动视野。静视野是指头部和眼球不动时所能看到的空间范围，动视野是指头部不动而眼球自由转动时所能看到的空间范围。一般正常人两眼的综合视野在垂直方向约为 130°（视平线上方 60°，下方 70°）；在水平方向约为 180°（两眼内侧视野重合约 60°，外侧各 90°）。动视野比静视野左右约宽 15°，上方约宽 10°，下方基本不变。

在行车过程中，驾驶员可以根据需要转动头部和眼球，观察视野范围内的各种必要情况。但是，随着车速的提高，在驾驶员的视力降低的同时，有效视野范围也随之缩小（见表 3.2）。驾驶员行车中的视野与车速的关系：车速较高，注视点越远，视野越窄，视力越模糊。车速高到一定程度，驾驶员的视野就像一个狭长的山洞，这就是通常所说的“山洞视”。在“山洞视”的情况下，行车是很危险的。

表 3.2　车速与视野角度关系表

| 车速（千米/小时） | 注视点距离（米） | 视野角度（度） |
|---|---|---|
| 40 | 180 | 90 ~ 100 |
| 60 | 280 | 75 |
| 70 | 360 | 60 |

【补充案例】

## 单眼失明的我，终于可以圆驾驶梦了

张某，43 岁，9 岁那年放炮时不小心炸伤了右眼，从此右眼完全失明。

18 岁那年，张某的好哥们报名考取驾驶证，令他羡慕不已，他跟爸妈吵着也要去学。开始爸爸只是说不同意，一直不说明原因，后来爸爸告诉他，因为他的眼睛残疾，国家不允许考取驾照。

张某不信，和好哥们一起去驾校询问，得到了同样的回复。

从那天起，特别喜欢汽车的他，只要听到别人说哪天要考驾照，哪天要开车去等，除了羡慕，就是无尽的懊恼。

柳暗花明又一村，就在张某对考驾照快要绝望的时候却传来了好消息。2016 年 3 月 26 日，张某的发小给他打来电话，告诉他，公安部有了驾改新政策。4 月 1 日后，他也可以考取驾照了。“在今年驾考改革政策里，看到单眼视力障碍人群也被纳入报考驾照行列，感觉自己的梦想快要实现了。”

2016 年正式实施的公安部 139 号令，放宽了申请驾驶证的身体条件，单眼视力障碍人群被纳入了可考取驾驶证的行列。原规定两眼裸视力或矫正视力达到对数视力表 4.9 以上的规定，现改为“单眼视力障碍，优眼裸视力或者矫正视力达到对数视力表 5.0 以上，且水平视野达到 150 度的，可以申请小型汽车、小型自动挡汽车、低速载货汽车、三轮汽车、残疾人专用小型自动挡客车准驾车型。”（来源：《生活晨报》）

3．色　觉

（1）色觉是人脑对作用于眼睛的物体颜色的反映。物体的颜色是由它反射的光波决定的。各种不同的光，相应地引起不同颜色的感觉，神经细胞含有感红色素，感绿色素和感蓝色素 3 种感光色素，对红、绿、蓝 3 种光刺激最敏感。3 种正常神经细胞的存在是产生色觉的基础，如果这三者的组成不全或功能异常就会产生异常的色觉，也就是通常说的色盲或色弱。

（2）驾驶员必须有良好的色觉，才能辨别交通信号，认识交通标志，标线和有色物体，从而保证交通安全。色盲和色弱患者不能开车，否则容易出事故。因此驾驶员身体检查则要严格进行色觉检查，严防弄虚作假。驾驶员在行车中，会遇到各种颜色和光线，色觉对安全驾驶十分重要。如果出现色觉异常，应及时检查治疗，严重时可停止驾驶活动，以免由于色觉辨别不准而造成交通事故。

4．视觉干扰

在行车过程中，驾驶员的视觉经常会遇到各种因素的干扰。如果驾驶员努力研究和把握各种干扰的规律，认真总结在各种复杂环境中的行车经验，提高驾驶技能，那么是可以把干扰因素的作用降低到最低限度的。

（1）大量信息的干扰。

在交通过程中，人和车各有自己的速度和走向。每一个独立体的运动又带有很大程度的随意性，人车运动方向，速度和姿势的不同，造成了交通过程的复杂性和多变性，从而使交通信息量剧增。驾驶员的视觉不可能全部感知量大而多变的信息。某一种信息的感知会干扰对另一种信息的感知。注意力往往集中于某一目标上，其他目标不被注意或很少被注意。

（2）新异信息的干扰。

驾驶员在行车过程中经常会遇到许多新的奇异信息所产生的干扰，从而分散驾驶员感知其他信息的注意力。例如，在路上遇到一款新车而被吸引。

（3）空气透视干扰。

空气透视在一定条件下也会干扰视觉，使驾驶员能见度降低。例如，雾气、风沙、雨、雪、尘烟等影响驾驶员行车中视觉清晰度，容易造成对车速和距离方位等方面的错觉。

（4）灯光干扰。

灯光干扰指车灯、路灯、广告灯、彩灯、照明灯、指向灯的干扰。这种干扰主要是：第一，分散注意力，改变视觉集中方向，往往会使夜间行车中产生一个视觉盲区，即一个不能完全被观察和知觉的区域。第二，眩光也称耀眼光，是一种由于视野内亮度过高，从而引起视觉不适应或视觉功能下降的现象。夜间行车，由于灯光的照射作用，驾驶员容易发生眩光现象，使视力下降。为了避免和减少灯光对驾驶员眼部的照射，《道路交通安全法实施条例》明确规定夜间会车应当在相对方向来车 150 米以外改用近光灯。驾驶员夜间行车遇到强光直射时，也可以将头转向一边，避开强光，以减轻眩光作用。

【补充资料】

## 宜宾男子使用远光灯引发交通事故被判责

2017 年 8 月 20 日晚上 8 时 50 分左右，刘某驾驶车牌为“川 QMH9××”的面包车，从宜宾城区开往翠屏区李庄镇途中与童某驾驶的由宋家开往福溪的车牌为“川 Q526××”的货车交会时，面包车与在路中的行人曾某某相撞，造成曾某某当场死亡。

事后，交警部门经过现场勘查、调取资料等认定，刘某夜间驾驶机动车上道路时对道路情况观察不够，操作不当，在事故中承担主要责任；童某夜间驾驶机动车上道路行驶与对向车道会车时使用远光灯影响会车车辆安全行驶，对事故承担次要责任。

宜宾市公安交警支队事故大队负责人介绍，此案是全省首例因灯光使用导致交通事故发生而担责的案件。夜间会车时，对方车辆使用远光灯已经成为影响道路交通安全的一大公害。（来源：《成都商报》）

5．视觉适应

光线会对驾驶员产生一定的影响。当强光线反射入眼睛的瞬间，感到刺眼不能视物，经过一段时间才能看清物体，叫光适应。当人从明亮处进入暗处时，起初无法辨认周围物体，随着光敏度的增进便能逐渐看清物体，此过程成为暗适应。例如，当驾驶员在白昼行车时，由一般道路驶入黑暗隧道便产生暗适应。而当车辆驶出隧道时，驾驶员则产生光适应。

6．驾驶员视觉的保护

视觉对驾驶员工作极其重要，驾驶员要从预防近视等方面保护自己的视觉。驾驶员保护视觉要注意以下几点：

（1）平时注意饮食的选择和搭配，做到均衡饮食，不偏食，不挑食，多吃对眼睛有利的富含维生素和微量元素的食物，如鱼、虾、瘦肉、动物肝脏、牛奶、豆制品、新鲜蔬菜、各种水果，适当增加粗粮等，营养眼睛。

（2）注意用眼勿要过度，除在驾驶中需要集中精力用眼外，平时看电视、看书报等，都要严格限定次数和时间，一般控制在每次 1 小时为宜，不可过长、过滥。驾驶员中抽烟的相当多，要当心烟雾中毒，引起视力永久性减退，后悔莫及。

（3）适当转动眼球，锻炼眼球的活力，以达到舒筋活络、消除视力疲劳、提高视敏度的目的。选一安静场所，或坐或站或躺，全身放松，清除杂念，二目睁开，头颈不动，独转眼球先将眼睛凝视正下方，缓慢转至左方，再转至凝视正上方，至右方，最后回到凝视正下方这样，先顺时针转 9 圈。再让眼睛由凝视下方，转至右方，至上方，至左方，再回到下方，这样，再逆时针方向转 6 圈。每次转动，眼球都应尽可能地达到极限这种转眼法可以锻炼眼肌，改善营养，使眼灵活自如，炯炯有神。

（4）在途中停车休息时，应利用短暂的休息时间，将身体直立，全身放松，睁大双眼，向远方平视，尤其要看有绿化的地带，以缓解驾驶员眼睛疲劳。

## （二）驾驶员的听觉

耳朵是人的听觉器官。听觉是人的感觉之一，它是人对物体发出声音的感觉，物体振动发出声波，声波作为一种刺激，作用于听觉感受器引起听觉。正常情况下，人的耳朵能感受到频率为 16 ~ 20 000Hz 的声波。

1．听觉的作用

（1）听觉对视觉起到重要补充作用。

在交通活动中，听觉的重要性仅次于视觉，并对视觉起到重要的补充作用。听觉反应快、准确性高，具有全方位性，能及时引起警觉，然后通过视觉进一步确认。如在行车过程中，一旦听到异常响声，会立即引起警觉，提供指向，再由视觉去观察确认具体目标。同时，驾驶员通过听觉系统，能够掌握车辆正常行驶的整体噪声，一旦汽车机件工作状况异常时，能及时发现声音的变化并找到故障所在。

汽车设计中的一些警告装置和信号反馈装置，设计成以声音方式实现传递信息功能，在某种程度上比通过视觉传递信息更具可靠性。在驾驶员以视觉收集信息已大大"超载"的情况下，通过听觉收集信息有助于减轻驾驶员的视觉负担，这对减少驾驶员的疲劳感，以及提高行车安全都具有积极的意义。

（2）在车速的判断中，听觉起着重要的作用。

有研究者曾做过这样的实验，在行驶中，让坐在驾驶员旁边的被试者对车速进行主观判断。判断的方式有四种：一是通常情况；二是遮眼，只用耳朵听；三是堵住耳朵，只用眼睛看；四是遮眼塞耳。结果发现，第一种情况误差最小，第四种情况误差最大，第二种情况与第三种情况比较，第二种优于第三种，即眼睛看不如耳朵听的准确性高。

（3）在行车过程中，听觉可以起到缓解疲劳的作用。

在驾驶室内装备收音机、音响设备，也是对听觉通道的利用。驾驶员在长时间的驾驶过程中，特别是在单调的公路上驾驶的时候，容易感到疲劳，在行车过程中播放一些适宜的音乐，有助于减轻驾驶疲劳和改善行车的单调，对安全行车起到有益的作用。

2．听觉干扰

一般情况下，驾驶员听觉适应性比视觉快，但听觉受到的干扰却比视觉多。

（1）噪音干扰产生遮蔽效应。

在行车过程中，驾驶员的听觉连续处在较强噪音的干扰中。人耳的遮蔽效应表现在强信号会遮蔽邻近频率的弱信号。例如，就算将手机音量调到最大，来电时也未必能听见，原因在于来电铃声被周围更大的声音遮蔽了。

（2）对远距离遮蔽作用的干扰。

当一只耳朵受到高频噪音刺激时，对另一只耳朵的知觉会产生遮蔽作用。这种频率差别较大的噪音影响，我们称之远距离遮蔽。驾驶员长期受噪声的影响，不但会使听觉机能下降，还会破坏听觉神经细胞，造成耳鸣、失眠、头痛、记忆力下降甚至耳聋，从而觉察不到可能造成危险的声响，酿成交通事故。

（3）例行掩蔽引起的干扰。

例行掩蔽是指在时间上连续发生的信号，前者会因后者的干扰而不被感觉。在听觉中，最近发生的信号有优先被感知的可能。所以在繁杂的交通环境中，驾驶员的听觉是为最近发出的声响所占有。

3．音乐与驾驶

音乐与我们的生活、工作有着密切的关系，它不但可以使人娱乐、健身强心、陶冶情操，而且可以使人们在最佳的心理环境中工作，提高工作效率。驾驶是一种单调乏味的工作，在行车过程中有选择地播放一些适应的音乐，可以转换心境，减轻枯燥感和厌烦情绪。

在长距离行车过程中，听些适应的音乐可以消除疲劳，有助于提高运输效率和行车安全系数。

（1）不同乐曲对驾驶员心理的影响。不同曲子可以激起驾驶员不同的情绪，产生不同的心境。例如，古典式轻松的曲子能使驾驶员的情绪稳定而平静。

（2）驾驶音乐对驾驶员的影响。驾驶音乐是指专为驾驶员录刻的音乐。它适宜调解驾驶员生理心理状态，能调动驾驶员身心机能，使驾驶行为达到最佳状态。

（3）驾驶音乐的选择。一般应遵循以下原则：非低沉、悲哀原则，曲子应欢快流畅；非持久原则，乐曲不能连续持久，产生单调感和副作用；适中原则，音质、音量要适中；大众原则，音乐要考虑乘客的欣赏需要。

4．驾驶员听觉的保护

为了保护驾驶员的身体健康，应从以下几个方面对噪声的危害进行预防。

（1）噪声控制。如果驾驶室噪声超过 A 声级 80dB 就应当对车辆进行检修。玻璃窗、车门、发动机盖板的振动等所产生的噪声都可采取相应措施控制。同时，尽量降低喇叭的频率和声级。

（2）听力保健。避免各种噪声，包括工作中与生活中的噪声。如降低影视音响的音量；不乱掏耳朵，防止外耳及中耳感染；慎用耳毒性药物，如链霉素、庆大霉素等；控制急躁情绪，不发怒，经常按摩耳部穴位，保护听力。

（3）卫生监督。对于驾驶大型客车，工作超过 20 年的驾驶员，应定期检查听力，监测听力变化情况。同时，加强对神经系统、心血管系统以及心理方面变化的监测。

总之，驾驶员要注意保护自己的听觉，以便在行车中及时辨别交通环境中各种声响，采取恰当措施，保证交通安全。

【补充资料】

## 交通噪音的危害

随着城市交通的不断发展和汽车化进程的加快，交通噪声污染已变得日趋严重，对人体危害极大，成为引人注目的城市环境问题之一。交通噪声一般是 60～80 dB 的中等强度噪声，而入耳刚好能分辨的声音强度为 0 dB，当声音强度达到 50 dB 以上时，开始影响脑力劳动，80～90 dB 时将明显影响工作，谈话较吃力，而且交通噪声干扰时间长，影响范围广，尤其是目前随着城市交通的快速发展，其噪声的影响范围和影响程度更大。

枯燥无味又强烈的噪音会引起驾驶员及乘客心情烦躁，注意力分散，心绪不安，头昏脑涨，甚至会像催眠曲一样使人疲劳困倦、打盹。高震动和高噪音易使驾驶员疲劳、思维紊乱和注意力分散，从而引发各种交通事故。

### （三）驾驶员的触觉

皮肤触觉感受器接触机械刺激产生的感觉，称为触觉。皮肤表面散布着触点，触点的大小不尽相同，分布不规则，一般情况下指腹最多，其次是头部，背部和小腿最少，所以指腹的触觉最灵敏，而小腿和背部的触觉则比较迟钝。

触觉虽不像视觉、听觉那样重要，但对驾驶员也是不可缺少的，主要作用如下：

第一，直接影响方向盘的操作。正确的转向行为是保证车辆在道路上沿正确路线行驶的主要因素。驾驶员就是借助于双手的触觉的感受性来正确操作方向盘的。

第二，直接影响脚踏板的操作。在车辆行驶中，驾驶员就是通过加速踏板和制动踏板来控制车辆运动的。正确的制动行为对安全是最重要的。紧急刹车时，用力迅速踏下踏板，可使车辆在最短的距离内停止下来，这些动作都是和驾驶员的脚触觉分不开的。

第三，通过触觉可以及时发现机器故障。当方向盘、离合器、排挡等部位产生故障时，驾驶员可以凭手和脚的不同感觉，及时发现这些部位的失常现象，进行及时检修，避免因机件损坏引起交通事故。

驾驶员饮酒后，不仅会造成感觉机能降低、反应迟钝、意识混乱、判断能力下降、动作不协调，而且触觉感受性也会降低，不能通过触觉获得信息，不能凭触觉判断操作正误，不能及时发现车辆故障，严重时会因失去控制能力而导致交通事故的发生。

### （四）驾驶的震动觉

震动是反映身体状况的感觉。汽车在启动或运行中，都会有不同程度的震动，医学上将这类震动引起的疾病，称之为“震动病”。有研究表明，由于震动的影响，会导致驾驶员神经系统功能下降。例如，条件反射受到抑制，神经末梢受损，震动觉、痛觉功能减退，对环境温度变化的适应能力降低；震动使手掌多汗指甲松脆；震动过强时，驾驶员会感到手臂疲劳、麻木、握力下降。长此下去，会使肌肉痉挛、萎缩。引起骨、关节的改变，出现脱钙、局部骨质增生或变形性关节炎。强烈的震动和伴随的噪音长期刺激人体，还会使人体自主神经紊乱，出现恶心、呕吐、失眠和眩晕等症状。在冬季寒冷条件下发作时突然出现手指麻木、冰凉、苍白、形如白蜡、界限分明的雷诺现象，局部取暖加温后可转为紫绀，伴发胀、刺痛。严重者肢端血管闭塞，侧支循环供血不足者手指末梢可发生坏疽。病程长者，可有骨质变性。女性驾驶员还会出现月经失调、痛经、流产、子宫脱垂等病症。

为防治震动病，在驾驶车辆时，驾驶员应戴手套，使手掌与车辆间接接触，以缓冲震动的作用和刺激。对驾驶座位应进行适当调整，在座位靠背上装配富有弹性的垫子，以分散震动冲击。对汽车的减震器要保养好，使其始终处在良好的工况下，并正确选用轮胎花纹，驾驶车辆时平顺柔和，减少粗暴动作，并正确选择路面行驶。工作一段时间后略微休息一会，以松弛一下紧张的肌肉和活动一下手指关节等。

### （五）驾驶员的内部感觉

内部感觉是反映机体自由变化情况的感觉，它与驾驶行为有着密切关系。主要包括平衡觉、运动觉和机体觉等。

#### 1．平衡觉与驾驶

平衡觉，是由于人体位置重力方向发生的变化刺激前庭感受器而产生的感觉，又称静觉。平衡觉异常迟疑，在起伏、盘旋的山地驾驶中，很难准确地判断行车方向。平衡觉异常灵敏，也难以适应次级路面特别是山地驾驶。如果平衡觉发生病变，车辆的倾斜程度就会判断不准而发生翻车事故。因此上述人员不宜从事驾驶工作。平衡觉还与视觉、内脏感觉有密切联系，在平衡觉受到一定的刺激时，人们会感到视野中的物体在移动或跳动，眩晕甚至眼花缭乱，这时内脏器官的活动会发生剧烈变化，会恶心呕吐，这就是人们常说的晕车。出现晕车现象应立即停车休息，等平衡觉恢复后再驾车。有些人认为，晕车是由于汽油味刺激引起的，这是无科学根据的。

【补充资料】

### 为什么有些人不会晕车，有些人会晕车呢？

晕车在医学上称为“晕动病”或“运动病”，晕动病是晕车、晕船、晕机等的总称，它与我们内耳前庭平衡感受器官有直接关系。确切地讲晕动病不是真正的疾病，与通常意义上的疾病不同，它仅仅是敏感机体对超限刺激的应急反应。

人的耳朵分内耳、中耳、外耳三部分，其中内耳的前庭器官可感受各种特定运动状态的刺激，具有调节身体平衡感受的能力，它经前庭神经与中枢神经连接。当我们乘坐的交通工具发生旋转或转弯时，或汽车启动、加减速刹车、晃动、颠簸，电梯和飞机升降时，都会使人经常不规则地改变体位，使内耳的前庭器官受到刺激而产生过量生物电，进而影响神经中枢并导致身体局部功能紊乱，出现出冷汗、恶心、呕吐、头晕等症状群。不过，每个人对这些刺激的强度和时间的耐受性有一个限度，这个限度就是致晕阈值，在一定限度和时间内人们不会产生不良反应，如果刺激超过了这个限度就要出现晕动病症状。不同人的耐受性之所以存在差别，这除了与遗传因素有关外，还受视觉、个体体质、精神状态以及客观环境（如空气异味）等因素影响，所以在相同的客观条件下，并不是所有人都会晕车。

现在，科学家研究发现，晕车还受车辆运行时产生的次声波的影响。次声波是指振动频率低于 20Hz 的声波振动，它低于人耳所能听到的频率范围。一般人的晕车是由每秒振动 2～20 次（即 2～20Hz）的次声波所引起的。

2．运动觉与驾驶

运动觉简称动觉，是反映骨骼肌运动和自我辨别身体姿势的内部感觉。动觉对驾驶员有如下作用：借助于动觉，驾驶员可以感知肢体在空间的位置，姿势及运动情况；促使驾驶动作精确化，自动化；驾驶员注视车外物体时，大脑不仅要接受从视觉传来的信息，而且还要接受眼球股肉的动觉信息，这种信息是目测物体距离远近、大小、形状的必要条件；驾驶员的思维判断与动觉也有密切联系；驾驶员的动觉和皮肤感觉相结合产生了复杂感觉——触摸觉。

3．饿觉、渴觉与驾驶

饿、渴是人最基本的生理反应，过饿过渴或暴饮暴食，不但降低了各种感觉机能，特别是视觉、听觉，还会降低思维水平，导致驾驶员反应迟缓、动作不协调、判断失误，进而有可能造成操作失误，酿成事故。

## 三、知觉的概述

### （一）知觉的概念

知觉是在感觉的基础上，对客观事物整体属性的反应。知觉是以感觉为前提，又同感觉相互联系，是各种感觉的结合，它源自感觉，但不同于感觉。感觉只反映事物的个别属性，知觉却认识了事物的整体；感觉取决于客观刺激的物理特性，相同的刺激会引起相同的感觉，而知觉则要受个体的经验和态度的影响。感觉和知觉是产生感性认识的心理过程。它们是感性认识过程中的两个不同的心理层次。二者既有层次和深度上的区分，又密切联系、相互融合、不可分割，常常被合称为感知。

同一物体，不同的人对它的感觉是相同的，但对它的知觉会有差别，对这一物体有深刻了解的人，知觉就更全面、细致。人们在实践活动中，随着知识的积累，知觉会更加精确，更加丰富。

### （二）知觉的特性

1．知觉的选择性

人对外来信息有选择地进行加工的能力就是知觉的选择性。由于这一特性，人才能把注意力集中到少数对人具有重要意义的刺激，排除次要刺激的干扰，从而有效地识别事物，适应环境。在选择知觉对象的过程中，凡是被我们清晰地知觉到的事物，就成为我们的知觉对象，在知觉对象周围的那些未被选择的事物，我们只有模糊地觉察到它们的存在，它们成了衬托知觉对象的背景（见图 3.1）。

图 3.1　双关图

道路交通情况千变万化，大量的外界刺激同时作用于驾驶员的感官，但他不可能同时感知一切，只能有选择地感知较清晰的事物，才能保证行车安全。每个驾驶员的知觉所具有的选择性同他的开车经验、性格、情绪以及客观事物状况等有关。客观事物与背景的差别越大，越易被选择。例如，在现实交通环境中，交通警察和夜间在马路上工作的人要穿荧光背心，也是为了让驾驶员更好地观察。

2．知觉的整体性

知觉是对客观事物各种属性和各个部分整体的反映。但在我们知觉一种熟悉的事物时，并不需要重新细致地体察它的每一个别属性和各个部分，只要抓住了它的主要特征，就可以根据过去的经验而对它进行识别，把它作为一个整体进行反映（见图 3.2）。例如，遮住一行文字的下半部分，我们仍然可以把它认知完整；桥的对侧开来一辆车，虽然我们一开始只看到它的顶部，但我们仍然会把它知觉为一辆完整的汽车。

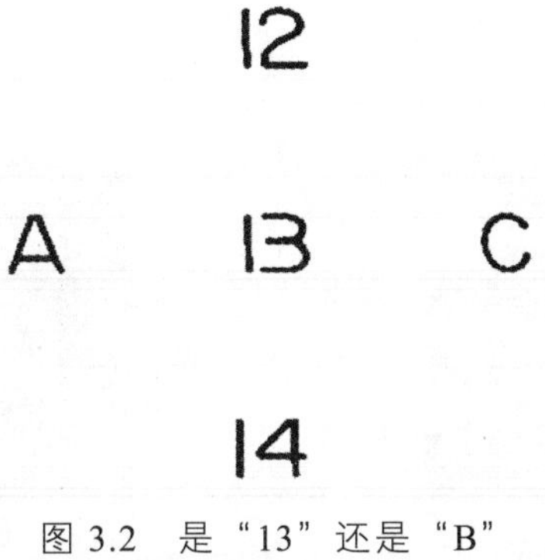


图 3.2　是“13”还是“B”

3．知觉的理解性

人对客观事物的知觉是一个主动反映的过程，它是要根据主体的知识经验，对知觉对象进行加工处理，并用行为或动作把它们表示出来。这种特性就是知觉的理解性。同一个知觉对象，知识经验不同的人，对其内容的广度、深度、精确度的知觉有很大的差异。例如，一个飞行员和一个缺乏飞行知识的人对同一驾驶阶段的理解有很大的差距；一个有经验的飞行员对仪表面板上得到的飞行信息是一般飞行员所不能察觉的。知觉是在过去的知识和经验的基础上产生的，对事物的理解性是知觉的必要条件。对现时事物的知觉中，人以过去的知识和经验为基础进行加工处理，并用语词加以概括赋予说明的过程，从而可以获得对知觉的对象的最佳解释（见图 3.3）。

图 3.3　觅食的狗

4．知觉的恒常性

当我们从不同角度、不同距离、在不同物理环境下，知觉某一熟知的物体时，虽然该物体的物理特征受环境影响而有所改变，但由于对该物体的知觉经验，我们的主观感受并不随物理条件的变化而变化，这种特征被称为知觉的恒常性。常见的恒常性现象主要有大小、形状、明度、颜色等方面的恒常性。当客观事物本身不变而客观刺激在一定范围内发生变化时，我们的知觉仍然保持不变（见图 3.4）。例如，高速公路上三百米远处的汽车像玩具一般大，但我们仍然会认为汽车是正常大小而不会认为它是玩具。

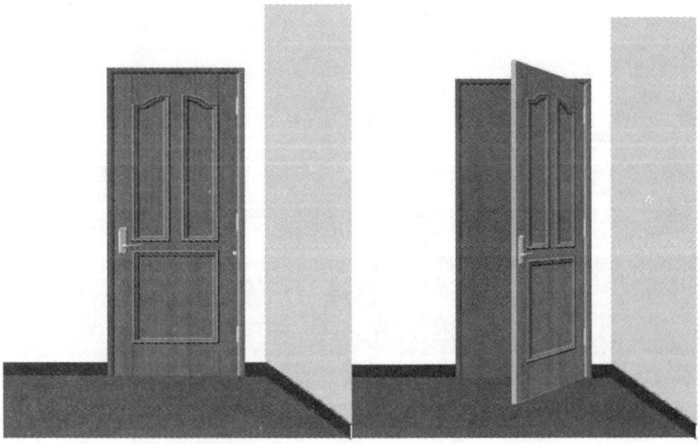

图 3.4 门一样宽吗？

## 四、驾驶员的知觉

知觉是比感觉更复杂的认识过程，在实际生活中人们都是以知觉的形式来反映客观事物。空间知觉、时间知觉和运动知觉，都是心理活动复杂的知觉，它们在驾驶员的工作中，起着异常特殊的作用。

### （一）空间知觉

空间知觉是驾驶员对交通环境中物体的形状、大小、方位等空间特性的知觉。它对人在环境中的定向起着很重要的作用，是驾驶员行车时不可缺少的条件。会车时判断来车所留空间，本车能否安全通过；路上行人、车辆多而杂乱时，怎样找出恰当空间安全通过；两车交叉而行，怎样保持恰当距离等，这些都要依靠空间知觉。人的空间知觉的强弱直接影响着驾车的空间知觉的形成,没有空间知觉就无法驾驶机动车辆。正确的空间知觉是驾驶员在驾驶实践中逐渐形成的。空间知觉对判断自己车辆和车外物体在空间位置、方向起主导作用，经验不足的驾驶员往往由于空间的知觉不准确，造成行车事故。

### （二）时间知觉

时间知觉是人脑对客观现象延续性和顺序性的反映。人们总是通过某些衡量时间的标准来反映时间，这些标准可能是自然界的周期性现象，如太阳的升落、昼夜的交替、季节的变化等；还可能是机体内部一些有节律的生理活动，如心跳、呼吸等；还可能是一些物体有规律的运动，如钟摆等。由于受到心理状态的影响，人们的时间知觉具有相对性，在现实的生活中人常常有过高估计短时间间隔和过低估计长时间间隔的倾向。

驾驶工作一般都有时间要求，特别是客运工作，时间要求更严，时间知觉越长，驾驶员越容易产生急躁、厌烦、拖拉和松劲情绪，以致影响安全驾驶。提高时间知觉的方法很多，诸如等人、等活时间较长时，可以看看报纸、听听音乐，以免因为情绪急躁而影响时间知觉。另外，在行车过程中尽量不要想那些过于伤心或过于兴奋的事情，以免影响时间知觉的准确性。

### （三）运动知觉

运动知觉一般指对物体的空间位移和运动速度的知觉，其和运动速度、空间知觉、时间知觉密切联系。非常缓慢的运动我们很难感觉到它，但是极迅速的运动也同样不易被感知。运动知觉是多种感觉器官的协同活动的结果，通过学习和实践运动知觉可以提高。驾驶员在估计车速时，是根据先前行驶的速度来估算当时速度的，当加速时，驾驶员则会低估自己的速度，而在减速时则又会高估自己的速度。速度估算的准确性是随工作年龄的增加而增加的，同时，年老驾驶员趋于低估速度而年轻驾驶员则趋于高估速度。

## 五、驾驶员的视错觉

错觉是人在某种特定条件下对外界事物不正确的知觉。通常情况下，当知觉条件发生变化时，知觉映像在一定的范围内保持恒定，它倾向于反映事物的真实状态和属性，然而常常会在特定的情况下知觉不能正确反映外界事物的特性，而出现种种歪曲。

驾驶员在行车过程中经常会产生一些视错觉现象。据统计，在交通事故中由于视错觉而引起的事故占 36.8%。常见的视错觉现象有：

### （一）速度错觉

驾驶员在行车过程中，对于速度的判断并不是依据车速表，更多的是以观察到的景物变化作为参考条件。随着行车速度的提高，驾驶员视野变小，外界景物的相对运动速度增加，导致物体在驾驶员视野内的作用时间变短。如果物体在驾驶员视野内的作用时间少于 0.4 秒，驾驶员就无法发现目标，达不到 1 秒，就无法分辨目标的细节。速度很高时，驾驶员的视点就会前移，驾驶员对速度的敏感程度就会降低。如果长时间处于高速行驶中，驾驶员就会对速度产生一定的适应性，再加上敏感性降低，就会产生高速不高的错觉。

（1）在减速时，驾驶员主观感觉的车速比实际车速低。这种情况在进入弯道以前，驾驶员以为车速已经降低下来了，实际车速并没有降低多少。

（2）在加速时，驾驶员主观感觉的车速比实际车速高。这样在超车时，由于对自己车速估计过高，在距离判断上容易出错。

（3）在长时间的高速行驶中，因产生速度顺应，而对速度感觉钝化，将高速误认为低速。

（4）在市区行驶，因参照物多，容易低速高估；而在景物较为单调的郊外行驶时，容易高速低估。

（5）在雨、雪及雾天，因视线不好，也容易产生高速低估现象。

### （二）空间错觉

驾驶员在行车过程中，对空间的判断也会产生误差。同样的距离，如果光线条件不同，白天看起来就要比昏暗的情况下近。同向、相向行驶时，当前面来车为大车时感觉要比小车距离近，这是因为尺寸误差所形成的视觉误差；两车同向、相向行驶时，驾驶员往往把两车相遇的距离认为是两车距离的中点，车速相差越大，判断的误差也越大。车辆行驶过程中，如果路上的树木、行人等参照物多时感觉车辆之间的距离就要比参照物少时近。夜间在林荫树夹道的公路上行驶，两旁树木的反光会使驾驶员产生一种车辆在狭窄的通道里行驶的感觉，当路两旁树木变矮或消失后，驾驶员又会误以为驶出窄道而加速。

## （三）线形错觉

在道路几何设计中，在道路平面线形设计时，同向圆曲线之间如果直线长度较短时，在视觉上容易形成直线与两端曲线构成反弯的错觉，当直线过短甚至会把两条曲线当成一条曲线，破坏了线形的连续性，形成所谓的“断背曲线”。在凸形竖曲线顶部插入小半径平曲线时，会使驾驶员产生道路继续直行没有转折的错觉，不能引导视线，必须接近坡顶才能发现平曲线，并且急转弯非常容易发生危险。当凸形竖曲线与反向曲线的拐点重合时，驾驶员会产生道路向相反方向转折的错觉，造成判断上的失误而导致交通事故，如图 3.5 所示：

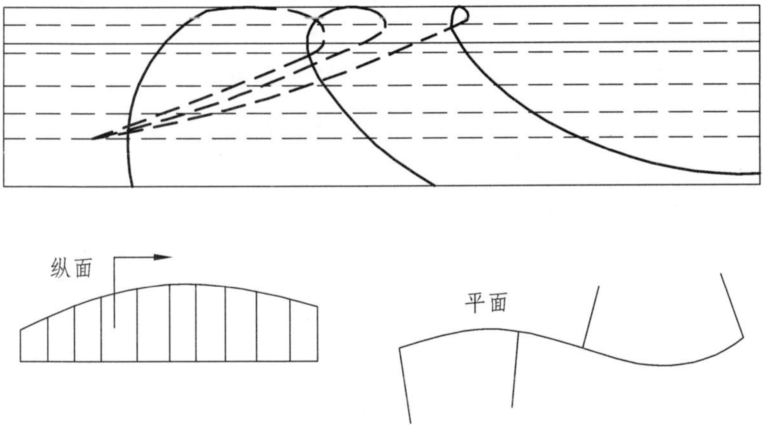


图 3.5　凸形竖曲线与反向平曲线拐点重合

另外，驾驶员在长度较短的曲线上行驶，会感觉到曲线的曲率半径比实际小，造成急转弯的错觉。当道路处于比较开阔的区域时，道路的线形随地形起伏而变化，由于道路两侧景色单调，驾驶员会误以为在平道上行驶从而不知不觉间加速。对于较长的大下坡，更易因此导致高速。高速行驶时，驾驶员在单位时间内接受的信息量显著增多，单位时间内出现的刺激物越多，驾驶员就越容易出错，从而导致事故的发生。

## （四）色彩错觉

色彩错觉是指人眼感知到的色彩同客观存在的色彩之间存在一定差距。城市中心或经济发达地区，道路周围的景观和广告牌五颜六色、多姿多彩，颜色错综复杂，与交通信号灯和交通标志混杂在一起，会对驾驶员正常的视觉判断造成干扰，甚至出现严重的错觉，把交通信号灯旁的霓虹灯当成信号灯，或受到广告牌上信息的吸引，忙于辨认而严重干扰了驾驶员的驾驶行为，从而导致交通事故的发生。

## （五）光线错觉

人眼具有视觉残留的特征，由物体射来的光线在视网膜上成像后，该像并不立刻消失，而要保留 0.04 秒的时间，这种现象称为视觉残像，又称为连续对比。例如，当长时间注视一种颜色时，即使眼睛已经移开，眼前还会有这种颜色浮现。当视觉受到刺激而感觉疲劳时，还可能会产生与所看颜色相反的颜色。强烈的阳光以及夜间行车所使用的灯光都会使驾驶员的视觉受到刺激，在未适应之前会出现光线错觉。白天光线较强时，一方面，驾驶员要聚精会神地注视前方，另一方面，还要经常观察后视镜及车内仪表，视觉疲劳在所难免。

同时，路两侧的建筑和其他车辆反射过来的光也会对驾驶员的视觉造成刺激，时间一长就会产生光线错觉，视力也开始衰退。晚上，后视镜里反射的车辆灯光和迎面来车的灯光都会使驾驶员的视觉一时难以适应，无法估计车间距离，甚至会造成视觉盲区，发生交通事故。汽车运行在明暗急剧变化的道路上时，由于视觉感受不能立刻适应，容易发生视觉障碍危及行车安全。

另外，在北方冬天雪后天气晴朗时，由于长时间白色背景下阳光的照射，不但会使驾驶员产生视觉疲劳，还会产生视觉残像，甚至引发交通事故。

### 六、视错觉现象的利用

在危险地段超速行驶是发生事故的重要原因之一。于是，可以利用驾驶员的心理错觉使其自然减速，具体方法有：

（1）在接近危险地域的前一段路段上（约 500 米），画上黄色横道线，而且在越接近危险区域时横道线的间隔越小。驾驶员单位时间内观看车前路面上的黄线越来越多地被跨越过去，从而形成速度过快的错觉，就自然减速。

（2）在高速公路出入口、城市快速路上特定区域加画“ > ”形线条，使驾驶员产生道路变窄的错觉而减速。

（3）在危险交叉路口、人行横道等处，设置立体视觉减速标线，让驾驶员从远处看觉得前方道路受到障碍，于是自觉减速。

## 第二节　驾驶员的感知能力训练

感知能力是驾驶员通过感知器官对外部客观事物的要素及特性在头脑中所做出的反应，是人的感、知觉系统对事物做出的综合判断。对一个驾驶员而言，感知能力的强弱与其感觉灵敏度、驾车经历、行车经验等因素有关，对行车安全是十分重要的，是安全行车的认识基础。大量的统计资料表明，因驾驶员的感知错误造成的交通事故大约占事故总数的 40%。因此，加强驾驶员感知能力的培养，提高驾驶员的感知能力具有重要的现实意义。其中驾驶员对车体的感知能力、对车速的感知能力、对车距的感知能力、对道路的感知能力、对车辆控制的感知能力和对危险的感知能力等六种感知能力，对安全行车、预防和减少交通事故有着非常重要的作用。

## 一、对车体的感知能力

对车体的感知能力是指驾驶员对所驾车辆的空间外形特征，如车辆的长、宽、高、离地间隙、前后轮距、轴距和轮胎位置等，有非常准确的把握。驾驶员只有具备对车体的感知能力，才能保证车辆行驶时，与外部障碍物、交会车辆保持适当的横向纵向的安全间距，才能准确地控制车辆位置，正确选择安全通过的空间，达到安全行车的目的。

在驾驶训练教学过程中，教练员首先在静态训练项目中培养驾驶员对车辆的空间外形做到心中有数，然后结合场地驾驶、场内道路驾驶和实际道路训练的特定项目加以训练。

## 二、对车速的感知能力

对车速的感知能力是指驾驶员能判断所驾车辆和其他车辆的行驶速度的能力。驾驶员正确感知车速，是选择合适的挡位、掌握会车和超车的时机与地点的基础。遇到险情时，根据车速感来预测安全距离，并采取相应的应急措施，以避免交通事故的发生。

在驾驶训练教学过程中，教练员让驾驶员通过观察车速表来控制好车速，然后体验在不同条件下各种车速的视觉、听觉感受，适当选取观察目标，体会目标物往后移动的速度。可让驾驶员先根据自身视觉、听觉来判断车速，然后观察车速表的时速，找出误差的原因，反复练习。同时引导驾驶员运用已有的车速感，对迎面来车等运动物体的速度进行判断，预测交会地点，并反复练习。

## 三、对车距的感知能力

对车距的感知能力是指驾驶员在车辆运行中能够准确地预测到所驾车与其他车辆、行人及障碍物之间保持安全间距的能力。驾驶员对安全车距的感知主要是依靠视觉系统提供的信息来完成的，通过双眼视差感知物体的相对距离。试验表明，驾驶员判断的车间距往往比实际要小，随着车速的提高，判断的误差不断增大，发生碰撞事故多是由于距离判断错误所致。所以，驾驶员如果没有很好地对安全车距的感知能力，就不能准确估计所驾车与其他车辆、行人之间的安全距离，尤其是在紧急情况下安全距离的预测不准，会造成车辆追尾或超车时机不当，发生车辆剐碰等交通事故。

在驾驶训练教学过程中，驾驶员首先可掌握通过观察后视镜（包括内外后视镜）的方法判断所驾车与其他车辆、行人及障碍物之间的间距，也可结合场地驾驶、场内道路驾驶和实际道路训练的教学项目加以训练。

## 四、对道路的感知能力

对道路的感知能力是指驾驶员驾车在各种道路上行驶时，道路情况对安全行车影响的感知能力。包括路面感知、净空感知、盲区感知、方向感知等。有了路面感知，如承重力、附着力、平整度等，才能判断汽车能否安全通过而不出现轮胎下陷、车体倾斜等事故；有了净空感知，如路面宽度、净空高度等，才能安全地交会车辆厢通过隧道、涵洞、横穿线等地段；有了盲区感知，如对弯道、坡道、支路、障碍物等视线不及位置情况的预见，才能应付在弯道、坡顶后面出现的情况；有了方向感知，如方向突变时道路走向、支路数量等，才不会在交叉路口出现转弯速度过快、过急等危及安全的情况。驾驶员对道路具有较高的感知能力，就能在各种复杂道路上，正确处置危及安全的各种情况。

在驾驶训练教学过程中，教练员可以先让驾驶员学习一些与道路有关的知识，例如，行车过程中道路线形的变化、不同路面的附着能力等，并结合实际驾驶训练，在具有代表性的路段、路面上停车，仔细观察道路的特征、路面轮胎碾压痕迹与道路路面的变形情况等，讲解各种情况下的驾驶技巧，并根据教学阶段让驾驶员体会在各种道路条件下的驾驶特点。驾驶员除了要注意观察道路两侧外，还要善于分析道路上其他车辆留下的痕迹特征，借以判断道路的情况。

## 五、对车辆控制的感知能力

对车辆控制的感知能力是指驾驶员在驾驶车辆过程中，手和脚不断变换操纵车辆时，对身体肌肉活动的感知能力。如手转动方向盘的快慢和幅度，脚踩踏离合器踏板、制动踏板力量的轻重缓急等。对车辆控制的感知能力有助于驾驶员正确地控制车速、行驶方向和车体的位置，尤其是在紧急情况下，实现操作动作的准确化和自动化。

在训练初期的静态训练过程中，教练员可以让驾驶员反复练习基本操作动作，掌握动作的细节、规律和动作之间的协调性，体验肌肉知觉感受；在训练后期的实际驾驶训练过程中，引导驾驶员利用肌肉感知觉指挥操作，检验感知觉指挥操作的正确程度。

## 六、对危险的感知能力

对危险的感知能力是指驾驶员对于周边交通环境的主观判断，正确判断所存在危险的能力，尤其是对潜在危险的正确判断。例如，感知路边临时停靠的车辆的潜在危险。驾驶员对危险的感知能力与交通复杂程度、安全意识、观察能力、注意力集中程度、车体感知能力、车速感知能力、道路感知能力、预见性驾驶知识和驾驶经验等有关。

在理论教学中，驾驶员具备了基本的驾驶知识后，教练员即可讲解道路通行的规定、各种交通参与者的交通特性等，并利用多媒体教学手段，直观地介绍不同交通情况下可能出现的险情，提高驾驶员的预见性驾驶能力。

在实际操作训练中，教练员应首先培养驾驶员的车体感知能力、车速感知能力和道路感知能力等，并结合跟车行驶、会车、超车、各种道路条件下的实际安全驾驶训练项目，以及通过防御性模拟驾驶设备进行恶劣天气条件下的训练项目，逐渐培养驾驶员对危险的感知能力。此外，教练员应当让驾驶员树立良好的安全驾驶意识、文明驾驶和礼让行车的意识。

## 第三节 驾驶员的危险知觉

### 一、危险知觉的概念

危险，在这里是指，当你驾驶时，另一个驾驶员的无规律的行为，或者一个行人的闯入，或者道路上不可预测的物体等。这些危险可能导致碰撞和事故的发生，避免危险是驾驶安全的关键的一部分。相反，如果没有对危险做出适当的反应会增加驾驶风险。简单说，危险知觉就是：驾驶员能够以多么快的速度预测到危险并做出反应，如减速、刹车等来避免事故。反应越快，代表觉察危险的能力越强。

危险知觉（Hazard Perception）的概念，由斯派瑟于 1964 年首次提出。危险知觉能力是一个驾驶员预测前方道路危险的能力，并且随着经验的提高而提高，受训练的影响，通过训练和干预可以调高这种能力。

### 二、影响驾驶员危险知觉的因素

通过分析和归纳相关研究，影响驾驶员危险知觉的主要因素包括：人口学统计信息、驾驶经验、职业类型和人格等。

#### （一）人口学统计信息

1．年龄因素

有研究发现，驾驶员年龄与危险知觉反应时之间是一个“U”型曲线关系，这同年龄与交通事故之间的关系曲线一致。由图 3.6 可知，25 岁以下驾驶员的危险知觉反应时长，随着驾驶经验的增加，反应时变短，并在 45 ~ 54 岁左右达到稳定。55 ~ 64 岁的驾驶员与 25 岁以下驾驶员的平均反应时间相似。但是年龄超过 75 岁的驾驶员，危险知觉反应时比前几组驾驶员长且差异显著。

年轻新手驾驶员的危险知觉能力相对较弱。这是由于他们缺乏驾驶经验，在驾驶操作中也缺乏有效的视觉搜索策略。这导致他们搜索、识别和加工潜在道路危险的时间较长，引发交通事故的可能性较大。老年驾驶员受与年龄有关的视觉、认知等因素的衰退的影响，危险知觉反应时也较长。

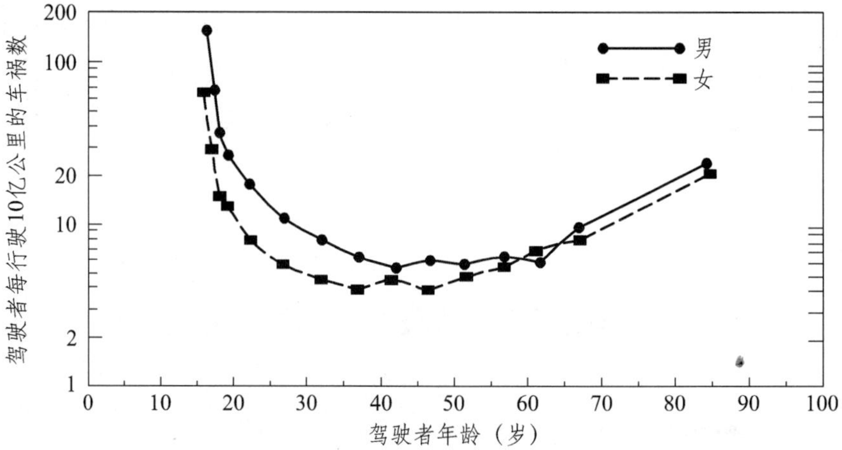


图 3.6　车祸率与驾驶员年龄关系示意图

2．性别因素

由图 3.6 可知，女性驾驶员的危险知觉能力比男性驾驶员好。新手男性驾驶员比新手女性驾驶员和男性有经验驾驶员的危险知觉反应时长。这可能是因为，男性驾驶员对自己的驾驶技能过度自信，导致他们的危险知觉能力实际表现较差。

## （二）驾驶经验

有研究发现，年龄与驾驶经验对危险知觉的影响是各自独立的。不同年龄的驾驶员，驾驶经验越丰富，危险知觉反应时越短。新手比有经验驾驶员的危险知觉反应时长。随着驾驶经验的增加，新手的危险知觉能力逐步提高。新手不太可能鉴别出交通情境中的危险并做出相应的行为反应。同有经验驾驶员相比，新手也很少注意交通情境中出现危险的关键区域。此外，驾驶经验因人而异，驾驶经验对危险知觉的影响可能是通过调节其他变量来实现的。有研究者研究了驾驶员困倦、驾驶经验与危险知觉之间的关系发现：困倦对新手的危险知觉能力影响较大，而中等水平的困倦对有经验驾驶员的危险知觉能力却没有影响。

## （三）职业类型

有研究发现，虽然摩托车驾驶员的事故率比汽车驾驶员高，但是他们识别交通情境中危险的速度却比汽车驾驶员快。摩托车驾驶员的危险知觉学习能力也比汽车驾驶员好。这可能得益于他们独特的驾驶环境：危险暴露度高。为了更好地生存下去，摩托车驾驶员识别危险的能力较好。有研究者使用驾驶模拟器，要求汽车驾驶员想象自己在驾驶摩托车。结果发现，汽车驾驶员对危险的反应速度变快。但是，他们对危险的等级评估却没有摩托车驾驶员高。此外，同时拥有摩托车、汽车驾驶经验的驾驶员，比只有汽车驾驶经验的驾驶员的危险知觉测试成绩好。前者的视觉搜索模式更灵活，对道路危险的觉察更敏感，识别危险的速度也更快。

### （四）人格因素

有研究发现，驾驶员人格特点不同，对危险的知觉能力不同。无论是新手还是有经验驾驶员，场独立性驾驶员的危险知觉能力比场依存性驾驶员好。另外有研究发现，驾驶员感觉寻求、攻击特质和内外控倾向等三个方面对安全驾驶行为影响显著，导致交通事故的可能性较大。焦虑性、利他性高的驾驶员，危险知觉能力较好；无规范性、攻击性水平高的驾驶员，危险知觉能力较差。

## 三、驾驶员危险知觉训练

驾驶员危险知觉包括危险识别、危险评价和危险反应三个阶段。有研究指出，新手驾驶员，尤其是年轻新手驾驶员容易发生交通事故，主要是危险识别能力太差。因此，如何快速有效地识别潜在道路危险是危险知觉训练的首要任务。目前，各国已经开发了很多关于驾驶员危险知觉的训练，包括基于眼动、基于电脑视频以及基于驾驶模拟器的危险知觉训练三种。

### （一）基于眼动的危险知觉训练

基于眼动的危险知觉训练是指结合眼动仪，通过使用电脑或驾驶模拟器来呈现真实的驾驶视频片段，分析驾驶员的眼动指标，评价他们的危险知觉能力，进而达到训练的目的。

### （二）基于电脑视频的危险知觉训练

基于电脑视频的危险知觉训练是指，使用鼠标或者按键的形式对视频中的潜在危险进行反应，以达到训练的目的。目前，基于电脑视频的危险知觉训练主要包含两种方法：评价训练和下一步发生什么训练。

#### 1. 评价训练

危险知觉评价训练，是指要求驾驶员对当前驾驶情境中的危险等级进行评定，或者对视频中驾驶员的行为进行评价，或者倾听视频中驾驶教练对他人安全驾驶行为的评价。

#### 2. 下一步发生什么训练

下一步发生什么训练，是指在危险发生之前要求驾驶员对即将发生什么进行预期。训练中要求驾驶员首先学习一种动态搜索策略，然后完成一系列“下一步发生什么练习”。当驾驶员观看交通情境中的视频片段时，视频会在某一画面暂停，暂停通常是在危险即将发生之前。暂停后要求驾驶员对于当前驾驶情况进行预期，同时给予受训驾驶员准确和适当的反馈。

### （三）基于驾驶模拟器的危险知觉训练

基于驾驶模拟器的危险知觉训练，是指运用驾驶模拟器模拟危险情境，训练驾驶员预期当前驾驶情境中潜在危险的能力。该训练能够对受训驾驶员的具体驾驶行为，如危险行为反应做出评估以及评估道路周边环境对驾驶行为的影响。而且，使用驾驶模拟器进行训练可以在一定程度上增加“驾驶经验”，增强情境意识。

目前，基于驾驶模拟器的危险知觉训练应用范围广泛，对于提高驾驶员危险知觉能力非常经济实用。然而，基于驾驶模拟器的危险知觉训练的指标有时不够可靠，需要相关辅助测量加以验证。

# 第四章

# 驾驶员的情绪

## 学习目标

1. 熟知情绪的概念，理解驾驶员常见的不良情绪。

2. 理解情绪因素对驾驶员行车安全的影响。

3. 理解影响驾驶员情绪的主要因素。

4. 理解“路怒症”的表现形式及危害，理解“路怒症”产生的原因，掌握“路怒症”的解决方法。

5. 理解驾驶员的应激状态，理解驾驶员应激状态的影响，掌握减少应激状态的措施。

6. 掌握驾驶员不良情绪调节控制的方法。

7. 运用情绪类型测试量表，了解自己的情绪类型。

## 案例导入

### 被公交车超车　轿车驾驶员斗气开车引车祸

天气慢慢开始热起来，早晨上班出来就遇上堵车，再加上天气的原因，堵在路上的驾驶员们难免会有些急躁。2015年3月25日上午8点50分，正值早高峰时期，一号桥路口往临江门上行路段车流量较大，经过此处的车辆都在按秩序缓慢行驶，一切仿佛都沉浸在和谐的气氛中。突然，在家佳喜弯道处传来一声闷响，一辆262路公交车与一辆小轿车发生了擦剐。

正在附近执勤的一号桥交巡警大队的民警很快赶了过来。这里原本是交通要道，如果短时间内不撤除现场，一会儿就可能造成严重的堵车。民警上前正准备招呼驾驶员时，两车的驾驶员却面对面开始骂了起来。

原来，262公交车驾驶员熊师傅靠右行驶至家佳喜弯道处时，发现一辆车停在路边阻挡了去路，由于速度较快，他没有注意到后面是否有来车，猛打方向强行变道，差点撞到直线行驶的一辆小轿车驾驶员。轿车驾驶员小陈被公交车横加一道还差点撞上也不甘示弱，径直行驶到公交车前方猛踩刹车，妄想逼停熊师傅，谁知，熊师傅本没想过踩刹车，毫不犹豫就向小轿车撞去……

这就是一起因为开“斗气车”引发的车祸，而且两位都是年轻男驾驶员，在现场互不相让，指责是对方的错误。

民警让双方赶快撤除现场，并嘱咐两位驾驶员接受处理。

当天下午，在民警对双方进行调解时，轿车驾驶员小陈认识到是自己的不对，“当时我以为公交车驾驶员是故意甩盘子，我于是也开到他的车前面报复一下……”（来源：重庆晨网）

【思考练习】

1. 案例中驾驶员不良的情绪有哪些？
2. 路怒症的成因有哪些？
3. 如何控制路怒症的产生？

## 第一节　驾驶员的情绪与行车安全

### 一、情绪的概述

#### （一）情绪的概念

情绪通常是人在自然需要是否获得满足的情况下所产生的体验。最普遍、通俗的情绪有喜、怒、哀、惊、恐、爱等，也有一些细腻微妙的情绪如嫉妒、惭愧、羞耻、自豪等。情绪具有肯定和否定的性质。能满足人的需要的事物会引起人的肯定性质的体验，如快乐、满意等；不能满足人需要的事物会引起人的否定性质的体验，如愤怒、憎恨、哀怨等；与需要无关的事物，会使人产生无所谓的情绪和情感。积极的情绪可以提高人的活动能力，而消极的情绪则会降低人的活动能力。

#### （二）情绪状态的分类

按照情绪发生的速度、强度和持续时间进行划分，可将情绪分为心境、激情和应激三种：

1．心　境

心境是一种微弱、弥散和持久的情绪，也即平时说的心情。心境的好坏常常是由某个具体而直接的原因造成的，它所带来的愉快或不愉快会保持一个较长的时段，并且把这种情绪带入工作、学习和生活中，影响人的感知、思维和记忆。愉快的心境让人精神抖擞，感知敏锐，思维活跃，待人宽容；而不愉快的心境让人萎靡不振，感知和思维麻木、多疑，看到的、听到的全都是不如意、不顺心的事物。

引起不同心境的具体原因是多方面的，在单位工作是否顺心、与同事关系是否融洽、环境条件的变化以及身心健康的状况等，都可以成为引起某种心境的原因。当然，驾驶员的心境受个人的性格、信念等心理因素的影响和制约，由于每个驾驶员在个体心理上的差异，因而引起各种心境的原因也各不相同。据日本心理学家内山道明对100名交通肇事者的调查表明，有12%的人在家里吵过架，9%的人在家里遭遇到麻烦事，8%的人被上司训过，4%的人在公司里碰到令人讨厌的事，这就是说，33%的人在发生事故前曾具有消极不良的心境。

由此可见，消极不良的心境与交通事故的发生是有着十分密切的因果关系的。因此，作为一名驾驶员，应有良好的心境，而不要在心情沮丧、思想出问题的时候开车。

2．激　情

激情是一种猛烈、迅疾和短暂的情绪，类似于平时说的激动。激情是由某个事件或原因引起的当场发作，情绪表现猛烈，但持续的时间不长，并且牵涉的面不广。激情通过激烈的言语爆发出来，是一种心理能量的宣泄，从一个较长的时段来看，对人的身心健康的平衡有益，但过激的情绪也会使当时的失衡产生可能的危险。特别是当激情表现为惊恐、狂怒而又爆发不出来的时候，有可能会全身发抖、手脚冰凉、小便失禁、浑身瘫软。

激情产生的原因很多，一般是由相互矛盾的强烈愿望或冲突引起的。在混合式交通状态下驾驶，驾驶员与骑车者、行人、机动车等难免要发生这样那样的冲突，尤其是年轻的驾驶员，好胜心强，开“英雄车”“赌气车”等现象屡见不鲜，在激情状态下还可能会做出超乎寻常的越轨行为如强行超车、超速等，而不考虑其行为后果。交通管理部门提出的安全口号，如“宁停三分、不抢一秒”等，就是劝告驾驶员在处理行车中车与车的关系时，要慎重、平静，避免出现激情状态。

3．应　激

应激是机体在各种内外环境因素及社会、心理因素刺激时所出现的全身性非特异性适应反应，又称为应激反应。这些刺激因素称为应激源。应激是在出乎意料的紧迫与危险情况下引起的高速而高度紧张的情绪状态。应激的最直接表现即精神紧张，即各种过强的不良刺激，以及对它们的生理、心理反应的总和。应激反应是所有对生物系统导致损耗的非特异性生理、心理反应的总和。故应激或应激反应是指机体在受到各种强烈因素（应激原）刺激时所出现的非特异性全身反应。

例如，行驶中突然遇到行人在车前横穿道路或同方向行驶的自行车突然猛拐等，这时需要驾驶员利用过去经验，集中注意力和精神，迅速地判断情况，在一瞬间做出决定。因此，紧急的情景会惊动整个有机体，心率、血压、肌紧度发生显著改变，而引起情绪的高度应激化和行动的积极化。在这种情况下，比一般的激情更甚，认识的狭窄会使得很难实现符合目的的行动，容易做出一些不适当的反应。

在不同的情绪状态下，驾驶员的生理和心理机能也要发生变化。生理变化，如血压、心率、体温、呼吸频率、肾上腺素分泌、汗腺活动以及肌肉紧张度等。心理活动变化，如注意、观察、判断、决策等能力，以及动作反应时间、操作的准确性等，也受到很大影响。

## 二、驾驶员的不良情绪

一般来说，驾驶员的情绪会影响驾驶员的行为，如果驾驶员产生了积极的体验，心情非常愉快，则精力比较集中，驾驶员可以迅速地做出正确的判断，反应非常敏捷，可以提高驾驶员的驾驶潜能。而驾驶员的消极体验，会使驾驶员的情绪低落，从而导致反应迟钝、判断失误，诱导交通事故的发生。驾驶员常见的不良情绪主要包括：

### 1．愤怒情绪

驾驶员的愤怒情绪是指在行车过程中发生罚款、扣证等事件，与其他驾驶员发生矛盾、与乘客发生矛盾以及被强行超车后产生的一种情绪。当驾驶员情绪愤怒的时候，会企图将愤怒和不满发泄在别人的身上，如加速、连续鸣笛等，在性格火暴以及自制力弱的驾驶员身上非常容易发生。

### 2．犹豫情绪

犹豫情绪主要发生在驾驶技能不娴熟的驾驶员身上，在行车过程中，由于对情况判断的不确定以及没有处理过类似的情况时容易产生犹豫。驾驶员的犹豫情绪会导致动作不敏捷、油门不稳定以及方向盘不稳等现象，最终导致车辆在行车过程中不稳。

### 3．紧张情绪

紧张情绪同样主要出现在驾驶技能不娴熟的驾驶员身上，由于技能以及操作上的不熟练，导致驾驶员心理产生害怕情绪和紧张情绪。驾驶员的过度紧张会导致在行车过程中动作失调和判断不准。

### 4．急躁情绪

驾驶员在行车过程中由于赶时间或者任务过重，在路上遇到拥挤堵车等情况则容易产生急躁情绪，从而导致驾驶员失去理智，不顾道路的情况加速行驶，最终导致交通事故的发生。

5．过度兴奋

过度兴奋是一种过度的积极体验，一定程度的积极体验对驾驶员的驾驶是有利的，可以使驾驶员的反应更加敏捷、判断更加准确。但是过度的兴奋就是一种不利于驾驶的情绪，会影响驾驶员的判断和感知，不能准确地感知到道路上的刺激物，也不能做出最准确的判断。

## 三、情绪因素对行车安全的影响

### （一）影响驾驶员的驾驶技能

一般因驾驶员情绪因素造成的交通事故中，大都是由于情绪影响驾驶员的驾驶技能的。驾驶员在产生不良的情绪之后，由于情绪的产生会伴随着一系列的生理变化和心理变化，驾驶员在行车过程中，则会出现较高的应激状态或者较低的应激状态，出现操作不规范、安全操作防范失误等现象，从而干扰驾驶员驾驶水平的正常发挥。在较低的应激状态下，驾驶员的操作以及大脑都得不到足够的能量。在较高的应激状态下，驾驶员会产生骄傲自满的情绪，最终失去正确判断的能力。有时，驾驶员的表现欲还会增强，在行车过程中就会忘记各种规章制度做出一些越轨的驾驶行为和动作，最终导致交通事故的发生。

### （二）分散驾驶员的注意力

驾驶员在行车过程中需要十分集中注意力才能保障驾驶技能的正常发挥。当驾驶员受到不良情绪的影响，便会分散驾驶员的注意力，使驾驶员放松警惕或者呈现懒散放松的状态，最终导致交通事故的发生。驾驶员的麻痹心理一般出现在看似安全的行车过程中，例如，道路条件好的平坦道路、夜间车辆少以及快要行驶到目的地的时候，驾驶员很容易产生思想麻痹的情绪，最终由于驾驶员的一时疏忽导致交通事故的发生。

### （三）使驾驶员感到疲劳

当驾驶员处在不良情绪中，便加重了驾驶员的精神包袱，使驾驶员出现血压升高、心率加快等现象，从而增加了驾驶员的体力消耗，使驾驶员感到疲劳，加重了驾驶员的行车危险。例如，驾驶技能不娴熟的驾驶员，在行车过程中由于紧张以及慌张等，最终使驾驶员的感觉混乱、操作失误等。对于驾驶技能不娴熟的驾驶员来说，驾驶员在路上看到交通事故时会加重驾驶员的心理负担，从而使驾驶员出现烦闷、心情不佳等情况。

### （四）影响驾驶员职业操守

当驾驶员带着不良情绪开车，职业道德便会受到冲击，如果驾驶员的意志不坚定或者自觉性不够坚定的话，便有可能丧失理智，导致在行车过程中盲目行动，将车辆当成自己的发泄工具，最终引发安全事故。

## 四、影响驾驶员情绪的主要因素

### （一）交通环境

1．道路状况

随着我国经济的飞速发展，机动车保有量急速增加，道路更加拥堵，但基础设施建设又滞后等原因，会引起驾驶员产生“路难走、车难行”的烦躁情绪。

2．交通行为

当前，部分交通参与者的交通安全观念和交通文明意识还需提高，车辆随意变道、强行超车、抢闯信号、逆向行驶、乱停车等不文明的违法行为依然可见；部分新手驾驶员因驾驶操作不熟练以及对路况不熟悉，导致行车不规范、车速忽快忽慢；行人不遵守交通法规及交通信号提示随意穿越马路等。

### （二）工作环境

1．岗位特性

驾驶员每天早出晚归，周而复始地行驶在同一条线路上，辛劳而枯燥。冬季，车辆出车前检查和线路运营都与人体自身正常的嗜睡怕冷手脚不灵活等生理机制相矛盾；夏季炎热容易使人疲劳、倦怠；长时间的重复性工作容易造成驾驶员的心理倦怠和思想麻痹。

2．企业管理

严格遵守企业规章制度可以为企业与员工之间的相互利益、行为起到保护、规范和制约的作用。但工作中违反企业规章制度的部分员工，会因为受到企业规章制度的考核处理而产生一定的心理压力和紧张情绪。

3．驾乘关系

如今，乘客对于客运服务的需求标准也在逐年增高，不仅体现在车辆的硬件设施上，还有对驾乘人员的服务水平和综合素质能力提升的需求。

驾驶员每天需要面对不同的人群并与之进行互动，每天每位乘客的心情都会有所不同，什么状况都可能发生。所以不仅要重视自己岗位的特殊性，还要注重自己的服务意识和言行举止；随着乘客自身维权意识地不断增强，部分乘客的不满情绪也会因为对事物产生原因的不了解、不理解而产生抱怨，继而将不良情绪宣泄在驾驶员身上。经常会因为一些小事情就对公交驾驶员进行批评和指责，稍有不满就对驾驶员进行投诉；驾驶员在这种状况下自身也会出现负性情绪，开车时又不方便与乘客讲话或过多解释，驾驶员与乘客之间缺少交流沟通，乘客误解驾驶员，形成紧张的驾乘关系。

4．人际关系

人际关系就是自己的社会支持系统，更是人类生存重要的需求和保障。自己与同事之间、自己与社会成员还有家庭成员之间的各种关系如何处理恰当、平衡和谐是自己社会支持系统是否均衡的重要表现。这些关系一旦出现失衡，就容易造成工作、生活、情感、人际关系出现问题，会严重影响到自己的心态、情绪和心理状况以及日常行为的反应。

### （三）家庭环境

1．家庭关系

“快快乐乐上班去，平平安安回家来”，这是每位驾驶员和其亲人内心的期盼。虽然个人婚姻关系和家庭是否和睦的问题是工作之外的事情，但是因为家庭中的琐事和夫妻间的情感纠葛引发的负性情绪，会直接影响到驾驶员是否能够保持平静的心情、良好的心态做好本职工作。所以经营好自己的婚姻，营造和谐的家庭气氛对驾驶员的生活、工作都起到非常重要的作用。

2．亲子关系

孩子是每个家庭的中心轴。每位投身工作的社会人，其从事工作的首要任务就是为解决好生存问题以及养育下一代。亲子关系也是牵扯每一位驾驶员能否全身心地投入工作、为广大乘客做好优质服务的主要问题，所以，学习并掌握必要的亲子教育知识，塑造融洽的亲子关系对于驾驶员的情绪管理和安全心态同样起到了积极重要的作用。

# 第二节　驾驶员的激情状态——路怒症

近年来，随着城市车辆的不断增多，驾车引发的情绪冲突越来越多，一言不合就撞车、斗殴、扔斧头……当“路怒症”发作时，路上的每一个人都可能是受害者。

## 一、“路怒症”的由来

路怒（Road Rage）一词最早诞生于20世纪80年代的美国，路怒症是指带着愤怒去开车，指汽车或其他机动车的驾驶员有攻击性或愤怒的行为。“路怒症”作为一种新的现代病正困扰着越来越多的现代人，尤其是有车一族。根据《金华晚报》在2009

年4月5日至4月12日推出“你有‘路怒症’吗？”的调查结果显示，有40%的车主认为自己患有“路怒症”，其中公交车、出租车和长途车驾驶员患这种心理疾病的比例更高，达30%以上。“路怒”一词被收入新版牛津词语大典，用以形容在交通堵塞下开车压力与挫折所导致的愤怒情绪，发作会袭击他人的汽车，有时无辜的同车乘客也会遭殃。

【补充案例】

### 东莞“路怒哥”多次撞向后车

2017年7月28日17时42分，彭某驾驶小轿车从广东中山小榄民安南路往工业大道方向行驶，行至红绿灯位置。红灯转绿灯起步时，一辆由赵某驾驶的粤S小轿车从右侧车道变道到左侧车道，与彭某的轿车发生轻微碰撞。事故发生后，赵某下车跳上彭某的轿车，与彭某争执，随后竟再启动自己的轿车驶出路口，掉头逆向行驶撞向彭某的轿车。之后，还多次倒车撞击彭某的轿车，导致双方车辆损毁严重。随后，小榄交警大队接到报案后赶到现场处理。据了解，赵某和彭某分别来自四川和安徽，都是生意人，他们都表示认识到了自己的错误，并表示不打不相识，互不追究。目前，小榄交警大队已经将案情通报至镇公安分局相关部门，并将视调查情况再做进一步处理。而粤S轿车由于逆行，被交警罚200元扣3分。（来源：《南方都市报》）

## 二、“路怒症”的表现形式

### （一）表现形式之一：变色、感染

“路怒症”有多种表现形式，有调查结果显示，在情绪烦躁时，30%的驾驶员在行车过程中会“以牙还牙，报复违章行为”，20%的驾驶员选择“焦躁地不停按喇叭”。不开车是文明人，开上车是“野蛮人”，在日常生活中，一部分驾驶员平时脾气很好，可是一开车，暴躁、焦虑、冲动、易怒的情绪就随之而来，无法自控。可怕的是，“路怒症”还具有一定的传染性，当一个驾驶员因为“路怒症”狂按喇叭的同时，另一些经受噪音而神经痛的驾驶员可能也会引起共鸣。例如，在等待没完没了的红灯变绿，看不到尽头的车流，容忍老驾驶员一次又一次的插车加塞，当等待和容忍都突破极限时，情绪的失控也就自然产生了。

### （二）表现形式之二：说脏话、爆粗口

爆粗口是“路怒症”最主要的症状之一，也是大部分驾驶员用来宣泄自己情绪的主要方式，有调查结果显示，有10%的驾驶员会“开车说脏话”，有33%的驾驶员会“发飙说脏话”，在行车过程中发现自己一旦看到机动车或非机动车有交通违法行为时，

就有动粗、说脏话的冲动；一旦发生堵车，马上焦躁不安总想乱按喇叭；遇到胡乱超车，忍不住就想……例如，在行车过程中遭遇了一辆违章行驶的机动车，幸得及时刹车，才避免了一场交通事故，于是非常气愤，对着远去的机动车足足骂了三分钟才觉得稍微解气。“路怒症”发作的人经常会口出威胁之语，动粗甚至损毁他人财物，也就是攻击性驾驶。

### （三）表现形式之三：没表情

没表情的“路怒症”患者多半是“以暴制暴”的行动派，也是所有“路怒症”患者中最可怕的一类人，当狂按喇叭、爆粗口等这些行为上演完之后，路怒的情绪可能升级为可怕的暴力行为，例如，肢体冲撞、疯狂飙车、毁损他人财物、威胁他人的生命安全等。据报道，2007 年 10 月，莫斯科一位“路怒症”患者就因为嫌过斑马线的行人走路太慢，并在劝告无效的情况下枪击了三名行人。从调查结果来看，90%多的车主认为“路怒症”的表现是驾驶员在行车过程中会伴随攻击性驾驶行为，在冲动行为受阻或受到批评时，还有突发愤怒和暴力倾向，并不能自控。

## 三、“路怒症”产生的原因

### （一）个人空间侵犯导致“路怒症”

根据进化心理学，对很多动物行为的研究显示，老鼠和其他各种灵长类面对侵犯自己空间的物种会产生激进反应。人类也是如此，作为个人，我们都有自己的空间或领域。经过演化，人类习得这样的防御机制——谁进入自己的领域谁就是潜在的入侵者。例如，在行车过程中，其他车辆紧贴自己的时候会让我们非常不舒服。当他人过于接近自己，即侵犯了个人的空间（领地），就会产生激进的行为反应。为了避免遭到侵犯，我们会对这些潜在的侵犯者做出回应，可能会进行防御行为，以维护我们的领地空间不受到侵犯。

### （二）“去个性化”导致“路怒症”

社会心理学中的“去个性化”是指个人在群体中身份隐匿和责任模糊的情况下，由于群体的压力或者群体意识的影响而导致了一些单独情况下不会发生的事情。从某种意义上来说，汽车是人的另一个家，在汽车里，外界看不到自己，自己却可以清楚地看到外面的世界。当我们在行车过程中不满其他车辆时，我们“肆无忌惮”地鸣笛、打闪而对方却不知道我们是谁。封闭的汽车遮住了我们的面孔，一定程度上相当于给驾驶员带上了面罩和长袍，驾驶员在群体中处于隐匿状态下。由于在这样一个隐匿状态下没有社会规范、个人评价等因素的约束，驾驶员就可能会由于“去个性化”而做出一些极端的、平时不会做出的行为。

### （三）愤怒的转移导致“路怒症”

“转移”是心理防御机制的一种，是指将对某个对象的情感、欲望或态度转移到另一较为安全的对象身上，通常前者比较强势或由于某种社会规范不便直接释放自己的情感、欲望，所以把对前者的情感、欲望转移到相对弱势或者符合社会规范的身上，以减轻焦虑，释放内心的压力。现代社会中，人们不可避免会产生很多生活压力。然而，为了与他人保持长久的合作关系，人们不可能对与自己有合作关系、血缘关系的人随意表现自己的不满，人们只会把工作、家庭中遇到的问题隐藏起来。人们在开车时候，可能会把这些不满转移到与自己毫无关系的人，从而释放自己的压力、愤怒之情。所以，“路怒症”可能是由于驾驶员对先前发生事件的不满转移到别的驾驶员上来。

### （四）压力挫折导致“路怒症”

攻击的概念最初源于奥地利心理学家、精神分析学派创始人弗洛伊德，他认为人有性本能也有死本能，攻击行为就是一种死本能的形式。挫折攻击理论认为攻击行为是由挫折引发的。挫折是指当人由于某种需求产生了某种动机并进行相应的行为时，由于外在或内在的原因阻碍了目的的实现或需求的满足，这时人的心理状态称为挫折。当驾驶员在拥挤的道路开车时，路上各种车辆都可能成为阻碍。这些车辆阻碍了驾驶员想顺利开车的愿望的实现，导致挫折状态形成，从而引发一系列攻击或变相行为。

### （五）错误认知导致“路怒症”

认知心理学理论认为，人对于某件事物的看法取决于他对该事件的认知。开车的时候，人们容易认为自己是这条道路的主人，其他事物都是道路中的障碍，人们不容易以同理心去对待他人，很少认识到他人跟自己一样有平等使用道路的权利，所以不会以礼待人。有研究发现，相对于那些没有“公平信念”的驾驶员，拥有“公平信念”的驾驶员不容易出现“路怒症”的症状，即使出现也会很快减轻。

## 四、“路怒症”的解决方法

### （一）语言暗示

消极情绪会诱发路怒症，所以，一方面，我们要避免消极情绪的产生，这要求我们在客运服务中要保持积极的心理状态，常开窗透气、合理安排休息，并做舒展动作；另一方面，要学会控制情绪，当觉得被他人激怒时，告诫自己的愤怒将会导致严重的后果，不仅自己会面临危险，还会违反法律受到法律的严惩，这对自己、家人、社会都是不负责任的行为。

### （二）合理宣泄

除了控制情绪外，也要学会合理地转移情绪并适度的发泄。适度地发泄有益于我们的身心健康，但是不能在开车时候发泄，必须在适当的场合和适当的时间发泄。

（三）改变认知

为了防止“路怒症”的产生，改变自己错误的认知是非常必要的。在开车中，“平等信念”的建立十分重要，即每个使用道路的人是平等的，没有谁有特权占用一条道路。另外，我们要意识到，每个开车的人并非愚蠢，别人的做法或许有他的道理，即使是他错了也无可厚非，因为是人都会犯错误，应该宽容待人。

（四）保持车距

根据进化心理学的理论，潜意识里每个人都有一定的空间是自己的“ 领地”，避免他人侵犯自己的空间或自己侵犯他人的空间从而做出激进的反应，我们在开车的时候需要保持较大的车距。

## 第三节　驾驶员的应激状态

### 一、应激状态

应激状态是指出乎意料的紧张情况所引起的一种特殊的情绪状态，其表现是情绪紧张度的增高，主要状态特征是：精神紧张，交感神经过度兴奋，血液中肾上腺素流量过大，呼吸短促，血压上升，氧耗量增加，肌肉紧缩等。

在应激状态下，人可能有两种表现： 一种是目瞪口呆，手足失措，陷入一片混乱之中；一种是急中生智，头脑清醒，动作准确，行动有力，及时摆脱困境。应激状态是人类适应环境的一种以生理变化为主，同时有心理成分的特殊反应。

【补充案例】

**最美驾驶员**

吴某是杭州长运客运二公司的快客驾驶员。2012 年 5 月 29 日中午，他驾驶着浙 A191××大型客车从无锡返回杭州，车上有 24 名乘客。11 时 40 分左右，车行驶至锡宜高速公路宜兴方向阳山路段时，一块大铁片突然从天而降，在击碎挡风玻璃后，砸向吴某的腹部和手臂。

监控录像记录下短暂而令人震动的画面：被击中时的一瞬间，吴某看上去很痛苦，本能地用右手捂了一下腹部。但他没有紧急刹车或猛打方向盘，而是强忍着剧痛缓缓减速，拉起手刹，开启双闪灯并打开车门。

“如果驾驶员失控，很可能车毁人亡。”一位乘客回忆，当时他正在打瞌睡，被一声巨响惊醒。“车子没有失控，而是稳稳地停了下来。我跑上前去看，驾驶员表情很痛苦，说不出话，腹部在流血。”

接到报警，无锡交巡警支队高速三大队交警赶到现场，将乘客疏散到安全地带。三大队副大队长见到吴某时，发现他已经脸色发青，意识陷入模糊。

“一般情况下，客车紧急制动，车辆会失控，乘客会有碰撞伤，而这辆大巴没有一个乘客受伤。”三大队副大队长说。（来源：浙江在线）

## 二、驾驶中的应激发生机制

交通心理学把人、车、路和环境作为一个系统来对待，驾驶员的驾车过程，可以概括为信息输入、信息加工、决策以及信息输出这样一个不断往复进行的信息处理过程。驾驶员通过视觉、听觉和触觉等感觉通道接受来自汽车外部，诸如交通信号、路上行人车辆动态、车身颠簸和噪声信息、车辆内部仪表显示、乘坐舒适性、车辆本身工作状况等信息，经过大脑加工后，做出判断和决策，并通过效应器——手和脚对汽车进行操纵，改变汽车的运动状态。

这种过程不断循环反复，直至达到人车系统的预定目的——完成驾驶任务。正常情况下，驾驶员是按照上述过程并采用规范化的动作程序驾驶汽车的，能够保持良好的心理状态和旺盛的精力，从而实现高效、准确的操作。而当车辆行驶在复杂的交通环境中时，由于外界信息的突变，驾驶员必须在突如其来的或十分危险的情况下，迅速地、几乎没有选择余地地采取决策，这时容易出现应激状态。

## 三、驾驶员应激状态的影响

### （一）工作绩效降低

危险情形会增加生理唤起，且这种唤起可以用许多生理指标的变化客观地显示出来，如心率、瞳孔直径和激素物质分泌水平。但有研究发现，唤起水平与工作绩效成倒 U 形。也就是说，在高度唤醒水平下，工作绩效有所损失。产生损失的原因之一是工作记忆的丧失。工作记忆的丧失有如下特点：在应激状态下，人们很少用工作记忆储存或复述新的材料、完成计算或者其他需要注意的心理活动。例如，行车中突然遇到行人横穿马路或者同方向行驶的车辆突然拐到车前，驾驶员就会显得手忙脚乱的。

### （二）习惯性行为增强

在应激状态下，一方面工作记忆会受损，另一方面，人们对充分了解的事实和技能的长时记忆很少受到破坏，甚至在紧急状态下会得到加强。因此，在应激状态下，我们倾向于采用最易提取的思维和行动，当这些行动与紧张情境中适当的行为不一致时，问题就发生了。平时很少练习的应对紧急情况的反应与日常情景中的惯常反应是不相容的。例如，当在结冰的路面上行驶时，对打滑的恰当的紧急反应就是一个很好的例子。在这种紧急状况下，驾驶员首先应该做的是向打滑的方向打方向盘才能控制住汽车，确切地说，这种做法与在干燥路面上的正常反应相反。在干燥路面上，通常的反应是，离开想要避开的方向时，应该将方向盘打向同一方向。正是由于紧急情况下正确反应与占优势的习惯反应相反，因此对紧急情况下的正确反应模式进行过度学习是非常重要的。

#### （三）转变策略

在紧急情形下产生应激时，可以观察到驾驶员行为策略的转变。一种倾向是“行动起来，就是现在”，即立即采取行动，但是需要权衡速度与准确性，人们在快速反应的过程中经常会忽略精确性，从而做出错误的判断。相反，慎重和延迟的行为可能是建立在更多信息和小心推理的基础之上的。

### 四、减少驾驶中应激状态的措施

在十分复杂的交通环境中，驾驶员要想在行车中完全避免遇到任何紧急情况几乎是不可能的。但如果采取适当训练途径和科学的驾驶判断方法则可以减少应激状态出现的次数。

#### （一）对驾驶员进行以提高其心理素质为目的的心理训练

在直接影响行车安全的所有心理品质中，最重要的是驾驶员对道路情景变化的反应速度。驾驶员在实际驾驶过程中，不断对发现的情况做出判断和处置，最后由手和脚去执行。平时可以有意识地训练手和脚的反应的敏捷性、快速性、准确性，同时也不应忽视驾驶员注意力的训练。驾驶员只有具备了良好的注意品质，才能在行车过程中迅速、及时、清晰、深刻地获得各种交通信息。这些信息经过大脑的分析和综合、判断和推理，指导人们做出正确的驾驶操作，保障行车安全。

#### （二）对驾驶员进行以提高其技能素质为目的的技能训练

应激状态的发生是以其突发性为特征的，必须训练驾驶员掌握正确驾驶车辆的技能，以便在应激发生时，能够实施正确的操作或由于采取了正确的驾驶、判断方法而最大限度地减少应激状态的发生。防御性驾驶训练是减少应急状态发生的最佳方法。所谓防御性驾驶，即指驾驶员在行车过程中，能够准确地“预见”由其他驾驶员、行人、不良气候或路况而引发的危险，并能及时采取必要、合理、有效的措施防止事故发生的驾驶方式。

### （三）对驾驶员进行人为创设应激情景的训练，以提高其心理承受力

可以利用防御性模拟驾驶设备，人为创设一些与实际相似的应激情景，例如，行人突然横穿马路，前方行驶的驾驶员突然紧急制动，爆胎、车辆制动、方向失灵等。利用这些人为设置的应激情景可以使驾驶员亲身体验到应激情绪状态下的心理感受，并为以后的行车实践积累经验，从而最大限度地克服和避免应激情景出现时手忙脚乱的现象，有效地保证行车安全。

## 第四节　情绪类型测试

### 一、测试题目

指导语：你在多大程度上受理智的控制，又在多大程度上受本能情绪的控制？回答以下问题，将每题分值相加的总和与结果对照，可以确定情绪状态与类型。

1. 如果让你选择，你更愿意（　　）。

A. 同许多人一起工作并亲密接触

B. 和一些人一起工作

C. 独自工作

2. 当为解闷而读书时，你喜欢（　　）。

A. 读史书、秘闻、传记类

B. 读历史小说、“社会问题”小说

C. 读幻想小说、荒诞小说

3. 对恐怖影片的反应如何？（　　）。

A. 不能忍受　　B. 害怕　　C. 很喜欢

4. 以下哪种情况符合你（　　）。

A. 很少关心他人的事　　B. 关心熟人的生活

C. 爱听新闻，关心别人的生活细节

5. 去外地时，你会（　　）。

A. 为亲戚们的平安感到高兴　　B. 陶醉于自然风光

C. 希望去更多的地方

6. 你看电影时会哭或觉得要哭吗？（　　）。

A. 经常　　B. 有时　　C. 从不

7. 遇见朋友时，你通常是（　　）。

A. 点头问好　　B. 微笑、握手和问候

C. 拥抱他们

8. 如果在车上有个烦人的陌生人要你听他讲自己的经历，你会（　　）。
A. 显示你颇有同感　B. 真的很感兴趣　C. 打断他，做自己的事
9. 是否想过给报纸的问题专栏写稿？（　　）。
A. 绝对没想过　B. 有可能想过　C. 想过
10. 被问及私人问题，你会怎样？
A. 感到不快活和气愤，拒绝回答　B. 平静地说出你认为适当的话
C. 虽然不快，但还是回答了
11. 在咖啡店里要了杯咖啡，这时发现邻座有一位姑娘在哭泣，你会怎样？（　　）。
A. 想说些安慰话，但却羞于启齿　B. 问她是否需要帮助
C. 换个座位远离她
12. 在朋友家聚餐，朋友和其爱人突然激烈地吵了起来，你会怎样？（　　）
A. 觉得不快，但无能为力　B. 立即离开
C. 尽力调解
13. 你一般什么时候送礼物给朋友？（　　）
A. 仅仅在新年和生日的时候　B. 全凭兴趣
C. 在觉得有愧或忽视了他们时
14. 一个刚相识的人对你说了些恭维的话，你会怎样？（　　）
A. 感到窘迫　B. 谨慎地观察对方　C. 非常喜欢听，并开始喜欢对方
15. 如果你因家事不快，上班时你会（　　）。
A. 继续不快，并显露出来　B. 专心工作，把烦恼丢在一边
C. 尽量理智，但仍因压不住而发脾气
16. 生活中的一个重要关系破裂了，你会（　　）。
A. 感到伤心，但尽可能正常生活　B. 至少在短暂时间内感到痛心
C. 无可奈何地摆脱忧伤之情
17. 一只迷路的小猫闯进你家，你会（　　）。
A. 收养并照顾它　B. 扔出去
C. 想给它找个主人，找不到就让它安乐死
18. 对于信件或纪念品，你会（　　）。
A. 刚收到时便无情地扔掉　B. 保存多年
C. 两年清理一次
19. 你是否因内疚或痛苦而后悔？（　　）
A. 是的，并且会持续很长一段时间　B. 偶尔后悔
C. 从不后悔
20. 同一个很羞怯或紧张的人谈话时，你会（　　）。
A. 因此感到不安　B. 觉得逗他讲话很有趣

C. 有点生气

21. 你喜欢处于什么成长阶段孩子（　　）。

A. 很小的时候，而且有点可怜巴巴　　B. 长大了的时候

C. 能同你谈话的时候，并且形成了自己的个性

22. 家人抱怨你花在工作上的时间太多了，你会怎样？（　　）

A. 解释说这是为了家人的共同利益，然后仍像以前那样去做

B. 试图把时间更多地花在家庭上

C. 对两方面的要求感到矛盾，并试图使两方面都令人满意

23. 一场精彩演出结束后，你会（　　）。

A. 用力鼓掌　　B. 勉强地鼓掌　　C. 鼓掌，但觉得很不自在

24. 当拿到母校出的一份刊物时，你会（　　）。

A. 通读一遍后扔掉　　B. 仔细阅读，并保存起来

C. 不看就扔进垃圾桶

25. 看到路对面有一个熟人时，你会（　　）。

A. 走开　　B. 走过去问好　　C. 招手，如对方没反应便走开

26. 听说一位朋友误解了你的行为，并且正在生你的气，你会怎样？（　　）

A. 尽快联系，做出解释　　B. 等朋友自己清醒过来

C. 等待一个好时机再联系，但对误解的事不做解释

27. 你一般怎样处置不喜欢的礼物？（　　）

A. 立即扔掉　　B. 热情地保存起来

C. 藏起来，仅在赠者来访时才摆出来

28. 你对集会活动的态度如何？（　　）

A. 冷淡　　B. 激动　　C. 感到窘迫

29. 有没有毫无理由地觉得害怕的情况？（　　）

A. 经常　　B. 偶尔　　C. 从不

30. 下面哪种情况与你最相符？（　　）

A. 十分留心自己的感情　　B. 总是凭感情办事

C. 感情没什么要紧，结局才最重要

## 二、评分标准

选 A 计 1 分，选 B 计 2 分，选 C 计 3 分

## 三、分数统计

A：______　　B：______　　C：______　　总分：______

## 四、情绪类型测试分析

测试结果倾向：

30 ~ 50 分：理智型情绪

很少为什么事而激动，即使生气也表现得很有克制力。主要弱点是对他人的情绪缺少反应。感情生活受限，而且可能会听到别人在背后说你是“冷血动物”。目前需要放松。

51 ~ 69 分：平衡型情绪

时而感情用事，时而十分克制。即使在很恶劣的环境下握起了拳头，但仍能从情绪中摆脱出来。因此，很少与人争吵，生活十分愉快、轻松。即使偶尔陷入情感纠纷，也能不自觉地处理妥帖。

70 ~ 90 分：冲动型情绪

你是个非常重感情的人。如果是女性，一定是眼泪的俘虏；如果是男性，可能非常随和，但好强，且喜欢自我炫耀。可能经常陷入那种短暂的风暴式的情感纠纷，因此麻烦百出，想劝你冷静，简直是不可能的事情。这里有必要提醒你：控制自己。

# 第五章

## 驾驶员的意志

### 学习目标

1. 熟知意志的概念，理解意志行动的心理过程和意志品质的要求。
2. 理解驾驶员意志品质对行车安全的影响。
3. 掌握驾驶员意志品质的培养方法。
4. 运用意志力测试量表，了解自己的意志力水平。

### 案例导入

**公交驾驶员心脏病突发 仍然坚持将车开到了公交站**

回忆起 2017 年 5 月 4 日的经历，身为深圳 M337 区间线公交驾驶员的贾某仍然心有余悸。当天正在驾驶途中的他突发心肌梗死，为了不影响乘客安全和路面交通，胸痛的贾某坚持将车辆一路开进公交站台停靠，并顺利将车上的几十名乘客安全转乘。

5 月 4 日一大早，贾某如往常一样，从清湖地铁站发车，开往光明城站方向。当车开到福民社康中心时，贾宏感到胸口隐隐作痛，随后，他握方向盘的左臂开始疼痛，全身冒冷汗。从后视镜里，贾某看到同事驾驶的另一台 M337 区间线紧随其后，即将进站，贾某便将车辆开进站台，并向身边乘客解释自己身体不适，希望车上乘客能换乘到进站的另一辆 M 337 上。随后，在下车与同事道明原因、转移完车上乘客后，贾某回到车上拨通了“120”急救电话，并在其后拨通了车队调度员的电话，让其派人来把车辆开回车队。

在医院，贾某感觉之前的疼痛感有所缓解，一开始并不愿意接受医生马上手术的建议。直到医生与家属沟通，向家属和贾某说明了情况危急后，贾某得知自己患了心肌梗塞，这才同意被推进手术室进行治疗。据贾某的副主任护师介绍，在给贾宏做了心电图等检查后，他们看到相关数据升高，便赶紧提出要给贾某做急诊手术，“一开始他不理解，后来跟家属聊了一下，他这个情况属于重疾，需要争分夺秒抢救。”当时躺在手术台上的贾某，其ST数据显示已亮起红灯，幸好经过一番解释沟通后，在90分钟黄金时间内对其进行了手术。(来源:《南方都市报》)

【思考练习】

1. 案例中的公交驾驶员表现出了哪些良好的心理品质?
2. 意志品质对行车安全有什么影响?
3. 如何培养驾驶员良好的意志品质?

## 第一节 驾驶员的意志与行车安全

### 一、意志的概述

#### (一) 意志过程

意志过程是指人在自己的活动中设置一定的目标，按计划不断地克服内部和外部困难并力求实现目标的心理过程。它是人的意识能动性的体现，即人不仅能认识客观事物，而且还能根据对客观事物及其规律的认识自觉地改造世界。

#### (二) 意志的特征

意志行动是人类所特有的，只有人类才能预先自觉地确定行动目的，有意识地调节自己的行为。动物虽然也能够作用于环境，甚至有些高等动物表现出某种带有目的性的行为，但从根本上讲，它们都未能上升到自觉意识水平。从意志的自觉目的性上来讲，只有人的心理才有意志过程，只有人类才能在自然界打上自己意志的印记。意志行动有以下三方面的特征。

1. 有明确的预定目的

人的意志由于具有明确的目的性，它才能既发动符合于目的的某些行动，又能制止不符合目的的某些行动。意志行动效应的大小，是以人的目的水平的高低和社会价值为转移的。目的越高尚、越远大、越有社会价值，意志表现水平就越高。例如，我国的技能选手为获得世界技能竞赛金牌而刻苦训练，文学爱好者为成为作家而笔耕不辍，科学家为攻克难关而废寝忘食。

2．以随意运动为基础

人的行动是由动作组成的，动作有不随意动作和随意动作两种。不随意动作是指无预定目的的动作，随意动作则是指有预定目的、受意识指引的动作。有了随意动作，人们就可以根据目的组织、支配和调节一系列的动作，实现预定的目的。随意动作是意志行动的必要组成部分，是意志行动的基础。一般来讲，随意运动越熟练，掌握程度越高，意志行动也就越容易实现。所以，一个经验丰富的驾驶员可以担负起长途驾驶的任务，一个刚学开车的生手就感到困难。

3．与克服困难相联系

克服困难的过程也就是意志行动的过程。困难有外部困难和内部困难两种。人的意志坚强与否、坚强程度如何，是以困难的性质和克服困难的难易程度来衡量的。例如，炎炎夏日，城市公交车驾驶员在没有空调的车厢里面冒着酷暑工作，都是为达到一定的目的而去克服困难的意志行动。

### （三）意志行动的心理过程

意志总是通过一系列的具体行动表现出来，意志行动的实现过程是意志心理过程的完整展现，它不仅是行动的外部表现过程，还包括心理对行动的内部组织和调节。因此，意志行动的心理过程主要分为两个阶段：采取决定阶段和执行决定阶段。在这两个阶段中，又有一些具体的步骤和环节。

1．采取决定阶段

采取决定阶段是意志行动的初始阶段，也是内部决策阶段。这个阶段虽然在意志行动实现过程中不易被觉察，但却对具体行动的发动和活动目的的实现有极其重要的作用。在采取决定阶段，包括以下四个环节。

（1）动机冲突。

人的意志行动是有自觉目的性的，单纯的动机使得行动目的单一而明确，意志行动可以顺利实现。但现实生活中确定活动目的并非总是这样简单而直接，复杂的生活环境常常造成利益冲突，使得人们同时产生几个不同的目标或多种愿望，这又导致内心的矛盾冲突，引起动机冲突。例如，是花三年时间全日制学习大客车驾驶，还是立即找一份工作呢？在客运过程中，车辆发生轻微故障，是继续冒险行驶还是返厂检修呢？

（2）确定行动目的。

在动机斗争获得解决之后，或明确了行动的主导动机之后，行动的方向和目的就容易确定。作为意志行动都要有预先确定的行动目的，这是意志行动产生的重要环节。

在某种意义上说，动机斗争的过程也涉及对外界多种行动目的的权衡选择。目的有高尚和卑劣之分，最终应确立既有益于社会也有益于个人的行动目的。目的也有远近、主次的不同，一般来讲，我们总是要先实现近景目标，再实现远景目标。我们既可以选择先实现主要目标，再实现次要目标，也可以选择先实现次要目标，再集中力量实现主要目标。

（3）选择行动方法。

确立行动目的之后，就需要选择适宜的行动方式和方法。有时行动方法同行动目的有直接联系，无须选择。但在许多情况下，达到同一个行动目的的方式和方法可能不止一种，就需要进行选择。首先要比较不同方式和方法间的优缺点，能否顺利有效地达到行动目的。其次还要考虑行动方式和方法是否符合公众利益和社会道德，是为达到个人目的不择手段，损人利己，还是选择既有利于社会，也有利于个人的方式。

（4）制订行动计划。

在选定了行动目的和行动方法之后，在采取决定之前，还有一个步骤是制定行动计划。特别是在复杂的意志行动中，如打一场战争或做一次大手术，都需要精心准备，做好计划。计划的制定要在调查研究的基础上，要综合考虑主客观因素，力争周密而严谨。因为一个切实、合理的计划将为执行决定打下一个良好的基础。

2．执行决定阶段

在一系列内部决策完成之后，意志行动的下一步就在于执行所做出的决定。因为即使动机再高尚，行动目的再明确，方法和手段再完善，如果不采取实际行动，这一切也只是空中楼阁，毫无意义。因此，执行决定阶段是意志行动的关键阶段。

首先，执行决定阶段是一个不断克服困难的过程。如果说，采取决定阶段主要是克服主观上的内部困难，在执行决定阶段，就既要克服内部困难，也要克服外部困难。引起执行决定过程中的内部困难的因素很多，有的可能是前一阶段的动机冲突未解决好，原先被压抑的动机又开始抬头，同当前的动机相冲突；有的可能是由于境况的变化，产生了新的动机，同原有的行动目的相矛盾；另外，淡漠的态度，消极的心境，自私、懒惰、保守等不良性格都可能成为意志行动中的障碍，使人的行为处于犹豫、动摇状态，阻碍活动目的的实现。引起执行决定过程中外部困难的原因也很复杂，既可能是资金设备的短缺，也可能是时间、空间上的不利因素，还可能是人为的干扰和破坏。对此，首先是应该解决内部困难，只要认定行动目的是有意义的，计划是合理的，就应该发挥主观能动性去排除干扰，克服自身的弱点，坚持意志行动。当内部困难得到解决，外部困难一般总能够加以克服。当然，如果有人力不可抗拒的客观原因使得决定无法执行，就应该果断终止原定计划，再做新的打算，这仍然是意志行动的良好表现。

其次，执行决定阶段还要接受成败的考验。有很多时候，执行决定是一个漫长的过程。例如，驾驶员要通过驾照考试，需要长时间的训练。在这个过程中，有短暂的成功，也有暂时的挫折和失败。要使意志行动的目的最终实现，就要有对待成败的正确态度。既不要迷失在成功的喜悦里，造成后面意志行动的轻率和盲目，也不要因一时的失败就丧失信心，半途而废。特别是对待失败，应该冷静地分析原因，总结经验，避免犯同样的错误。只有经历过成败的考验，做到“胜不骄，败不馁”，才能取得最后的成功。

### （四）意志品质的要求

意志品质是指一个人在行动中具有明确的目的，不屈从于周围人的压力，按照自己的信念、知识和行为方式进行行动的品质。意志品质是指构成人意志的诸多因素的总和。

1．自觉性

意志的自觉性是指是否对行动目的有明确的认识，尤其是认识到行动的社会意义，主动以目的调节和支配行动方面的意志品质。自觉性是意志的首要品质，贯穿于意志行动的始终。自觉性强的人，能够广泛地听取别人的意见并进行取舍，吸收有益的成分，独立自主地确立合乎实际的目标，自觉地克服困难，执行决定，对行动过程及结果进行自觉反思和评价。在行动中能主动积极地完成符合国家和人民需要的任务，并能自觉调整个人利益与集体利益、国家利益三者之间的关系，不为物质利诱而动心。与自觉性相反的意志品质是易受暗示性与独断性。易受暗示性的人，行动缺乏主见，没有信心。容易受别人左右，因而会随便改变自己原来的决定。独断性的人则盲目自信，拒绝他人的合理意见和劝告，一意孤行，固执己见。易受暗示性与独断性都是缺乏对事物自觉、正确的认识，分不清是非曲直，而去遵循盲目的倾向。

2．果断性

意志的果断性是指一个人是否善于明辨是非，迅速而合理地采取决定和执行决定方面的意志品质。果断性强的人，当需要立即行动时，能迅速地做出决断对策，使意志行动顺利进行；而当情况发生新的变化，需要改变行动时，能够随机应变，毫不犹豫地做出新的决定，以便更加有效地执行决定，完成意志行动。与果断性相反的意志品质是优柔寡断和草率决定。优柔寡断的人遇事犹豫不决，患得患失，顾虑重重；在认识上分不清轻重缓急，思想斗争时间过长，即使执行决定也是三心二意。草率的人则相反，在没有辨明是非之前，不负责任地做出决断，凭一时冲动，不考虑主、客观条件和行动的后果。优柔寡断和草率决定都是意志薄弱的表现。

3．自制性

意志自制性是指能否善于控制和支配自己行动方面的意志品质。自制性强的人，在意志行动中，不受无关诱因的干扰，能控制自己的情绪，坚持完成意志行动。与自制性相反的意志品质是任性和怯懦。任性的人自我约束力差，不能有效地调节自己的言论和行动，不能控制自己的情绪，行为常常为情绪所支配。怯懦的人胆小怕事，遇到困难或情况突变时惊慌失措，畏缩不前。

4．坚持性

意志的坚持性是指在意志行动中能否坚持决定，百折不挠地克服困难和障碍，完成既定目的方面的意志品质。这是最能体现人的意志的一种品质。坚持性强的人能根据目的要求，在长时间内毫不松懈地保持身心的紧张状态，在任何情况下，都坚持不变，直至达到目的。在遇到困难时，它能激励自己树立起克服困难的信心，始终如一地完成意志行动。与坚持性相反的意志品质是顽固执拗和见异思迁。顽固执拗的人对自己的行动不做理性评价，执迷不悟，或者是明知不可为而为之。见异思迁者则是行为缺乏坚定性，容易动摇，随意更改目标和行动方向，这山望着那山高，庸庸碌碌，终生无为。

## 二、驾驶员意志品质对行车安全的影响

意志可以对意识进行调节，具体表现为有能力去实现有目的活动和需要克服困难的行动，人的意志是在完成预先拟定目的的活动中表现出来的。驾驶员在从事驾驶活动时通常会遇到各种复杂的情况，为了安全地抵达目的地，就需要完成拟定达到目的地的一系列决断并果断地实施。比如，是加速还是减速，是超车还是让车，是避让还是停车等，这些过程中都包含着驾驶员意志的作用，并且直接影响到行车安全。

### （一）自觉性品质对行车安全的影响

驾驶员的自觉性品质是影响行车安全的重要因素。在行车过程中，驾驶员正确的、明确的目的就是要安全驾驶、顺利完成行车任务。在这样的目的指引下，驾驶员应具备高度的责任感和良好的职业道德，应能始终坚持正确的原则，自觉地拒绝影响行车安全的心理和行为，要能独立思维和判断，不受任何的负面影响。因此，驾驶员在行车过程中要始终指向自己的行车目标，并对行车环境要具有主动的识别和辨别能力，要能自觉地遵守交通法规和企业规章制度，并对行车过程中所出现的问题和遇到的障碍能自觉主动地去发现和去解决，且要具有清晰的头脑。在解决问题的过程中，能自觉分析、冷静思考，找到处理的办法，不会受到别人不正确的影响和暗示。

### （二）果断性品质对行车安全的影响

驾驶员在行车过程中，由于车辆设备、道路、气候、环境或自身情况等方面的复杂性和多变性，难免会遇到各种紧急情况的发生。比如在行驶时驾驶员突遭身体不适，或遇障碍物，或出现设备故障等，这时果断地对这些紧急、重大事件进行及时正确的处理是具有重大意义的。一般来讲，在行车过程中，有些事件或事故的发生是有先兆

的，能否在事件或事故发生前的一刹那，自觉而果断地采取措施排除险情或进行正确性的操作，这与操作者的意志的果断性品质的高低是有很大的关系的。驾驶员如果能在情况紧急时，保持冷静，根据当时的情形独立做出判断，迅速而果断地进行决策，采取正确的预防和应对措施，时常能够避免事件或事故的发生的或能有效地减轻事件或事故的灾难性的。相反，则可能会延误时机，造成严重后果。

### （三）自制力品质对行车安全的影响

安全行车是需要驾驶员有稳定的技能和情绪状态的。因此，驾驶员必须有良好的自制性品质，能稳定自己的技能状态，能合理地调节和控制自己的情绪。自制力要求驾驶员在任何情况下都要明确行车规章对自己的约束，抑制与安全行车目的不相容的动机，不为其他无关刺激所诱惑、动摇，比如要抵制不良的作息习惯；要抵制酒后驾驶；要不为满足某些利益需求而无视行车规章；还要能随时觉察自己的生理状态，不断调节自己，使自己在行车过程中始终处于良好的身体状态；要拒绝疲劳驾驶。一般来讲，在行车过程中或之前，无处都存在着直接地或间接地影响驾驶员的技能发挥和情绪状态稳定性的因素，如驾驶员在行车之前遇到了烦闷、痛苦的事情，或者行车环境异常复杂、恶劣，甚至恶劣到使驾驶员产生急躁、紧张、恐慌情绪的地步；再如长时间的驾驶会使驾驶员产生的枯燥、乏味的情绪，甚至是睡意等，在这样的情况下，只有那些具备良好的自制力品质的驾驶员才能更好地、有效地调节和控制自己的不良情绪或不好的状态，进而使自己保持稳定良好的情绪和心理状态，并以理智的思维和行动完成安全驾驶的工作。

### （四）坚持性品质对行车安全的影响

驾驶员的坚持性品质是指驾驶员在行车过程中凭借意志控制自己、支配自己，使自己的注意力和精力始终持续地专注于驾驶工作上的意志品质。坚持性要求驾驶员在遇到困难时，能激励自己树立起克服困难的信心，能始终如一地完成意志行动。在行车过程中，驾驶员坚持性品质主要表现在克服困难上。驾驶员在行车过程中要克服的困难有外部的和内部的。外部困难，如恶劣的气候条件，车辆设备故障，复杂的道路情况等；内部困难，如驾驶员自身的消极情绪，或疲倦、懒惰、胆怯，或驾驶经验不足，身体状态不佳等。事实上，具有良好坚持性品质的驾驶员会用坚强的意志来克服行驶过程中所遇到的各种困难，把安全行车的工作目标落到实处。

## 三、驾驶员意志品质的培养

交通安全工作实践证明，驾驶员工作的可靠性除了受驾驶技能水平、驾驶情绪情感等一般的主客观因素影响外，关键在于驾驶员有无自觉的、坚强的意志。意志力并非是生来就有或具有不可改变的特征的，它是一种能够培养和发展的技能。因而，培养和锻炼驾驶员具有较好的意志品质，使驾驶员形成自觉坚定的意志行动，克服困难，这样既保证了交通安全的重要前提，也体现了良好的职业道德。具体方法如下。

### （一）从点滴做起，循序渐进

良好的意志品质都是经过长期的日积月累，逐渐养成的，并不是一蹴而就的事情，而是必须从一件件小事做起。驾驶员在生活和工作中经常会遇到的小事，如喜欢睡懒觉，喜欢把今天的事情拖到明天去完成，不喜欢看书等，这些小事都是因为人的惰性引起的，而克服惰性就需要毅力。需要驾驶员从这些小事情做起，锻炼自己的毅力，循序渐进，久而久之，就会成为一种习惯，这也是锻炼毅力的前提。

### （二）把握增强独立性的机会

对于驾驶员来说，其日常行为既要能融入他所处的群体，又要具有相当的独立性。驾驶员要想使日常行为，特别是驾驶行为具有独立性和果断性，就需要逐步减少对他人的依赖，更多地依靠自己的能力，依靠自己对事情的判断。

### （三）善于自省，加强自制

在日常生活中，驾驶员应对自己的言行、思想及他人的评价进行反思，分析存在的优点和不足。一旦意识到某件事或某种行为是不对的，应坚决克制。例如，在工作中，对于乘客提出的意见，应虚心接受，有则改之，无则加勉。

### （四）加强意志自觉性培养

自觉，就是不需别人督促，自己努力做好自己应该做的事。自控，就是一个人控制自己思想感情和举止行为的能力。驾驶员是一个特殊的职业群体，其工作性质要求其能有意识地培养自己行为的自觉性和自控性。

### （五）积极主动制订计划，明确目标，强化意志

计划是最能够形成效率的一种工具，在培养意志力的过程中，驾驶员要制订一个计划，使其能够习惯于利用计划管理自己，从而提高工作效率并达成目标，才是培养意志力的目的。

具体做法：驾驶员可以自己制定一个高于现实却又不过高的明确目标，并为之努力，记下每天的点滴进步，常常阅读进步的书籍，在感到进步很大时，自己慰劳一下自己，增加愉快的体验，激励自己再次坚持，这样意志就会逐渐形成。

### （六）下定决心，克服困难

驾驶员在行车过程中，难免会遇到一些困难，驾驶员应下定决心，克服困难。而

实现转变是一个循序渐进的过程，美国罗德艾兰大学心理学教授詹姆斯普罗斯把实现某种转变分为四步：第一步抵制——不愿意转变；第二步考虑——权衡转变的得失；第三步行动——培养意志力来实现转变；第四步坚持——用意志力来保持转变。因此，驾驶员可以根据此步骤逐步地培养自己克服困难的意志力。

### （七）在艰苦的环境中，磨炼意志，培养坚韧性和顽强性

驾驶车辆过程，是意志行动过程，也是磨炼的过程。驾驶员要具备坚强的意志力，必须自觉地在艰苦的环境中自我磨炼，只有这样，才能抵御不符合安全行车目的的主客观因素诱惑的干扰，百折不挠地克服一切困难，锲而不舍地把交通安全贯彻到底。

### （八）注意情绪的调节，发挥主观能动性

在执行意志决定的过程中，驾驶员的情绪状态直接影响行为效果。因此，要培养意志坚强的驾驶员，应因势利导，有针对性地做好情绪调控，使其正确认识挫折和失败，发挥主观能动性，有意识地、自觉地调节和克制自己的不良情绪，保持乐观稳定的情绪，支持自己的思想和行为。

另外，关于驾驶员意志的训练，自我心理调整也是很好的方法。所谓自我心理调整，就是在行动的各个阶段，用激励行为的思想和词语进行自我教育，发展意志的方法。驾驶员要用自身的努力来锻炼自己的意志。在这之中，首先要提高自己行动的自觉性，而且对所做的事情要善始善终，要严格要求自己。其次要分析自己的意志品质，在日常生活、行车中有针对性地培养锻炼自己，努力克服不良倾向。

自我心理调整的具体方法有以下几种：

#### 1．自我鼓励法

自我鼓励，即自我表扬，自己为自己“加油”“打气＂，勉励自己。例如，在平时工作或劳动中虽已感到疲劳，但为了锻炼自己的意志，就自己勉励自己：“坚持就是胜利！”直到把事情做完。当然，这是在避免驾驶疲劳的前提下所做的坚持，因为疲劳驾驶严重影响交通安全。

#### 2．自我说服法

自我说服即自己说服教育自己。例如，出车回来，因感到疲劳就不想去检查维护车辆。这时候就要自我说服教育，想到“今天坚持例行维护是为了确保明天行车安全，再累也应该做完当天的事情”。这样就可以克服疲劳状态下的惰性和抑制性，并且达到心理平衡。长此下去，就可提高意志力。

#### 3．自我命令法

自我命令就是自己强制规定自己应该怎么做或做什么事情。自我命令，就会振作精神，很快地进行心理调适，从而增强自己的意志。以饮酒为例，明知饮酒对行车安

全不利，交通法规中也明确规定严禁酒后开车，但仍有一些人不以为然，甚至以身试法。对这种人，我们奉劝他们自我暗示“酒后伤神，车祸缠人”等禁止饮酒的命令，以提高自己戒酒和谢绝朋友劝酒的动力。

## 第二节　意志力测试

### 一、测试题目

下面20道题目，请你逐题认真读一读，看看自己是否同意题目所说，如果你很同意，该题就选择A，如果比较同意，该题就选择B，如果处在可否之间，就选择C，如果不太同意，就选择D，如果不同意，就选择E。

1. 我很喜爱长跑、远足旅行、爬山等体育运动，但并不是因为我的身体条件适合这些项目，而是因为它们能使我更有毅力。（　　）

2. 我给自己定的计划常常因为主观原因不能如期完成。（　　）

3. 如没有特殊原因，我能每天按时起床，不睡懒觉。（　　）

4. 定的计划应有一定的灵活性，如果完成计划有困难随时可以改变或撤销它。（　　）

5. 在学习和娱乐发生冲突的时候，哪怕这种娱乐很有吸引力，我也会马上决定去学习。（　　）

6. 学习或工作中遇到难题时，最好的办法是立即向师长、同志、同学求援。（　　）

7. 在练长跑中遇到生理反应，觉得跑不动时，我常常咬紧牙关，坚持到底。（　　）

8. 我常因读一本引人入胜的小说而不能按时睡眠。（　　）

9. 我在做一件应该做的事之前，常能想到做还是不做的好坏结果，而有目的地去做。（　　）

10. 如果对一件事不感兴趣，那么不管怎样，我的积极性都不高。（　　）

11. 当我同时面临一件该做的事和一件不该做却吸引着我的事时，我常常经过斗争，使前者占上风。（　　）

12. 有时我躺在床上，下决心第二天要干一件重要事情（例如，突击学一下外语），但到第二天，这种劲头又消失了。（　　）

13. 我能长时间做一件重要但枯燥无味的事情。（　　）

14. 生活中遇到复杂情况时，我常常优柔寡断，举棋不定。（　　）

15. 做一件事之前，我首先想的是它的重要性，其次才想它是否使我感兴趣。（　　）

16. 我遇到困难情况时，常常希望别人帮我拿主意。（　　）

17. 我决定做一件事时，常常说干就干，决不拖延或让它落空。（　　）

18. 在和别人争吵时，虽然明知不对，我却忍不住说一些过头话，甚至骂他几句。（　　）

19. 我希望做一个坚强的有毅力的人，因为我深信“有志者事竟成”。（　　）

20. 我相信机遇，好多事实证明，机遇的作用有时大大超过人的努力。（　　）

## 二、计分方法

凡单数题（1、3、5、7……），每题后面的五种回答，从第一到第五种依次记5、4、3、2、1分，凡双数题（2、4、6、8……），题后五种回答依次记1、2、3、4、5分。

## 三、测试结果

1.81～100分，意志很坚强。

2.61～80分，意志较坚强。

3.41～60分，意志品质一般。

4.21～40分，意志较薄弱。

5.0～20分，意志很薄弱。

# 第六章

# 驾驶员的注意

## 学习目标

1. 熟知注意的概念，理解驾驶员注意的品质。
2. 掌握驾驶员注意的训练方法。

## 案例导入

### 客车驾驶员7分钟玩手机39次　分神撞死路人

2014年9月5日早上6点左右，高某驾驶大型普通客车从常州汽车站带客到南京溧水汽车站，下完客后开车准备到南京江宁汽车站。8点20分左右，高某沿宁溧线由南往北行驶，车速在每小时70千米左右，行驶到句容郭庄镇的一处十字路口时，与骑自行车的杨某发生碰撞。杨某后经医院抢救无效死亡。

事后，交警调取行车记录仪后发现，高某事发前多次低头看手机，甚至几次将手机横过来双手握着，并用手指操作屏幕。从行车记录仪的8点14分到8点21分，7分钟时间，高某4次掏手机，低头看了39次，有时一次低头的时间近2秒。如果以70千米每小时的车速测算，高某看一次手机用1秒，意味着他每一次低头，汽车就开出去近20米。

2015年10月29日上午，句容市人民法院公开审理了这起交通肇事案，鉴于肇事方积极赔偿受害方，取得对方书面谅解，且高某存在自首情节，当庭判决高某有期徒刑14个月，缓刑18个月。对于法庭的判决，高某表示认可，并希望人们以他为戒。镇江句容

交警表示，法院判决生效后，高某的驾照也将被依法吊销。（来源《扬子晚报》）

【思考练习】

1. 造成此次交通事故的主要原因有哪些？
2. 驾驶员应如何训练注意力？

## 第一节　驾驶员的注意与行车安全

### 一、注意的概述

#### （一）注意的概念

注意是心理活动对一定对象的指向和集中，是伴随着感知觉、记忆、思维、想象等心理过程的一种共同的心理特征。

注意有指向性和集中性两个基本特征。所谓指向是驾驶员在行车过程中，其心理活动朝向与驾驶安全有关的对象，如交通标志、交通信号、行人和车辆等，而不去注意与行车无关的其他事物。所谓集中，是指心理活动在选定的某个事物上聚集起来，即全神贯注于最重要的事物，而对无关紧要甚至起干扰作用的其他活动的抑制。

我们平常所说的注意一般指的是选择性注意，也就是选择注意某些刺激同时抑制其他刺激。它是人的视觉、听觉、味觉等与知觉同时对一定对象的选择指向和集中。人在注意着什么的时候，总是在感知着、记忆着、思考着、想象着或体验着什么。人在同一时间内不能感知很多对象，只能感知环境中的少数对象。而要获得对事物的清晰、深刻和完整的反映，就需要使心理活动有选择地指向有关的对象。例如，在行车过程中，驾驶员面对复杂的环境，但并不需要同时感知所有的部分，而是有选择地感知其中与安全行车有关的事物。

通常所谓“没有注意”，只不过是对当前所应当指向的事物没有注意，而注意了其他无关的事物。例如，侧耳倾听车内某人的说话，而忽略了后车的喇叭声。

#### （二）注意的功能

注意具有选择、保持、调节、监督四大功能。

1. 选择功能

注意最基本的功能就是对刺激、信息等的选择，选择与当前活动任务一致的、具有实际意义的、与实际需要相匹配的各项刺激；避开或抑制其他没有意义的、累赘的、多余的各项刺激。

2．保持功能

外界信息到达后，每个单元信息必须被注意接受才能保持，如果不被注意接受，马上就会消失。所以，注意需要把被注意对象存在意识里面，直到任务完成，达到预期目的为止。

3．调节功能

有意注意可以控制心理活动指向特定的方向和目标，对注意进行适当分配以及适当的转移。

4．监督功能

人们在调节变换注意的过程中，需要不停地受到监督，使其按照特定的目标和方向指向和集中。

## （三）注意的分类

根据注意过程中有无预定目的和是否需要意志努力的参与，可以把注意分为无意注意、有意注意和有意后注意。

1．无意注意

无意注意是在没有人的任何意图、没有预定目的、也不需要主观努力的情况下而产生的注意，这是一种不受人的意志支配、形式比较低级的注意。例如，驾驶员对强烈喇叭声、刺眼远光灯的感受，就属于这一种。我们并没有打算注意它，但它却吸引住我们，于是就不由自主地去注意它，就是无意注意。

引起无意注意的原因主要有以下几个方面：

首先，刺激物的强度是引起无意注意的重要原因。强度大的刺激物，如燃油味、警报声等，都容易引起人们的无意注意。刺激物的相对强度在引起注意上也有重要意义。例如，在喧嚣的地方，很大的声音都很难引起注意，而在寂静的夜晚，轻微的虫鸣也能引起人们的注意。

其次，刺激物的活动或变化会引起无意注意。如一闪一灭或不停地转动的霓虹灯、五颜六色的广告牌和招牌等，都会引起人们的无意注意。交通工程中设置闪烁的警告指示标志，以及汽车上的许多警告装置，都是从吸引驾驶员注意力的角度，唤起驾驶员的无意注意，以达到提醒驾驶员的目的。

最后，刺激物之间的对比关系也会引起无意注意。例如，绿草丛里的红花就能更引起人们的注意，而绿草丛里的青蛙就不容易引起人们的注意。。

在行车过程中，车外环境不断变化，新鲜、稀奇的事物以及各种各样的强烈刺激很多，如果驾驶员不能控制自己，是非常容易出交通事故的。

2. 有意注意

有意注意，也叫作积极注意，是一种自觉的、有预定目的、并经过意志的努力而产生和保持的注意，这是一种受人的意志支配、有一定预期目的、形式比较复杂的注意。

有意注意的注意集中对象是根据一定的目的确定的，有时必须经过意志的努力，才能把注意集中并保持在对象上。例如，在行车过程中，留心观察路线和行人动态，都是有目的的注意。

驾驶员如何才能加强有意注意呢?

（1）要明确自己的重要使命。要对驾驶员加强行车安全教育，使其充分、深刻认识到行车安全的重要意义，领悟到行车安全是其行车过程中肩负的重要使命，才有利于提高驾驶员行车过程中有意注意的水平。

（2）要培养自己对驾驶稳固的兴趣。人对于所从事的活动的直接结果可能没有兴趣，但是对于活动的最后结果却有很大的兴趣。例如，发动机的声音，驾驶员天天听，没有什么新奇和兴趣可言。但是从声音的变化中可以了解发动机的运转情况，而这与安全行驶有着很大的关系，所以仍经常引起驾驶员的有意注意。

（3）要锻炼自己排除干扰的能力。在行车过程中，驾驶员自身的身体状态，如疾病、疲倦等，还有一些无关的思想和情绪等，会影响有意注意，所以要设法排除这些干扰因素。

（4）要消除或减少与驾驶无关的外界刺激物影响。例如，在驾驶室不要放置可能使驾驶员注意力分散的物品，如图片、鲜花、玩具等；在开车时禁止驾驶员与乘客聊天、吸烟、饮食等。

3. 有意后注意

有意后注意是指有预定目的，但不需要意志努力的注意。它是在有意注意的基础上，经过学习、训练或培养个人对事物的直接兴趣达到的。在有意注意阶段，主体从事一项活动需要有意志努力，但随着活动的深入，个体由于兴趣的提高或操作的熟练，不用意志努力就能够在这项活动上保持注意。例如，驾驶员刚开始单独行车时，由于技能不熟练，对行车中的操作动作需要保持高度紧张的有意注意。当经过一段时间的实践，驾驶技能熟练后，操作起来就会得心应手，这时有意注意就会逐渐转化为有意后注意。

在行车过程中，无意注意、有意注意和有意后注意是紧密联系的。有意注意可以发展为有意后注意，而无意注意在一定条件下也可以转化为有意注意。为减少驾驶员的疲劳感，在行车过程中，要注重无意注意、有意注意和有意后注意的相互转换。

## 四、驾驶员的注意品质

驾驶员在行车过程中，需要随时收集有关信息，为安全行驶提供必要条件。因此，驾驶员必须具有良好的注意品质，即具有注意广度、稳定性，能够合理分配注意，能主动地转移注意。

### （一）注意的广度

注意广度是在同一时间内一个人能够清楚地觉察或认识客体的数量，也叫注意范围。注意广度也表明知觉的范围，在同一时间内注意广度越大，知觉的对象就越多，注意广度越小，知觉的对象也越少。有研究结果表明，在 0.1 秒的时间内，成人一般能把握 8 ~ 9 个黑色圆点，把握 4 ~ 6 个不相联系的外文字母，以及 4 ~ 5 个没有联系的汉字。这证明注意广度是有一定限度的。

日常生活中，人们所处的环境比较复杂，这些环境会对人们的注意产生一定的影响，与此同时，个体自身的状态也会对注意产生影响。一般来说，影响驾驶员行车注意范围的因素主要有以下几方面：

1．知觉对象的特点

在知觉任务相同时，由于知觉对象特点不同，注意的范围会有很大变化。有研究发现，知觉对象越集中，排列得越有规律，就越能成为相互联系的整体，注意的范围就越大，反之，注意的范围就要小得多。同样的驾驶员，当他在高速公路上行车时，其注意的范围就与在繁杂的城市道路上有极大的差异。

2．知觉对象活动的性质

一般情况下，人的活动任务不同，能够注意到的范围也会有所变化。总的来说，个体活动的任务难度大，则其注意的范围就会小得多；如果活动的任务相对容易，则其能够注意到的范围就要大得多。在行车过程中，若遇到简单的问题，驾驶员只需要稍做处理就能解决；而在复杂的情况下，如交叉路口，行人与车辆都较多，此时出现交通事故的可能性要大得多。

3．与个人的知识经验有着密切联系

一般来说，驾驶员行车经验与相关知识的丰富程度，决定着注意范围的大小。新手驾驶员上路往往只能将注意范围集中在方向盘、手脚及前方不远的范围内，而有经验的驾驶员不但能够注意到近距离的交通信号、车辆、行人、障碍物等，而且还能够注意到远距离的、两侧的，甚至车后的车辆、行人和路况动态。

4．与年龄有一定关系

随着年龄的增大，人到 40 岁之后许多生理功能和心理功能都已过了它的鼎盛时期，进入下降状态。生理功能的衰退、感觉器官的退化导致人的认知系统的退化。有研究显示，长途客运驾驶员的注意广度在年龄上存在显著差异，35 岁以下驾驶员的注意广度显著优于 35 岁以上驾驶员。长途客运驾驶员的注意集中、注意分配、注意转移成绩在年龄上虽不存在显著差异，但从均值上看，35 岁以下驾驶员的成绩都略高于35 岁以上驾驶员。

总之，不同年龄、驾龄、经验的驾驶员，在行车过程中其注意的范围有所差别。年龄较大、驾驶时间短、经验缺乏的驾驶员，要充分认识到自己的劣势，在行车过程中需要更加小心谨慎。

### （二）注意的稳定性

注意稳定性是指注意持续在某种事物或所从事的某种活动上的时间，这是注意的时间特征。持续时间越长，注意就越稳定；反之，稳定性就差。

根据研究，注意的稳定性有狭义和广义之分。

狭义的注意稳定性是指注意维持在同一对象上的时间。当人把注意集中在同一个事物时，注意不能长时间地保持固定不变，而是在间歇地加强和减弱。即一会儿注意，一会儿不注意。注意的这种周期性变化叫作注意的起伏现象。根据实验可知，听觉的起伏现象的周期最长，视觉次之，触觉最短，注意的这种起伏现象，主观上不易感觉到，对活动的效果也没有重大影响。

广义的注意稳定性是指在集中注意时，并不是仅仅指向一个单一的对象，而是保持注意的总方向和总任务不变，具体的注意对象和活动可以有所变化。对驾驶员来说，集中注意不是单一地只集中注意观察前方，别的都不去注意，而主要是把注意始终集中于驾驶活动。例如，在行车过程中，驾驶员时而注意集中观察前方，时而注意仪表，时而注意倾听声音，注意的总方向是在驾驶活动上。 对于驾驶员来说，驾驶员注意的稳定性多指广义的注意稳定性。

### （三）注意的分配性

注意分配是指在同一时间内，把注意指向不同的对象，同时从事集中不同活动的现象。驾驶车辆的工作要求驾驶员有较强的分配注意的能力，因为在行车过程中，要求驾驶员始终把注意分配在许多活动上，同时注意几个方面的情况。一般来说，驾驶员在驾驶活动中，注意的信息可以分为两大类，即车外路况信息和车内操作信息。车外路况信息内容较为丰富，大体包括路面状态信息、交通标志与交通标线信息、交通状态信息、环境信息等方面的内容，车内操作信息包括操纵方向盘、观察仪表、踩踏制动踏板等动作内容。这些信息和操作都需要驾驶员做出合理的分配。

注意分配是可能而且是有效的，但注意的分配是有条件的。

第一，在同时进行的多项活动中，只能有一种活动是生疏的，需要集中注意于该活动上，而其余动作必须达到一定的熟练程度，可以不假思索地稍加留意即能完成。因此，驾驶汽车越熟练，灵活分配注意也越容易做到。反之，驾驶员如果在行车过程中丢失或忽略的信息和在选择注意中出现的错误越多，那么出现事故的频率也越高。新老驾驶员在注意分配方面的差异就是典型的例证。

第二，有赖于同时进行的几种活动之间的关系。如果它们之间没有内在联系，同时进行几种要困难些。当它们之间形成某种反应系统后，组织更加的有合理性时，注意分配才容易完成。另外，注意的分配能力是因人而异的，有人能够熟练地同时进行多种活动，而有人则感到很困难，其关键在于辛苦练习。驾驶员工作就是对注意分配要求比较高的职业，所以驾驶员必须有意识地进行练习，达到同时关注几种活动的能力。

### （四）注意的转移

注意的转移是指人们可以将注意从某刺激对象或活动，变换到其他刺激对象或活动上的能力，即根据工作任务的需要，有目的、主动地把注意从一个事物转移到另一个事物上。例如，驾驶员出车前对车辆做了例行检查，上车后，他就把注意转移到开车上，不再考虑例行检查的事情，这就是注意的转移。

注意转移的快慢和难易，受到下列因素制约：

（1）原来注意集中的程度。个体对原来活动注意力越集中，如要将注意迅速转移到后来的活动上就不大容易。例如，驾驶员与乘客发生激烈的争吵后，再将注意力全部集中到驾驶活动上就不大容易了。

（2）新注意对象的特点。新的注意对象越符合人的需要和兴趣，注意的转移就越快、越容易；反之，注意的转移就慢，且困难。

（3）明确的信号提示。在需要转移注意的时候，明确的信号提示可以帮助个体的大脑处于兴奋和唤醒状态，灵活迅速地转换注意对象。例如，在高速公路下道口前方设置下道提醒的标识。

（4）个体神经过程的灵活性。神经过程灵活性高的人比神经过程灵活性低的人，注意的转移要容易和迅速。

## 五、驾驶员注意的分散

注意的分散与注意的起伏、转移不同。注意的分散是在需要注意集中的情况下，受到无关刺激物的干扰，而使注意离开需要注意的对象。它是一种被动的、不由自主的“转移”，是思想开小差的一种表现。

【补充资料】

美国学者通过对开车时使用移动电话的模拟实验证明，开车时使用移动电话的驾驶者的注意力比不使用移动电话时下降 20% 左右，谈话内容对驾驶者注意力的影响是使用移动电话分散驾驶者注意力最主要的因素。而谈话内容的不同对驾驶者注意力的分散程度也有所不同，特别是当谈话内容涉及非常重要的事情，使驾驶者的注意力高度集中或精神异常兴奋或低落，驾驶者的注意力下降程度达 56% 以上。

依据《道路交通安全法实施条例》规定，驾驶机动车不得有拨打接听手持电话、观看电视等妨碍安全驾驶行为的规定，对违反上述规定的驾驶员处20元以上200元以下罚款，并记2分。

### （一）驾驶员注意分散的类型

有调查显示：事故中导致受伤的有5%是由手机引起，导致死亡的有18%是由手机引起。在与驾驶员注意力分散有关的事故中，手机仅仅是这个问题的一小部分原因。驾驶员注意的分散主要有以下几种类型：

（1）视觉注意分散，例如，驾驶员观察车厢里面的乘客，他可能无法检视到一辆正驶向路面的车辆。

（2）听觉注意分散，例如，位于中央显示器上的声音提示可能会干扰驾驶员对路面的观察，使其无法检视到正在靠近的车辆。

（3）认知注意分散，例如，一次电话连线质量较差的通话可能会影响驾驶员的工作记忆和注意力，使其错过或较晚检视到重要的物体或事件。

（4）生物力学注意分散，例如，驾驶员如果感到有即将落地的物体，就可能会将视线移开道路，或是发短信时不停地盯着膝盖，那么很可能会无法做出防范性操作或行为表现。

### （二）驾驶员注意分散的原因

驾驶员注意力分散原因有主观原因和客观原因。主观原因注意力分散是由驾驶员自身不安全驾驶行为引起的，例如，驾驶员与乘客热烈交谈、观察交通事故、过度关注新奇事物等；客观原因注意力分散主要是受外界事物和环境影响引起的注意力分散，例如，高速公路环境单一，驾驶员无法注意力持续集中。

## 第二节　驾驶员注意力的训练

在交通运行中，人、车、道路和环境这四个因素交织在一起，其中驾驶员起着决定性的作用。因此，对驾驶员来说，提高注意力是行车安全的必要条件。由于提高注意力，驾驶员才能迅速获取行车过程中的各种交通信息，才能及时对交通情况做出正确判断和操作决策，从而保证行车安全。

### 一、驾驶员注意力的训练方法

驾驶员的注意力可以通过训练获得显著提高。注意力提高的主要标志是：对某一有目的的活动所投入的精力增多；集中于特定目标上的时间延长；注意力有目的地从一个目标转向下一个目标的速度加快。驾驶员注意力的训练可以和驾驶技能的训练结合起来，主要有以下几种训练方法：

### （一）归纳整理法

在驾驶技能教学过程中,教练员可以把驾驶操作动作内容按顺序整理出一套合理、简单的注意分配和转移的方法，利用顺口溜、口诀的形式进行传授。例如，起步动作：开左灯，踩离合，挂一挡，三面看，慢抬离合器接触点（压）把油加，松手刹，车走稳，抬离合，关表灯；停车动作：开右灯，收油门，踩刹车，踩离合，停稳车，拉手刹，摘空挡，抬离合，抬脚刹，关标灯。

### （二）提示、诱导法

教练员可以根据实际行车中可能发生的意外，以场景道具等形式向驾驶员出示各种模拟物体，要求驾驶员边观察边操作，并且力求处理正确，以此训练驾驶员注意力的集中状态和分配过程。

在驾驶技能教学过程中，教练员还可以利用途中讲评或行驶中在交通情况较少的时机提问，了解驾驶员的注意情况，培养驾驶员的注意能力。如提问仪表工作情况、发动机工作状况、道路有无障碍等。对个别典型交通情况提前预示或诱导，以引起驾驶员注意，或过后询问。

### （三）模拟驾驶训练

在驾驶技能教学过程中，可以利用驾驶模拟器模拟高难度的场面和危险情境，培养驾驶员注意的范围、注意的分配和注意的移动等。这种方法形象直观，情境逼真，节省时间，节约物资，安全可靠，并能反复演练。例如，模拟汽车在通过铁道路口时不远处驶来一辆列车的情境，驾驶员既要观察驶来的列车的速度，又要注意操作以及动作的速度，不断地注意转移，不断地注意范围变化，形成了特有的实验情境。

## 二、驾驶员注意力的辅助训练方法

### （一）看手表练习

驾驶员可以先看手表的秒针，把注意力集中在秒针上，看 1 分钟、2 分钟、3 分钟，找出自己能坚持注视秒针的时间。如果注意力始终不离开秒针能坚持 1.5 分钟，就把这个时间记下来。然后开始正式练习，每次坚持 1 分钟，然后休息 10 ~ 15 秒，接着再练习，连续练习 3 ~ 4 次。经过多日练习，每次练习时间逐渐延长，当能集中注视 5 分钟后，就转入注视分针。练习方法同上。当能集中注视 5 分钟时，说明集中注意力的能力已得到提高。这个练习可在任何时间进行，不过在临睡前进行最好，因为那时大脑已相当疲劳不易集中注意力，进行这样的练习更能收到效果。

### （二）影像集中法

驾驶员可以在白色的墙壁上贴一张黑色纸块，大小约 20*20 厘米，在其纸块上再贴一张白色小纸块，大小约 4.5*4.5 厘米。然后在离方块一米处坐下，先看清黑白色图形，轻闭眼，全身放松，直到在意识中出现黑色图形为止。如果意识中产生的其他内容的映象，就必须力图摆脱它，重新想象黑色方快。如果黑色方块图像在想象中出现并不费事，驾驶员应睁开眼睛，平静地持续注视以黑色为背景的白色小方块，直到看见白色小方块的边缘为止。此后，目光要慢慢地转向白色墙壁，墙上应出现所看到的图像。但是，结果可能相反，在白色背景上所显示的黑色方块，好像是映象的投影。这时，应使这种映象在意识中保持的时间尽可能长一些。当映象单薄时，应力图使它再一次出现。每天重复几次这种练习，它能改善注意集中能力，并在集中有所减弱时，使之得到恢复。

### （三）干扰摸数法

驾驶员可以在一块正方形纸板上依次排列 1 ~ 100 数字，在受干扰，如音乐声、谈话声、杂噪声、头部晃动等的条件下，一边读数一边尽快抹掉读过的数字。

注意力训练的方法还很多，驾驶员可选择适合自己并能够经常坚持的方法进行。

# 第七章

## 驾驶员的气质

### 学习目标

1. 熟知气质的基本概念。
2. 理解不同气质类型驾驶员的行为特征。
3. 理解驾驶员气质差异与驾驶行为之间的关系。
4. 掌握不同气质类型驾驶员心理调适的方法。
5. 运用气质类型测试量表，了解自己的气质类型。

### 案例导入

#### 信导航还是信他人？驾驶员犹豫不决酿事故

2016年2月28日上午8时许，江西省交警总队直属三支队四大队值班室接到驾驶员电话报警称，其驾驶的小轿车在辖区济广高速1133 km（余江县境内）往上海方向匝道处发生交通事故，希望民警前往处置。接警后，民警立即驱车前往现场。

到达现场后，民警看见，白色的事故小轿车斜停在应急车道内，车头破损严重，碎片撒满一地，匝道处枢纽互通中央的隔离护栏被彻底撞歪。

经询问得知，驾驶员姓江，刚过实习期不久，原本打算由余干前往浙江，因为不认识路，所以上车之前便设置好导航，一路跟着导航走。当车辆行驶至该枢纽互通时，导航提示往右，但车上所载的朋友表示往左更近。这位驾驶员不知道该听谁的，在犹豫不定之间，车辆就撞上了中央护栏。（来源：今视新闻）

【思考练习】

1. 案例中的女驾驶员属于哪种气质类型?

2. 这类气质类型的驾驶员有哪些行为特征?

3. 针对不同气质类型的驾驶员，如何进行心理调适?

# 第一节　驾驶员的气质与行车安全

## 一、气质的概述

### (一) 气质的概念

气质是表现在心理活动的强度、速度、灵活性与指向性等方面的一种稳定的心理特征。人的气质差异是先天形成的，受神经系统活动过程的特性所制约。如孩子刚一出生时，最先表现出来的差异就是气质差异，有的孩子爱哭好动，有的孩子平稳安静。它只给人们的言行涂上某种色彩，但不能决定人的社会价值，也不直接具有社会道德评价含义。

【补充资料】

**体液说**

希波克拉底在古希腊医生恩培多克勒(约公元前495—前435年)“四根说”的基础上，提出了气质的体液说。他认为：人体含有四种不同的液体，即血液、黏液、黄胆汁和黑胆汁。它们分别产生于心脏(血液)、脑(黏液)、肝脏(黄胆汁)和胃(黑胆汁)。希波克拉底认为,四种体液形成了人体的性质,机体的状况取决于四种液体的正确配合。在体液的混合比例中，血液占优势的人属于多血质，黏液占优势的属于黏液质，黄胆汁占优势的人属于胆汁质，黑胆汁占优势的人属于抑郁质。每一种体液也都是由寒、热、湿、干四种性能中的两种性能混合而成。血液具有热—湿的性能，因此多血质的人温而润，好似春天一般；黏液具有寒—湿的性能，黏液质的人冷酷无情，好似冬天一般；黄胆汁具有热—干的性能，黄胆汁的人热而燥，如夏季一般；黑胆汁的人具有寒—干的性能，因此抑郁质的人如秋天一般。四种体液配合恰当时，身体便健康，否则就会出现疾病。希波克拉底的理论后来被罗马的医生盖伦所发展。

气质有很多特征，按这些特征的不同组合，可把人的气质分为四种，即多血质、胆汁质、黏液质和抑郁质。这就是气质的体液说。该学说是一种朴素的唯物主义观点，虽缺乏科学依据，但也比较切合实际。大多数人都是中间型或混合型的，而且在不同的情境下会呈现出不同的类型，故不硬要自己对号入座，应该从实际出发，认真分析，区别对待，不同类型者或可兼存其他类型特征。

### （二）不同气质类型的表现

1．多血质

多血质心理特征属于敏捷而好动的类型。这种类型的人易于适应环境的变化，在新的环境里不感到约束，性格开朗、热情、喜闻乐见，善于交际。在群体中精神愉快，朝气蓬勃，常能机智地解脱窘境。在工作学习上富有精力而效率高，表现出机敏的工作能力，愿意从事合乎实际的工作，能对工作心驰神往，迅速地把握新事物，在有充分自制能力和纪律性的情况下，会表现出巨大的积极性。兴趣广泛，情感易变，如果工作不顺利，热情可能消失，不安于循规蹈矩的工作，有时轻诺寡信、见异思迁。

2．胆汁质

胆汁质心理特征属于兴奋而热烈的类型。这种类型的人在言语、面部表情和体态上都给人以热情直爽、善于交际的印象。有理想有抱负，反应迅速、行为果断、表里如一，不愿受人指挥而喜欢指挥别人。这种人一旦认准目标，就希望尽快实现，遇到困难也不折不挠，有魄力，敢负责，往往比较粗心，自制力较差，容易感情用事，比较鲁莽，工作带有明显的周期性，一旦筋疲力尽，情绪顿时转为沮丧而心灰意冷。

3．黏液质

黏液质这种人又称为安静性，在生活中是一个坚持而稳健的辛勤工作者。这种类型的人行动缓慢而沉着，严格恪守既定的生活秩序和工作制度，不为所谓的动因而分心，一般不做无把握的事。黏液质的人态度持重，交际适度，不做空泛的轻谈，情感上不易激动、不易发脾气，也不易流露情感，能自制，也不常显露自己的才能。其不足是有时做事情不够灵活，不善于转移自己的注意力。惰性使其因循守旧，表现为固定性有余，而灵活性不足。

4．抑郁质

抑郁质的人沉静而羞涩，敏感，精神上难以承受或大或小的神经紧张。情绪体验的方式较少，但内心体验深刻，不易外露。喜欢独处，交往拘束，或可兴趣爱好少，或可性格孤僻，遇事三思而后行，怯弱、自卑、优柔寡断，外在行为非常迟缓刻板。

【补充资料】

**四人看戏**

苏联心理学家达维多娃曾经形象地描述了以上四种气质类型的人在同一情境中的

不同行为表现。例如，四个不同类型的人去看戏，但都迟到了，他们表现出不同的行为，其中一个人和检票员争吵，企图闯入剧院，他争辩说，戏院的钟快了，悄悄地进去并不会影响他人，并且企图推开检票员进入剧院；另外一个人立刻就明白了，检票员是不会放他进入剧场的，于是他乘别人不注意，立刻溜了进去；第三个人看到前两个人的境况，知道不能进入剧场，就自我安慰地想："第一场总是不太精彩的，我可以在小卖部等一会儿，在幕间休息时再进去"；第四个人说："我运气不好，偶尔看一次戏，就那么倒霉"，接着，他就回家去了。这四个人，即分别代表了四种不同的气质类型：与人争吵的，是胆汁质；悄悄溜进去的，是多血质；自我安慰的，是黏液质；而认倒霉回家的，则是抑郁质。

## 二、不同气质类型驾驶员的行为特征

### （一）胆汁质的驾驶员

胆汁质的驾驶员反应快，日常生活中的行为动作干脆有力，反应速度快，兴奋性强烈，直率、大胆，具有明显的外倾性，易激动、急躁、鲁莽、傲慢，就像《三国演义》中的张飞、《水浒传》中的李逵。胆汁质的驾驶员具有以下行为特征：

（1）胆汁质的驾驶员有一个特点就是胆大易急躁，行车时的速度也较快，心理耐挫能力也最差，容易产生焦虑、急躁等激动情绪，例如，在宽畅、视线良好的道路上行车，受干扰的因素较少，尽管反应敏捷但因车速快，处理不及易发生行车事故；在繁华地段或狭窄路段行车，行车速度受到限制，无法施展其高超的车技，想快又快不了，其急躁激动情绪马上就表现出来，极易发生事故。

（2）胆汁质的驾驶员考虑问题常以自我为中心，在行车中很少能主动礼让，一旦有其他车辆、行人干扰其快速行进，往往会火冒三丈，骂人还算轻的，很多情况下还会发生事件。例如，在超车时，前车因路边有障碍物行车太慢，马上就下结论，认定是前车故意不让，采用故意挤逼方法、强行超车，超过后即往右侧转向并紧急制动，使后车无法及时制动停车而撞上前车尾部，发生追尾事故。

（3）胆汁质的驾驶员容易意气用事，例如，在十字路口，遇绿灯时快速抢过，以减少一次停车机会；遇红灯停车时间过长时就忍耐不住冲红灯。胆汁质的驾驶员行车中的事故是最多的，这类驾驶员不适宜长距离驾驶车辆，因为他们很难在长时间中保持良好的工作效率。

### （二）多血质的驾驶员

多血质的驾驶员活泼好动，情绪变化快而不持久，动作敏捷，具有一定的可塑性，表现为外向型，就像《红楼梦》中的王熙凤、《三国演义》中的曹操。多血质的驾驶员具有以下行为特征：

（1）多血质的驾驶员行驶操作的灵活性好，爱表现自己，但意志力弱，不易集中，行车中喜欢与人讲话，车上无人时极易打瞌睡。

（2）多血质的驾驶员行驶不稳定，行车的平顺性随着情绪变化有较大的波动，速度时快时慢，有时车开得十分平顺，有时马马虎虎，粗心大意。他们常常会为家庭生活琐事引起情绪变化，如夫妻关系、同事关系、与上级领导的关系等，情绪比较容易受到这些压力的影响，引起操作发生变化，不利于安全驾驶。在复杂环境开车常因回忆前面发生的情况而放松对眼前情况的观察，极易因观察不到位而发生行车事故。当别人讲奉承话或心情高兴时，经常忘乎所以地开快车以致险象环生。

（3）多血质的驾驶员不易专心，时常疏忽对车辆设备进行定期检查，给行车安全造成隐患。

（4）多血质的驾驶员常要小聪明蒙混对方或有关人员，对一些重要的情况观察得不细致导致行车中险情和小事故不断。

### （三）黏液质的驾驶员

黏液质的驾驶员往往安静、沉着、情感深而持久，反应较慢，动作迟缓不灵活，具有明显的内倾性，就像《水浒传》中的林冲、《西游记》中的沙和尚。黏液质的驾驶员具有以下行为特征：

（1）黏液质的驾驶员平时操作稳定自如，不急不躁，有节奏性，且不易受外界干扰，行车中很少发生强行超车、频繁变道等行为，少有冲红灯现象。因工作节奏较慢，在车队行进中经常会掉队。

（2）黏液质的驾驶员常信心不足，主要表现为判断处理不果断，尤其是对危险情况的处理，常因优柔寡断而错失良机。

（3）黏液质的驾驶员细心、会策划，每次出车前、收车后都能认真检查车辆，确保万无一失。跑长途时，每次都能仔细核计行车路线，如是高速公路，从哪个收费站进，哪里下高速，都做到心中有数。长途行车，跑冤枉路最少的就是黏液质的。

在易发生交通事故的调查中，被认为是交通事故发生概率最少的群体。这类驾驶员因性子慢，适宜在道路情况不复杂的条件下长途驾驶，而不适宜在情况复杂的条件下短途驾驶。

### （四）抑郁质的驾驶员

抑郁质的驾驶员思想比较狭隘，不易受外界刺激的影响，做事刻板、固执、不灵活，反应速度慢，深沉、孤独，感情比较脆弱，严重内倾，极易忧郁伤感，就像《红楼梦》中的林黛玉。抑郁质的驾驶员具有以下的行为特征：

（1）抑郁质的驾驶员动作较正规，能严格按操作规程和交通规则驾驶车辆，车速比较稳定，行车中有主动礼让的精神。

（2）抑郁质的驾驶员，注意力过于集中，转移较慢，对交通情况的观察不全面，在处理情况时常会出现顾此失彼的现象，紧急避险失误率较高。

（3）抑郁质的驾驶员稳定而执着，一种意念产生后，就非要付诸实现，不易改变主意。如一旦因遇到超车、让车、会车或遇其他事情不顺心而产生报复情绪时，便可能强行付诸行动。

（4）抑郁质的驾驶员自我调控能力弱，由于对社会的适应性不良，社会支持系统较差，因而心理承受能力和自我调控能力也比较弱，容易受各种压力所拖累而造成交通事故。

（5）抑郁质的驾驶员工作缺乏热情，积极性低，表现为整天心事重重，他们在驾车中容易疲劳，工作效率不高，在紧张情况下尤其如此。

## 三、驾驶员气质差异与驾驶行为之间的关系

有研究者通过驾驶模拟实验的方法，从驾驶员的气质入手，分析不同气质类型驾驶员的驾驶行为特性，进而用来判断不同气质类型驾驶员的驾驶行为的安全性及可靠性。研究者在建立了符合我国道路交通环境的实验虚拟情境的基础上，让被试进行模拟实验，并提取具体被试的操纵行为数据，通过对被试在不同的实验情境下，驾驶模拟实验获得的驾驶员行为表征指标数据进行差异性分析，发现不同气质类型的驾驶员的驾驶行为存在着明显的差异，具体结论如下：

（1）抑郁质驾驶员在四类驾驶员中行驶轨迹变化较大，车道变换较为频繁；方向控制也不是很好，虽然从数据上分析较胆汁质、多血质驾驶员要好，但是差别不大；刹车使用频率也相对较高，仅次于胆汁质驾驶员，纵向操纵稳定性也较差。

（2）胆汁质驾驶员在四类驾驶员中行驶轨迹变化最大，车道变换最为频繁，方向控制最差；刹车使用频率也是最高，纵向操纵稳定性最差。

（3）黏液质驾驶员在四类驾驶员中行驶轨迹较为稳定，车道保持较好，只比多血质驾驶员稍差；方向控制最好，刹车使用频率最低，纵向操纵稳定性最好。

（4）多血质驾驶员在四类驾驶员中行驶轨迹最为稳定，车道保持最好；方向控制较差，只比胆汁质驾驶员稍好；刹车使用频率相对较低，比胆汁质、抑郁质驾驶员都要低，纵向操纵稳定性较好。

通过对不同气质类型的驾驶员的驾驶行为进行全面分析，可以看出胆汁质驾驶员操纵稳定性在四类驾驶员中最差，操纵行为较危险，有事故倾向性特征。黏液质驾驶员操纵稳定性相对较好，操纵行为较为安全，是四类驾驶员中最适合做驾驶员的气质类型。因此，通过确定驾驶员的气质类型可以用来表征及预测驾驶员的驾驶行为，判断驾驶员的驾驶安全性。在驾驶员培训时，对于胆汁质的驾驶员要有针对性地进行额外安全意识的培训，以及对其进行警告提醒；对于黏液质驾驶员可以适当地减少一些相应的培训，这样可以更合理的利用培训资源，可以提高驾驶员的培训效果，也可以一定程度上减少交通事故的发生。

# 第二节　不同气质类型驾驶员的心理调适

对于不利于驾驶员驾驶活动的气质特征，在有些情形下，可以寻找到对应的补偿方法，有针对性地进行心理调整，扬长避短。

## 一、胆汁质的驾驶员

有研究显示，人的心理状态对交通安全隐患的影响非常重要，不同气质类型驾驶员交通事故发生率不同，胆汁质的人被认为是“马路第一杀手”，对许多交通事故的调查发现，发生重大交通事故的驾驶员，大多属于胆汁质。

如果你是这种气质类型的驾驶员，请注意：

（1）平时要注意克服急躁轻率的弱点，培养谨慎、认真细致的性格特点。

（2）开车前，不要食用带有刺激性的物品，以免加剧急躁；在感到自己格外烦躁不安时，应避免驾驶车辆。

（3）开车时，遇到不顺心的事时，可做积极的情感暗示。例如，我现在不生气、我有耐心等，以平息心中的怒气。如果实在控制不住，就要立即停车靠边，休息片刻或下车溜达一会儿，待心情平静后再继续驾车。

（4）必要时，可在驾驶室面板上写上醒目的诫言，例如“遇怒莫急”“细致耐心”等，用来告诫自己。

## 二、多血质的驾驶员

在易发生交通事故的调查中，多血质的驾驶员排第二。他们灵活性好，但情绪容易波动，意志力弱，不易集中。而驾驶需要一定的平顺性，情绪起伏大的人，随情绪变化开车时快时慢。多血质人的情绪比较容易受到外界因素的影响，不利于安全驾驶。此外，多血质的人比较粗心，时常疏忽对车辆的定期检查，也给行车安全造成隐患。所以，多血质的人可以通过习练书法等行为疗法改变情绪。

如果你是这种气质类型的驾驶员，请注意：

（1）平时应注意锻炼和培养自己坚定顽强的意志品质，努力克服那种轻浮好胜的特性。

（2）开车前，务必保持片刻的沉静，仔细检查行车的准备工作，提醒自己开车要注意什么，保持清醒的大脑再开车。

（3）开车时，要注意集中精力，防止思想开小差，努力保持情绪的稳定和精力充沛。当长时间开车感到烦躁时，不妨适当停车活动一下，待精力又能集中到驾驶上时再开车。

（4）若周围的环境有较大变化时，要常想到自己的弱点，告诫自己切勿心血来潮、出风头，以保持情绪的稳定，谨慎地驾驶车辆。

## 三、黏液质的驾驶员

黏液质的人被认为是交通事故发生概率最小的群体。他们在驾车时操作稳定自如，不急不躁，有节奏性，且不易受外界干扰。但是他们自信心不足，在遇到突然抉择时容易犹豫不决。对危情的处理，常常因为优柔寡断而错失良机。这种人发生事故的原因往往是遇情况犹豫不决。例如，有位心理咨询师曾接待过这样一个患者，某次出车时，遇到一个突然冲出路面的小孩，由于不能及时做出抉择，汽车碰到了小孩的身体，所幸车速缓慢，没有造成重伤。但是却令这位驾驶员对开车产生了恐惧感，一开车便呼吸急促、血压上升。黏液质的人在抉择时多犹豫、不果断，往往延误了最佳的判断时机而造成事故，所以，应在决断方面加强训练。

如果你是这种气质类型的驾驶员，请注意：

（1）务必在平时注意克服自己优柔寡断的弱点，积极参加各种活动，加强锻炼，培养果断自信的性格。

（2）开车时，要防止对判断缺乏信心而不断地修改操作方法。当遇到犹豫的情况时，要立即迫使自己迅速做出以下两种选择：感到能安全通过时，立即下决心通过；感到没有把握时，则坚决停车或减速。遇到危险情况时，一旦犹豫不决便应立即停车处理，以防在反复思考中贻误时机而引发事故。

## 四、抑郁质的驾驶员

抑郁质的人思想比较狭窄，不易受外界刺激的影响，做事刻板不灵活，积极性低。他们在行车过程中容易疲劳。由于对社会的适应性不良，社会支持系统较差，因而心理承受能力和自我调控能力也比较弱，容易受各种压力所拖累而造成交通事故。例如，曾有一名女性公交车驾驶员，在奖金发放上遇到一些问题，在开车途中因反复考虑这件事，疏忽了交通安全而导致事故发生，死伤20多人。抑郁质的人应及时进行心理疏导和放松训练，多寻找一些释放压力的渠道，而不是将所有问题放在心里。

如果你是这种气质类型的驾驶员，请注意：

（1）务必在平时加强学习，开阔视野，活跃思维，经常参加各种体育和社会活动，注意克服自身固执的弱点。

（2）开车前，多想一些愉快的事情，保持开朗的心情去开车。

（3）开车时，要注意抬头远望，遇事要果断。遇到为难的问题，可以采取自问自答的方法来活跃思维。

（4）当一种意念在心中产生时，首先要想到自己固执的弱点，仔细衡量意念是否得当。尤其在开车时，自己非要干一件事时，更要注意控制情感，可紧握转向盘，甚至可高声呼喊，以转移和发泄自己的情感，然后停车休息片刻，等状态恢复后开车。

# 第三节　气质类型测试

## 一、测试题目

下面共有60个问题，只要你能根据自己的实际行为表现如实回答，就能帮助你确定自己的气质类型。但必须做到：回答时请不要猜测题目内容要求，也就是说不要去推敲答案的正确性，以下题目答案本身无所谓正确与错误之分；回答要迅速，整个问题限在10分钟之内完成；每一题都必须回答，不能有空题；在回答下列问题时，你认为很符合自己情况的，记2分；较符合自己情况的，记1分；介乎符合与不符合之间的，记0分；认为较不符合自己情况的，记－1分；完全不符合自己的，记－2分。

1. 做事力求稳妥，不做无把握的事。（　　）分
2. 遇到可气的事就怒不可遏，想把心里话全说出来才痛快。（　　）分
3. 宁肯一个人干事，不愿很多人在一起。（　　）分
4. 到一个新环境很快就能适应。（　　）分
5. 厌恶那些强烈的刺激，如尖叫、噪声、危险镜头等。（　　）分
6. 和人争吵时，总是先发制人，喜欢挑衅。（　　）分
7. 喜欢安静的环境。（　　）分
8. 善于和人交往。（　　）分
9. 羡慕那种善于克制自己感情的人。（　　）分
10. 生活有规律，很少违反作息制度。（　　）分
11. 在多数情况下情绪是乐观的。（　　）分
12. 碰到陌生人觉得很拘束。（　　）分
13. 遇到令人气愤的事，能很好地自我控制。（　　）分
14. 做事总是有旺盛的精力。（　　）分
15. 遇到问题常常举棋不定，优柔寡断。（　　）分
16. 在人群中从不觉得过分拘束。（　　）分
17. 情绪高昂时，觉得什么都有趣；情绪低落时，又觉得什么都没意思。（　　）分
18. 当注意力集中在一事物时，别的事很难使我分心。（　　）分
19. 理解问题总比别人快。（　　）分
20. 碰到危险情景，常有一种极度恐怖感。（　　）分
21. 对学习、工作、事业怀有很高的热情。（　　）分
22. 能够长时间做枯燥、单调的工作。（　　）分
23. 符合兴趣的事情，干起来劲头十足，否则就不想干。（　　）分
24. 一点小事就能引起情绪波动。（　　）分

25. 讨厌做那种需要耐心、细致的工作。(　　)分
26. 与人交往不卑不亢。(　　)分
27. 喜欢参加热烈的活动。(　　)分
28. 爱看感情细腻，描写人物内心活动的文学作品。(　　)分
29. 工作学习时间长了，常感到厌倦。(　　)分
30. 不喜欢长时间谈论一个问题，愿意实际动手干。(　　)分
31. 宁愿侃侃而谈，不愿窃窃私语。(　　)分
32. 别人说我总是闷闷不乐。(　　)分
33. 理解问题常比别人慢些。(　　)分
34. 疲倦时只要短暂的休息就能精神抖擞，重新投入工作。(　　)分
35. 心里有话宁愿自己想，不愿说出来。(　　)分
36. 认准一个目标就希望尽快实现，不达目的，誓不罢休。(　　)分
37. 学习、工作同样长时间，常比别人更疲倦。(　　)分
38. 做事有些莽撞，常常不考虑后果。(　　)分
39. 老师或师傅讲授新知识、新技能时，总希望他讲慢些，多重复几遍。(　　)分
40. 能够很快地忘记那些不愉快的事情。(　　)分
41. 做作业或完成一件工作总比别人花的时间多。(　　)分
42. 喜欢运动量大的剧烈体育活动或参加各种文艺活动。(　　)分
43. 不能很快地把注意力从一件事转移到另一件事上去。(　　)分
44. 接受一个任务后，就希望把它迅速解决。(　　)分
45. 认为墨守成规比冒风险强些。(　　)分
46. 能够同时注意几件事物。(　　)分
47. 当我烦闷的时候，别人很难使我高兴起来。(　　)分
48. 爱看情节起伏跌宕、激动人心的小说。(　　)分
49. 对工作抱认真严谨、始终一贯的态度。(　　)分
50. 和周围人们的关系总是相处不好。(　　)分
51. 喜欢复习学过的知识，重复做已经掌握的工作。(　　)分
52. 希望做变化大、花样多的工作。(　　)分
53. 小时候会背的诗歌，我似乎比别人记得清楚。(　　)分
54. 别人说我出语伤人，可我并不觉得是这样。(　　)分
55. 在体育活动中，常因反应慢而落后。(　　)分
56. 反应敏捷，头脑机智。(　　)分
57. 喜欢有条理而不甚麻烦的工作。(　　)分
58. 兴奋的事常使我失眠。(　　)分
59. 老师讲新概念，常常听不懂，但弄懂以后就很难忘记。(　　)分

60. 假如工作枯燥无味，马上就会情绪低落。(　　)分

## 二、评分与解释

把每题得分按下表题号相加，计算各栏的总分。如表 7.1 所示：

表 7.1　气质类型得分统计

| 气质类型 | 题号 | 得分合计 |
|---|---|---|
| 胆汁质（A） | 2、6、9、14、17、21、27、31、36、38、42、48、50、54、58 | |
| 多血质（B） | 4、8、11、16、19、23、25、29、34、40、44、46、52、56、60 | |
| 黏液质（C） | 1、7、10、13、18、22、26、30、33、39、43、45、49、55、57 | |
| 抑郁质（D） | 3、5、12、15、20、24、28、32、35、37、41、47、51、53、59 | |

如某栏得分超出 20 分，并明显高于其他 3 栏，则为该栏所指的典型气质。例如，某人 A 栏得分为 25 分，即为典型的胆汁质类型，其余类推；

如某栏得分在 10 ~ 20 分，并高于其他 3 栏，则为该栏所指的一般型气质，如一般胆汁质类型，其余类推；

如果出现两栏得分接近（小于等于 3 分），并明显高于其他 2 栏（大于 4 分），则为混合型气质，如胆汁质—多血质混合型等；

如果某一栏得分很低，其余 3 栏得分接近，则为 3 种气质的混合型。如胆汁质—多血质—黏液质混合型等；

如 4 栏分数皆不高且相近（小于 3 分）则为 4 种气质的混合型。

多数人的气质是一般型气质或 2 种气质的混合型，典型气质和 3 种、4 种气质混合型的人较少。

# 第八章

# 驾驶员的性格

## 学习目标

1. 熟知性格的概念。
2. 理解不同性格类型驾驶员的行为特征。
3. 掌握培养驾驶员良好性格特征的方法。
4. 理解事故倾向行与驾驶员性格之间的关系。
5. 运用性格类型测试量表，了解自己的性格类型。

## 案例导入

### 被醉酒乘客当众吐痰　公交驾驶员忍了

2011年11月24日中午，重庆市第二公共交通公司驾驶员戴师傅驾驶261路公交车从解放碑朝沙坪坝方向行驶着，当车抵达大礼堂站时，三名满身酒气、衣着很新潮的男子上了车，最后上车的男子负责投币，但他当时只投了五块钱，驾驶员戴师傅就很礼貌地提醒了一句说还差一元，之后男子又摸出五元钱投了进去，但这个时候令人恶心的事发生了！

就在转身的瞬间，男子突然朝驾驶员戴师傅吐了口痰，随后大摇大摆地朝同伴走去，口痰刚好就吐在驾驶员的肩膀上，同车的人都蒙了，担心驾驶员要冒火，但驾驶员只是转头看了一眼，没有说话，随后非常淡定地继续开车，同车人这才放心下来。

“这事把我恶心了一个站，这个驾驶员够强悍！”讲述完亲历的这一幕后，乘客上传了一张现场图片到网络上，很快引来网友围观，“这个驾驶员好样的！要晓得车上还有一车人的安危哟！”“稳重哥，太稳重了，顶着口痰还这样神情自若。”……在众多网友的留言中，有人谴责吐痰乘客的不雅行为，更多人则为驾驶员拍手叫好，叫他“稳重哥”。（来源：新华网重庆频道）

【思考练习】

1. 案例中驾驶员属于哪种性格类型？
2. 这个性格类型有什么行为特征？
3. 如何培养驾驶员良好的性格品质？

## 第一节　驾驶员的性格与行车安全

### 一、性格的概述

#### （一）性格的概念

性格是一个人在对现实稳定的态度，以及与这种态度相应的、习惯化了的行为方式中表现出来的人格特征。

态度是一个人对人、物或思想观念的一种反应倾向性，它是在后天生活中习得的，由认知、情感和行为倾向三个因素组成。一个人对现实的态度，表现在他在生活中追求什么、拒绝什么，即表现在他都做了什么。而一个人怎样去做，则表明了他的行为方式。一个人对现实稳定的态度决定了他的行为方式，而习惯化了的行为方式又体现了他对现实的态度。

态度决定了行为方式，稳定的态度使与这种态度相适应的行为方式，慢慢地成了习惯，自然而然地表现出来。一个人乐于助人，是他性格的特性，遇到别人有困难他会毫不犹豫地去帮助别人。别人看到他的助人行为也会觉得很自然，很符合他的性格特点。一个自私自利的人，如果别人看到他去帮助人了，反而觉得很奇怪，无法理解。所以，一个人在长期的社会生活中养成的对现实的态度，和他的行为方式是密切联系，不可分割的。

性格是在社会生活实践中逐渐形成的，一经形成便比较稳定，它会在不同的时间和不同的地点表现出来。但是，性格具有稳定性并不是说它是一成不变的，而是可塑的。性格在一个人的生活中形成后，生活环境的重大变化一定会带来他性格特征的显著变化。

## （二）性格的结构

从组成性格的各个方面来分析，可以把性格分解为态度特征、意志特征、情绪特征和理智特征四个组成成分。

### 1．性格的态度特征

性格的态度特征主要指的是一个人如何处理社会各方面的关系的性格特征，即他对社会、对集体、对工作、对劳动、对他人以及对待自己的态度的性格特征。性格的态度特征，好的表现是忠于祖国、热爱集体、关心他人、乐于助人、大公无私、正直、诚恳、文明礼貌、勤劳节俭、认真负责、谦虚谨慎等；不好的表现是没有民族气节、对集体和他人漠不关心、自私自利、损人利己、奸诈狡猾、蛮横粗暴、懒惰挥霍、敷衍了事、不负责任、狂妄自大等。

驾驶员的性格特征主要表现在对社会、对他人以及对自己的态度上，具体体现在以下三个方面：

（1）对待交通法规和交通安全的态度。

驾驶员对待交通法规和交通安全的态度是一种对社会的态度，这直接影响到行车安全。一般表现为两种情况。第一，积极主动地接受交通法规的要求，反映出驾驶员对他人和自身安全高度重视，在任何情况下都能自觉地遵守交通法规，这是每一名驾驶员都应该具有的良好性格特征。第二，消极被动地接受交通法规的要求，反映出驾驶员以自我为中心、对他人和自身安全的极度不重视，在行车过程中被动地、不情愿地去执行交通法规，将交通法规要求理解为对驾驶员的种种约束，而不能够从深层次去认识交通法规的精神和本质，这往往也是交通安全事故发生的重要原因。

（2）调节通行关系时的态度。

通行关系是指在交通过程中的社会关系，不同的交通参与者要在同一空间或时间获取通行权时，就会产生需要冲突。在解决冲突时，交通参与者往往表现出不同的态度，这是一种对他人的态度。这些态度大致可以分为让行、先行和抢行等态度。有时，双方都持相同的态度，如互相持“让行态度”、互相持“先行态度”或互相持“抢行态度”。有时则态度各不相同，一方持“让行态度”，另一方持“先行态度”或“抢行态度”。在这些态度中，让行是值得每一位驾驶员都推崇的态度，也是确保通行关系和谐的重要保障。而抢行的危害性则最大，抢行行为，通常会破坏客观上已经确定的通行关系，极易导致交通危险与交通事故发生，是驾驶员在行车过程中应当避免的。

（3）对自己的态度。

在行车过程中，驾驶员对自己所持的态度，既有积极的一面，如谨慎、自尊、自律、谦虚等，也有消极的一面，如自卑、放任等。一般来说，优秀的驾驶员通常具有更多积极的态度，相反，不合格的驾驶员往往具有更多消极的态度。

2．性格的意志特征

性格的意志特征指的是一个人对自己的行为自觉地进行调节的特征。按照意志的品质，良好的意志特征是有远大理想、行动有计划、独立自主、不受别人左右；果断、勇敢、坚忍不拔，有毅力、自制力强等；不良的意志特征是盲目性强，随大流，易受暗示，优柔寡断，放任自流或固执己见，怯懦，任性等。

驾驶员性格的意志特征表现在驾驶员对自己的交通行为的调节和控制方面，可以从主动性与被动性、自制性与冲动性、果断性与优柔寡断性、沉着冷静与惊慌失措等方面进行考察。驾驶员在行车过程中，需要具有对交通行为的自觉调节，以适应客观情境的需要。

（1）主动性与被动性。

交通行为能够自觉地控制到与客观需求相一致的程度，这就是主动性调节。主动性调节的前提是驾驶员能够充分地认识活动的要领及交通规则的深刻含义。一个具有较高主动性的驾驶员，其驾驶活动的目的明确，对驾驶行为的控制主动、独立而少盲动蛮干。事实上，大多数驾驶员都能够自觉地遵守交通法规，这说明驾驶员对交通行为的控制主要还是靠主动性调节。

被动性调节是在施加外界压力，如有交通警察执勤、路上装有“电子警察”等情形下，驾驶员往往迫于无奈，被动性地将交通行为控制在某种程度。例如，驾驶员在接近红灯控路口时，如果驾驶员知道路口有执勤警察或装有闯红灯监视仪，那么他就会严格遵守交通规则，而当他知道路口没有交通警察，也没有安装闯红灯监视仪时，就可能违反交通信号的规定。

（2）自制性与冲动性。

驾驶员在行车过程中，经常会遇到各种强烈的刺激，如有人强行超车或突然横穿马路，造成危险局面，致使驾驶员不得不采取紧急措施。在这种情况下，具有冲动性性格的驾驶员对于这种强烈的刺激会产生较大的情绪变化，并可能产生报复行为；而自制力强的驾驶员对这种强烈的刺激会产生抑制过程，在行为上保持沉默，依旧以自己的特有的行为方式继续平稳地驾驶车辆。

（3）果断性与优柔寡断性。

在驾驶员参与交通的过程中，经常会遇到行为趋向不确定的情况。对这类情况，驾驶员必须当机立断，行为趋向明确，切忌犹豫不决，当断不断，贻误时机。果断性强的驾驶员，在危急和困难情况下总是沉着镇定、迅速反应、趋向明确，而不是胆小怯懦、惊慌失措、犹豫不决。相反，优柔寡断性强的驾驶员，其行为趋向往往容易出现反复变化的情况，这就很容易导致交通冲突。事实上，有些行人横穿马路时被汽车撞伤，就是由于行人行为趋向的反复变化造成的。

（4）沉着冷静与惊慌失措。

驾驶员遇到紧急情况时，会产生不同程度的心理反应。一般来说，缺乏实践经验的驾驶员，由于缺乏相应的体验或训练，遇到紧急情况时容易惊慌失措，丧失行为能力；而实践经验丰富的驾驶员，由于先前具有这方面的体验，并在大脑中保留特有的行为模式，受到紧急情况激发时，往往表现出沉着冷静，通过调用储存在大脑中的行为模式应对突发情况，具备一定程度的行为能力。

3. 性格的情绪特征

性格的情绪特征指的是一个人的情绪对他的活动的影响，以及他对自己情绪的控制能力。良好的情绪特征是善于控制自己的情绪，情绪稳定，常常处于积极乐观的心境状态；不良的情绪特征是事无大小，都容易引起情绪反应，而且情绪对身体、工作和生活的影响较大，意志对情绪的控制能力又比较薄弱，情绪波动，心境又容易消极悲观。

驾驶员性格的情绪特征是指驾驶员的情绪活动在强度、稳定性、持久性及心境等方面表现出的个性差异。如有的驾驶员的情绪活动一经引起，就比较强烈而难以用意志加以控制，表现为易受到情绪的支配；有的驾驶员情绪体验比较微弱，能够冷静对待现实，善于用意志控制情绪；有的驾驶员情绪容易波动，而有的则情绪比较稳定；有的驾驶员心境总是愉快、振奋，而有的则是抑郁、沉闷等。

4. 性格的理智特征

性格的理智特征是指一个人在认知活动中的性格特征。如认知活动中的独立性和依存性：独立性者能根据自己的任务和兴趣主动地进行观察，善于独立思考；依存性者则容易受到无关因素的干扰，愿意借用现成的答案；想象中的现实性：有人现实感强，有人则富于幻想；思维活动的精确性：有人能深思熟虑，看问题全面；有人则缺乏主见，人云亦云或钻牛角尖等。

驾驶员性格的理智特征主要是指驾驶员在感知、记忆、想象和思维等认知过程中所体现出的个性差异。例如，在感知方面，驾驶员表现出来的性格差异主要有：主动观察型和被动观察型，快速型和精确型。

（1）主动观察型和被动观察型。

主动型观察是指驾驶员有目的地、积极地获取与驾驶活动相关信息的感知过程。这里所说的“有目的”是指驾驶员有意识地避免出现过失或意外。主动观察型驾驶员比较注重信息的获取，并且较有主见，其感知活动不易被环境刺激所干扰。他们为了使驾驶活动有条不紊地进行，并尽量避免由于缺乏观察而使自己处于被动地位，他们会努力避免交通违章、交通危险状态等情况的发生。

驾驶员的感知差异与驾龄有关，大致可分为三种情形：

第一，新驾驶员的观察特征。对刚刚获得驾驶证的驾驶员来说，他们对路况的信息感到生疏，而且缺乏规律性认识，往往比较紧张，害怕出错，在行车过程中往往倾向于主动观察。无论是主动观察型驾驶员还是被动观察型驾驶员，在他们刚刚从事驾驶活动时，往往都倾向于主动观察的感知特征。

第二，年轻驾驶员的观察特征。这是对于“驾龄”不长、经验欠丰富的驾驶员而言的。一般来说，年轻驾驶员在行车过程中，往往缺乏主动性观察，他们对于自己的反应能力往往过于自信。

第三，老驾驶员的观察特征。这是对于“驾龄”长、经验丰富的驾驶员而言的。他们经验老到，有很强的交通预测能力，并且趋于谨慎，在感知上多呈现主动性观察。

被动型观察是指“某种信息”由于具有强烈的物理刺激直接作用于感觉器官而产生反应的过程。被动型观察驾驶员的感知活动受外界环境刺激所左右，易受暗示，不具有目的性，但它也会激发驾驶员的一系列心理过程及行为模式，对感知对象做出对应的反应。例如，驾驶员在高速公路上正常行驶，会突然看到路侧设置的醒目的限速标志或距离标尺。驾驶员对“限速标志”的被动感知会导致产生新的心理过程，重新审核当前的车速，并有可能做出相应的调整；距离标尺映入眼帘后，驾驶员也会重新定义单位距离的概念，并引发驾驶员对车间距离的注意。被动型观察，在某些情况下会使驾驶员产生被动，遭遇意外，甚至导致事故。这是因为驾驶员未能积极地获取与驾驶活动相关的信息，使本该提前预测到的信息，在感知上出现严重的滞后，致使感知与动作反应之间的时间在主观上大大缩短，在客观上造成只能感知却来不及做出任何有效反应的结果。

（2）快速型和精确型。

快速型驾驶员对于交通信息感知迅速，但是往往不够细致，精确性较差。感知的快速性，有利于在紧急情况下，做出快速的反应。例如，在交通状态处于约束或拥挤状态时，驾驶员对于前车运行状态的突变，必须能够做出快速反应，才能避免追尾事故。

精确型驾驶员对于交通信息的感知较为准确，但需要较长的感知过程时间。感知的精确性有利于驾驶员培养准确地的感知能力，这对于在险峻条件下驾驶车辆，保证运行中车辆与周围景物或其他交通元素保持适当的空间关系，是非常有益的。

上述性格静态特征的几个方面并不是相互分离的，而是彼此关联，相互制约，有机地组成一个整体的。一般来说，性格的态度特征是性格的核心，而且对社会、对集体的态度又是最为重要的态度，因为态度直接表现出了一个人对事物所特有的、比较恒常的倾向，同时它也决定了性格的其他特征。例如，一个对社会、对集体有高度责任感的驾驶员，他对工作、对学习也一定是认真负责、兢兢业业的，他对别人也会是诚恳、热情的，对自己也是能严格要求的。这一点告诉我们，在分析一个人的性格时，一定要抓住他的性格的主要特征，由此可预见到他的其他性格特征。

### （三）性格的分类

性格类型是一类人身上所共有的性格特征的独特结合。人的性格分为很多类型，不同心理学家有不同的分类。驾驶员的性格类型是指表现在某类驾驶员身上所共有的性格特征的独特结合，其主要类型有以下几种：

1．理智型、意志型、情绪型

英国心理学家培因和法国心理学家李波提出了按理智、意志、情绪三种心理机能中哪一个占优势来确定人的性格类型的分类方法，把人的性格分为三种类型：理智型、意志型、情绪型。

理智型驾驶员的性格特征中理智特征占优势，主要表现为用理智来衡量一切，并以此支配自己的行为。意志型驾驶员的性格结构中意志特征占优势，主要表现为行为目的明确，自我控制能力强，积极主动，果断，顽强。情绪型驾驶员的性格结构中情绪特征占优势，表现为情绪体验深刻，行为易受情绪左右，对情绪的控制和支配能力较弱。在实际生活中，驾驶员的性格特征往往并非典型的理智型、意志型或情绪型，而大多数都是属于三者的混合型。

2．内向型和外向型

从精神分析的观点来划分人们的性格类型，看心理活动是倾向于内部还是倾向于外部，把人的性格分类两种类型：内向型和外向型。

内向型驾驶员的心理活动倾向于内部，感情比较深沉，喜欢单独工作，在驾驶活动中小心谨慎，但常因为过分担心而缺乏决断力，对新环境适应不够灵活。外向型驾驶员的心理活动倾向于外部，性格活泼开朗，热情随和，适应环境能力较强，但比较轻率，不拘泥于小事。

## 二、不同性格类型驾驶员的行为特征

### （一）理智型、意志型、情绪型驾驶员的行为特征

1．理智型驾驶员行为特征

理智型驾驶员常常以理智衡量一切和支配自己的交通行为。这类驾驶员处事深思熟虑，沉着稳健，善于控制自己，不易为情绪所左右，不因外界干扰而动摇决心。当自己的空间通行权利受到侵犯时，比如其他车辆突然穿插或行人突然横穿马路，致使出现紧张状态，需要采取应急措施来避免冲突时，理智型驾驶员很少采取报复性动作，而是依旧正常行驶。

2．意志型驾驶员行为特征

意志型驾驶员有比较明确的目标，行动果断，反应迅速，遇事勇敢顽强，坚韧不拔。这类驾驶员能够在道路、环境极其复杂的情况下，平稳地控制车辆。例如，炎热的夏天，驾驶室没有空调，驾驶员工作在闷热的空间环境中，仍然能够正常控制车辆，不会因此产生与人抢行、开快车、盲目加速然后又急刹车等现象。

3．情绪型驾驶员行为特征

情绪型驾驶员的行为举止往往带有浓厚的情绪色彩，心境多变，易感情用事，好

冲动。情绪型驾驶员的行为特征正好与理智型驾驶员相反，他们容易被激怒，一旦受到侵犯，就会冲动，产生报复心理。在行车过程中，偶然也会出现车辆之间的“摩擦事件”。究其原因，往往在于起初受伤害的一方就是情绪型驾驶员；如果双方都属于情绪型驾驶员，那么“摩擦事件”会不断升级，最终导致冲突事件或交通事故。

### （二）内向型与外向型驾驶员行为特征

驾驶员的内、外倾向性格，使其在驾驶活动中有着不同的行为特征表现。

#### 1. 内向型驾驶员行为特征

内倾的个性是指一种心理活动过程经常指向自己的内心世界的个性，这种个性的人具有不善于交际、孤僻、有问题难以启齿、动作缓慢、应变能力差、内在体验深刻、办事严谨、力求稳妥、讲究条理、喜欢单独行动等性格特点。这种性格的驾驶员的显著优点是自我控制能力较强，较少出现交通违章。在良好的道路条件和交通状态下，从维护道路交通秩序、确保道路交通安全的角度考虑，内向型性格的人比较适合做驾驶员。这类驾驶员的缺点是紧急情况的处理速度较慢。内向型驾驶员在直觉、感觉、思维和情感等方面的行为特征的具体表现如下：

（1）内倾直觉型驾驶员。这类驾驶员力图从精神现象中发现各种各样的可能性。他们不太注重客观现实，善于幻想，观点新颖但稀奇古怪。

（2）内倾感觉型驾驶员。这类驾驶员的心理状态往往远离外部客观世界，常常有沉浸在自己的主观感觉世界之中，凭自己主观感觉处理交通情况，往往与客观要求有一定差距。

（3）内倾思维型驾驶员。这类驾驶员深思熟虑，并通过实践活动验证自己已经形成的结论，即对交通情况的特定处理方式和行为模式。一旦自己的结论得到证实，他们往往坚信不疑，不太容易接受他人的建议。

（4）内倾情感型驾驶员。这类驾驶员的感情由内在的主观因素所激发，他们将情感埋藏在心底，不易被人察觉。遇到外界刺激时，经常保持沉默。

#### 2. 外向型驾驶员行为特征

外倾的个性是指一种心理活动过程常常指向外在事物的个性，这种个性的人具有喜欢社交、善于言辞、内在体验肤浅、办事粗枝大叶、寻求刺激、喜欢冒险、标新立异等性格特点。这种性格的驾驶员经常有冒险、超速高速行车、在行车中制造刺激、有意识地去破坏交通秩序等恶劣行为，其优点则体现在反应的敏捷性上。外向型驾驶员在直觉、感觉、思维和情感等方面的行为特征的具体表现如下：

（1）外倾直觉型驾驶员。这类驾驶员善于在客观现实中发现多种多样的可能性，并不断地寻求新的可能性。例如，驾驶员在通过路口时，会努力发现路口可能出现的各种情况：会不会有左转车抢行？跟随通行过程中，前车会不会突然急刹车？会不会有自行车或行人穿插等等。

（2）外倾感觉型驾驶员。这类驾驶员头脑清醒，善于接受外界刺激，积累实践经验，但不太追求事物的真理。这类驾驶员感知状态好，有利于及时地处理情况。当然，这类驾驶员也喜欢刺激性行为，通过刺激性行为得到满足。

（3）外倾思维型驾驶员。这类驾驶员注重对外界客观交通现象的观察，并对客观现实进行分析，探求事物自然规律。例如，驾驶员在驾车实践中，经常会遇到类似下面的一些实际问题：换挡时为什么要踩离合踏板？车辆启动时为什么要控制好油门踏板？为什么速度越高车距应越大？接近交叉路口和人行横道时为什么要减速？在变更车道或左右转弯时为什么要打转向灯等。在这种情况下，知识水平较高的驾驶员，会到网上查阅有关书籍和相关资料；实际经验丰富的人，会不断地揣摩、推敲。

（4）外倾情感型驾驶员。这类驾驶员情感外露，愿与人交谈，毫不隐讳地表露出自己的感情。在行车过程中，一旦出现外界刺激，诸如路面出现危险状况或意外交通事件等，他们会有感而发，有的会对危险责任人横加指责，对自己造成伤害时甚至大打出手。

## 三、驾驶员应具备的性格品质

驾驶员应具备的良好性格品质与驾驶活动的特点和要求紧密相连。对驾驶活动影响较大的性格品质主要有以下几种：

### 1．沉着冷静

所谓沉着冷静，是指镇静，遇事不慌、不乱，不感情用事。驾驶员的沉着冷静表现为行车从容不迫，有条不紊，尤其是情况紧急时能情绪稳定，判断准确，果断抉择。沉着冷静对驾驶员来说特别重要，主要表现在它使驾驶员能在正常情况下心平气和地行车，在遇到特殊情况时能恰当处理、化险为夷。

### 2．宽容大度

所谓宽容大度，是指胸怀宽广，有气量，不过分地计较和追究。驾驶员的宽容大度表现为顾全大局、不计较小事，在非原则问题上能忍让，“吃得下、睡得香”、“拿得起、放得下”。在对方无理、我方有理时，也不盛气凌人，不是以无理对无理，而是以有理对无理。宽广的胸怀是驾驶员保持乐观情绪，防止不良情绪的最佳心理品质。

### 3．正直诚实

正直是指公正、坦率；诚实是指忠诚老实，实事求是，不虚假。驾驶员的正直诚实表现为做事公正，有原则，对人真诚，不虚伪。正直诚实的性格品质有助于驾驶员正确处理好和领导、同事之间的关系，建立和谐的人际关系。

### 4．自信果断

自信就是相信自己的力量，深信自己能完成所承担的任务。驾驶员的自信表现为相信自己能胜任驾驶工作，能顺利完成交给自己的任务。自信有助于驾驶员调动自身的积极性，全身心地投入到驾驶工作中；自信能使驾驶员注意力集中，思维敏捷，各方面能力都得到发挥。果断就是不犹豫。驾驶员的果断表现为遇事不瞻前顾后，不优柔寡断，能迅速采取决策。果断有助于驾驶员正确处理行车中出现的各种意外情况。

5．谦虚进取

谦虚就是虚心，不自满。驾驶员的谦虚表现为虚心听取别人的意见，虚心向有经验的、技能高超的驾驶员学习，服从领导的安排和调遣。进取就是要求学习，上进。驾驶员的进取表现为不断学习驾驶理论和驾驶技能，努力提高自己的文化知识水平，积极锻炼和塑造自己良好的性格品质。

一般来说，具有良好性格品质的驾驶员，在驾驶活动前，其心理活动表现为情绪饱满，精力充沛，对即将完成的驾驶任务有充分的信心，对所要完成的任务有清醒的认识，能控制自己，有条不紊地做好出车前的各项准备。出车后表现为善于总结，发挥优点，克服缺点，积累经验。相反，具有不良性格特征的驾驶员则表现为：情绪紧张而不稳定，难以控制，注意力难以集中；有的则表现为态度冷漠，无精打采，对完成任务信心不足，或没有信心，想打退堂鼓。

## 四、驾驶员良好性格的培养

良好的性格主要是通过后天的社会实践形成的，因而是可以培养的。对于驾驶员来说，关键是要明确认识其所必需的性格品质，并掌握培养的途径与方法。

### （一）驾驶员良好性格培养的主要途径

1．针对不同气质类型特征，扬长避短，因势利导

对于胆汁质的驾驶员，应发扬其坦率、果断、反应敏捷等品质，尽量避免激怒他们，设法培养其自制力。对多血质的驾驶员，应发扬其灵活机智、富于热情等品质，克服其粗心大意、见异思迁的毛病。对于黏液质的驾驶员，应发扬其沉着坚毅的品质，培养其灵活性和对人的热情。对于抑郁质的驾驶员，应给予特别关心和体贴，注意激发其自信心和积极性。

2．提供良好环境影响，加强实践活动的锻炼

驾驶员的性格是在与环境的相互作用中，通过实践活动形成和发展的。对驾驶员来说，要培养其良好性格特征，应营造良好的社会风气、积极健康的社会舆论，但这是整个社会的大环境，更重要的是要建立融洽和谐的人际关系。而性格的形成和发展有赖于实践活动的积极性。提供各种实践锻炼的机会，让他们通过各种活动的练习，养成良好的行为习惯，并不断使良好习惯得到强化，正所谓“习惯成自然”。

3．加强自我修养和教育

每个人都是根据自己的世界观、需要和动机来塑造和调节自己的性格。作为自我

意识发展成熟的驾驶员，在其性格形成过程中，自我调节作用更为明显，对外界影响因素的选择性更大。任何外界环境的影响都会通过驾驶员的世界观、需要和动机等内在主观因素起作用，都存在着由他律向自律的转化，即把所接受的外界社会要求逐渐转变为自己的内在要求。因此，自我教育和修养是驾驶员良好性格形成的关键。

4．训练是培养驾驶员良好性格的基本途径

改善驾驶员培训体制和模式，在驾驶操作训练的过程中，除了要按照驾驶员的共性特点实施共性教学外，还要针对其个性差异，进行个性化教学。教学态度的好坏是直接影响驾驶员性格的原因之一。做事认真、果断的人在行车时会表现出头脑清醒，处理情况正确，操作准确，有效地保证了行车安全。培训中要引导、开发驾驶员的潜能，提高调解控制情绪的能力。驾驶员在训练过程中，要学会对自己有适当的了解和恰当的评价，能够接纳自己的现状，知己所长所短，扬长避短，开发潜能，增强自我认识，发展良好品质。

5．重视交通安全教育

加强交通法规、安全操作规程、安全驾驶规章制度、安全理论知识和技术知识的教育以及典型事故案例分析的教育。在行车教学中，应及时地利用其他车辆的事故现场，结合以往的事故案例进行分析，组织安全学习教育活动。利用事故现场进行教育，能有力地唤起驾驶员的安全警觉性，促进其安全性格的形成。

### （二）驾驶员良好性格培养的具体方法

1．认知调整法

就是通过摆事实、讲道理等方法，帮助驾驶员正确认识客观现实，正确认识自己和他人，从而提高自己的道德认识和对驾驶职业的认识，树立正确的世界观和人生观，优化自己的性格。

2．情感陶冶法

积极而健康的情感与性格特征的发展有紧密的联系。充实的情感生活可以让驾驶员自由充分地表现和体验各种健康而美好的情感，陶冶性情。如优美的自然环境、文学艺术作品以及和谐的人际关系，可以丰富生活的情趣，发展积极的情感，学会控制、排遣不良的消极情绪，正确对待恐惧、焦虑和挫折，适当进行情绪的宣泄与释放，培养乐观、自信、自尊、自制的情感品质。

3．榜样示范法

就是利用榜样和重要人物的影响，或提供同辈群体中可以效仿的参照者，通过观察学习，以引导性格的健康发展。

4．交往指导法

就是对驾驶员的人际交往进行指导，教给其人际交往的方法和技巧，以形成良好的人际关系，来促进积极性格特征的形成。驾驶员虽然是直接和车打交道，但其间接地主要是与人打交道。良好的人际关系不仅是优良性格的表现，而且是形成优良性格的途径。在和谐、融洽的人际关系中容易形成关心他人、富于同情、谦逊、勤劳的性格品质。而在紧张、冲突的人际关系中易于养成冷漠、任性、自私、猜疑等不良的性格特征。

5．活动锻炼法

就是引导驾驶员在驾驶实践活动中学习、评价、发展优良的性格特征。因为性格是在长期的实践活动中，一定的态度和行为方式由于多次重复而巩固下来所形成的稳定的心理机制。因此，活动锻炼法是形成优良性格特征的有效方法。

6．自我教育法

就是提高驾驶员自我认识水平，进行正确的自我评价，形成健康的自我体验，发展高度的自我控制能力。既看到别人的长处和优点，不自高自大，又看到自己的进步和成绩，不悲观失望。

7．体验法

这是培养适宜驾驶安全性格的主要方法。驾驶员良好性格的形成，就是要加强学习，在实践中锻炼和提高自己的素质，在危险复杂的道路情况中，多次体验状态，才能把安全意识运用到实际驾驶中去。

8．案例分析法

形象地进行教育，组织驾驶员进行交流，耐心帮助他们调整心理状态，树立把安全放在首位的思想。引导驾驶员对自己的性格进行分析，认清缺点，自觉地完成向积极方面的转化。

## 第二节　事故倾向性与驾驶员的性格分析

事故倾向性是指一个人身上存在着容易诱发事故的某些特征。这个概念是统计学家格林伍德和伍兹等人在 1919 年首先提出，继而是心理学家法墨和钱伯斯进行研究，后来又有精神病医生进行了探讨。此后，有关学科的研究者对此展开了大量的研究。例如，在交通心理学中提出“为什么会发生交通事故”“汽车驾驶员的事故倾向性”“事故症候群”等。虽然，对事故倾向性驾驶员的研究到现在还是一个争论的课题，但是已有的研究成果和结论还是为证明某一部分驾驶员具有特别容易发生交通事故的倾向提供了证据。从现有的文献资料来看，以下几种个性特征与交通事故具有相关性是有定论的，诸如社会适应性、个性的内倾与外倾、知觉的场依存和场独立等。

## 一、多发事故驾驶员的性格特征

多发事故驾驶员的性格，一般来说，协调性差，情绪不稳定、容易冲动，不关心别人等。有研究表明，具有下列性格特征的驾驶员，发生交通事故的概率比其他人要高。

### （一）在社会适应性方面，反社会人格者易发生交通事故

在社会适应性方面，具有反社会人格者最易成为交通肇事者。反社会人格的特点是：追求随心所欲，好支配、摆布和胁迫别人，对他人感情冷淡，对社会规范抱有敌意，行为偏离社会道德规范，做了有损他人和社会的事很少感到内疚，总是把过错的责任推给外界，而且在工作单位里常常表现不好。有人称反社会人格者为“道德上的低能儿”，但其智力水平往往不低于正常人。反社会人格表现在驾驶风格上就是：开车时无视交通法规，公开地或隐蔽地抵制交通管理，不顾他人，喜欢用冒险动作迫使对方避让自己。马费帝和费恩在 1962 年调查了美国 6 名连续 20 年以上获得全国驾驶安全奖的卡车驾驶员，发现他们的智商和感觉运动能力与普通驾驶员的平均情况没有大多差别，但他们在家庭里是特别“忠实、可靠、节俭和谨慎的丈夫和父亲”，在工作单位里又是特别“可靠、忠实和勤奋的职工”。不论在开车时还是在别的场合，他们都几乎没有攻击性。甚至在上电梯时也是如此，让别人先进去，然后回头看看是否还有人上，最后才跨进电梯，真是“驾驶如其为人”。

### （二）外向型驾驶员比内向型驾驶员易发生交通事故

驾驶员个性的内倾和外倾也表现出某种程度的事故倾向。就每一个具体的人来说，绝对内倾或外倾的个性是很少见的，大多数人只是在或多或少的程度上偏向于内倾或外倾。有研究发现，在安全驾驶方面，内倾个性的驾驶员具有相当的优势，与外倾驾驶员相比较，发生交通违法行为和事故的概率相对较低。其实，外倾驾驶员在反应敏捷性上要胜过内倾驾驶员，在感知能力上也与内倾驾驶员相当，但内倾驾驶员所具有的审慎而有条理的作风成了安全行车的保障。总体来讲，内倾驾驶员在行车过程中严于自我监督，而且更倾向于回避风险情景，减少紧张刺激，这种风格增加了行车的安全性。内倾和外倾驾驶员容易发生的交通事故在性质上也不同：前者往往由于认知判断不当，后者却常常由于情绪兴奋而采取冒险动作，超速行车、强行超车等。

### （三）场依存驾驶员比场独立驾驶员易发生交通事故

在心理学上把人的知觉所及的客观外界的全部组织结构称为一个“知觉场”。有些

人在感知一个对象时，很难把它从整个知觉场中分离出来，这些人被称为“场依存”。另一些人则刚好相反，在知觉一个对象时，很容易把它从整个知觉场中分离出来，他们被称为“场独立”。现有研究已证实场依存性和场独立性是人在知觉方面所表现出来的一种经常而稳定的个性心理特征。而且正如个性的内外倾一样，极端的场依存或场独立的人是少数，大部分人介于两端之间，只是在一定程度上偏于彼或此。

在行车过程中，驾驶员所知觉到的道路情景就是一个不断变化着的知觉场。驾驶员必须随时从这个场中分离出与他的驾驶有关的对象，如车辆、行人、交通标志等，以便及时而准确地做出反应，否则就可能出现险情或发生事故。由此推断，场独立的驾驶员与场依存的驾驶员相比，场独立的驾驶员能更好地完成这类知觉操作以保障行车安全。场依存性和场独立性的交通心理研究已经为此提供了相关的实验证据。比如，在巴列特等人的研究中，他们使一个行人模型从一个掩棚后往驾驶员行车所经过的道路前方移动，并测量驾驶员的反应，场依存的驾驶员比场独立的驾驶员撞上“行人”的次数更多，刹车更迟，开始减速动作也更慢。米哈尔和巴列特在另一项研究中发现，场依存的驾驶员对交通信号做出反应比场独立的驾驶员反应更迟，但只有当信号是在自然背景上呈现时才是如此。

【补充资料】

## 场独立性与场依存性测验

美国心理学家威特金（H. A. Witkin）根据场的理论和知觉实验，将人的性格分成场依存型和场独立型。

威特金对人进行场独立性与场依存性测验，最初是出于军事上的需要。在第二次世界大战期间，飞机驾驶员常因在云雾中机身翻滚而丧失方位感，进而造成失事。为减少此类事件的发生，在对飞行员进行选拔和训练时，要测试应征者对空间方位的知觉判断能力。因此，最初的测验是让受试者进入一个可调整倾斜度的房间，坐在房间中一个可以做各种角度转动的椅子上。房间与椅子的转动，有时方向一致，有时方向不一致，这就构成了类似飞机在空中翻滚的情景。此时要求受试者将自己的身体调整到实际的垂直位置。能准确地将自己调整到垂直位置的人属场独立型，不能调整者属场依存型。

继身体位置调整测验之后，威特金设计出了一种更简便的测验。测验时，让测试者注视一下倾斜的方框，框内有一个可独立于框平面转动的亮棒，要求被试将亮棒调整到垂直于地面的方位。倾斜的框架对被试调整亮棒影响较大者为场依存型，不受框架角度的影响而直接调整亮棒者为场独立型。

而目前对人的场独立性和场依存性测验中使用得比较多的是嵌图形测验，这种方法又称隐蔽图形测验。测验时，要求被试在较复杂的图形中用铅笔勾画出镶嵌或隐蔽在其中的简单图形，能排除背景因素的干扰从复杂图形中迅速地、容易地知觉到指定的简单图形者为场独立型，而完成该项任务较为困难者为场依存型。

## 二、重大交通事故驾驶员的性格分析

有研究发现，具有下列性格特征的驾驶员易发生重大交通事故。

### （一）发生重大交通事故的驾驶员，大多数是胆汁质的性格

在对交通事故进行分析时，人们往往更注重驾驶员的技能和对交通规则的遵守，而忽略了心理因素的作用。交通心理学研究表明：相对于技能因素，人的心理状态对交通安全隐患的影响更重要。行车过程中，争强好胜的超越心理、生活中压力积聚而形成的挫折感和一些无意识驾车的心理状态都比较容易造成交通事故。这些心理情绪的形成，与人的个性心理特征又密切相关。研究表明：胆汁质驾驶员，在行为上表现出均衡性差，脾气急躁，挑衅性强，态度直率，言语、动作急速而难以抑制等特点。大量重大交通事故分析表明：发生重大交通事故的驾驶员，大多数是胆汁质的性格。

### （二）乐群性差的驾驶员容易发生重大交通事故

心理学将人的特质分为乐群性、聪慧性、稳定性、恃强性等16种，称为16维度。16维度中，对驾驶员情绪影响比较大的几个方面有：乐群性、稳定性、恃强性、敢为性、幻想性、独立性和紧张性。

乐群性是指与他人结伴的愿望程度。乐群性越低的人，社会适应性越差，可能会带有一些反社会和攻击性人格，这种人不愿与人结伴，容易发生交通事故。稳定性则决定了人情绪波动的情况，稳定性高的人比较中规中矩，情绪起伏小，开车时的安全系数相对也高。恃强性代表了一个人的好胜心理，通常开车时喜欢超车的人恃强性比较强。敢为性表现人做事的勇敢度，同时也从另一个方面反映了一个人是否冲动和富有攻击性。

以上这些属性中表现较差的人，可能会在驾驶中做出攻击性驾驶的行为。攻击性驾驶行为是由开车时的急躁、烦恼，或带有愤怒的情绪引起的。一些驾驶员为了节省时间等目的，威胁其他驾驶员或行人，使其感到有危险而采取回避行为，或激怒对方使其产生恼怒的情绪。人们都有操纵其他事物的愿望，在驾车时，通过对机械的操作能够满足人们这方面的成就感。但是这种掌控一旦遭到破坏，比如遇到红灯或堵车，就会引起另一种本能，即攻击心理。攻击性驾驶虽然不是蓄意为了撞车或伤亡，但是往往因为驾驶员对情况判断失误而造成交通事故的发生。

### （三）紧张性高的驾驶员容易发生重大交通事故

幻想性高的人容易“走神儿”，这类人容易处于无意识驾驶的状态，给驾车带来一

定的危险。独立性差的人，自我调节能力比较低，需要别人的鼓励和帮助。这两类人在开长途车的时候比较容易心理疲劳，最好配有副驾驶员。所有属性中，紧张性高的人开车最危险，这类人尽量不要自己驾驶车辆。

## 三、容易引发交通事故的性格特征

### （一）容易引发交通事故的不良性格

研究证明，具有以下不良性格的驾驶员，容易引发交通事故：

（1）得过且过。这种性格的驾驶员往往表现为平时不虚心好学，不勤学苦练真功夫，专搞歪门邪道走关系路，把国家和人民生命财产当儿戏。

（2）狂妄自大。这种性格的驾驶员情绪发生快而多变，油腔滑调，驾驶过程中容易出现强行超车或争道抢先等危险动作。

（3）粗心马虎。这种性格的驾驶员会出现处理情况粗心大意，顾前不顾后，理解问题不透彻，常伴有驾车时不能保证行车安全和驾驶水平的迅速提高。

（4）安全意识淡薄。安全意识不强的驾驶员，会经常出现闯红灯、弯道停车、随意变更车道等不良交通行为，藐视法律尊严，对安全有着直接的隐患。

（5）粗鲁急躁。有的驾驶员易受情绪左右，好冲动，自我控制差，胆大心不细，喜欢冒险，盲目开快车，往往占道行车，强行超车，遇行人横穿马路加速绕行，跟车过近。

（6）动作缓慢迟钝。

### （二）容易引发交通事故的危险性格

一般认为，下列性格引发交通事故的危险程度是比较高的。

（1）霸王型，又称烈士型。这类人属于危险一族，平时挺和气，一旦方向盘在手，立即变得兴奋、冲动，开霸王车、高速车。

（2）斗气型。这类驾驶员心胸狭窄，一旦被人超车，便晃大灯，按喇叭，简直把马路当成奥林匹克的竞技场。

（3）无知型。这类驾驶员高度自我为中心，连起码的交通法规都不懂。

（4）马大哈型。这类驾驶员对自己的车辆实行不保养、不检查、不维修的“三不主义”，哪怕喇叭不响、刹车失灵，他也敢照开不误。

（5）自责型。这类驾驶员胆子小，遇事不果断，经常令其他驾驶员误会其用意，从而导致事故。

## 四、不适宜从事专业驾驶工作的性格特点

有下述性格特点的人，不适宜从事专业驾驶车辆的工作。

（1）情绪不稳定，遇事易冲动，缺乏自制力，性格暴躁，稍有不合意就恶语伤人，蛮横霸道。

（2）骄傲自大，态度傲慢，不听劝阻，待人尖酸刻薄，蔑视别人。

（3）对驾驶工作缺乏兴趣，对工作无责任心，懒惰成性，不总结吸取血的惨痛教训。

（4）不学技能，对车辆技术状况心中无数，不积极维修车辆，不按期保养，凑合了事。

（5）自私自利，财迷心窍，缺乏科学态度，不按规定装载，为赚外快日夜兼程，打疲劳战。

（6）娇生惯养，从事驾驶工作完全出于贪玩好奇心理，缺乏正规培训，缺乏职业道德修养，头脑简单，盲目超车和超速行驶。

（7）好胜心强，赌气开车，根本不把规章制度放在心上，存在侥幸心理，喜欢开快车。

（8）性情过于柔弱，反应迟钝，判断能力差，处事犹豫不决，畏畏缩缩，临阵惊慌失措。

还有部分学者认为，具有下列性格特点的人也不太适宜从事专业驾驶员的工作：反应迟钝，遇事优柔寡断者；性格暴躁，感情容易冲动，一不如意就火冒三丈，不能自我控制者；有神经质，遇事想不开，爱钻牛角尖者；观察事物粗枝大叶，思考问题肤浅、草率、简单者；情绪变化太大，喜怒无常者；个性太强，太任性者；不关心别人，工作得过且过，不负责任者。

【补充资料】

表 8.1　事故多发者与无事故交通主体的性格特征比较

| 项　目 | | 事故多发者 | 无事故交通主体 |
|---|---|---|---|
| 性格特征 | 协调性、自制力 | 弱 | 强 |
| | 自我中心性 | 强 | 弱 |
| | 攻击性、活动性 | 大 | 小 |
| | 作业量 | 少 | 多 |
| | 动摇性 | 大 | 小 |

## 第三节　性格类型测试

### 一、测试题目

指导语：下面是内曼和科尔施特设计的性格倾向性测量表，一共 50 个题目，25

个属于外向，25 个属于内向。如果提问的内容符合自己的情况，就答“是”；如果不符合就答“否”；如果你不能确定，可以不回答。

| | | |
|---|---|---|
| 1. 能独断独行。 | 是 | 否 |
| 2. 快乐主义的人生观。 | 是 | 否 |
| 3. 喜静安闲。 | 是 | 否 |
| 4. 对人十分信任。 | 是 | 否 |
| 5. 筹思五年以后的事。 | 是 | 否 |
| 6. 遇有集体活动宁愿待在家里而不去参加。 | 是 | 否 |
| 7. 能在大庭广众中工作。 | 是 | 否 |
| 8. 常做同样的工作。 | 是 | 否 |
| 9. 觉得集会乐趣与个别交际无异。 | 是 | 否 |
| 10. 三思而后决定。 | 是 | 否 |
| 11. 不愿别人提示而愿自出心裁。 | 是 | 否 |
| 12. 安静而非热烈地娱乐。 | 是 | 否 |
| 13. 工作时不愿别人在旁观看。 | 是 | 否 |
| 14. 厌弃呆板的职业。 | 是 | 否 |
| 15. 宁愿节省而不愿耗费。 | 是 | 否 |
| 16. 不常分析自己的思维和动机。 | 是 | 否 |
| 17. 喜欢冥思幻想。 | 是 | 否 |
| 18. 自己擅长的工作愿意别人在旁观看 | 是 | 否 |
| 19. 怒时不加抑制。 | 是 | 否 |
| 20. 自己的工作因他人赞赏而越做越好。 | 是 | 否 |
| 21. 喜欢兴奋而紧张的劳动。 | 是 | 否 |
| 22. 常回想自己过去的经历。 | 是 | 否 |
| 23. 在集体活动中喜欢做领头羊。 | 是 | 否 |
| 24. 公开演讲。 | 是 | 否 |
| 25. 使梦想成为现实。 | 是 | 否 |
| 26. 很讲究写应酬信。 | 是 | 否 |
| 27. 做事粗糙。 | 是 | 否 |
| 28. 深思熟虑。 | 是 | 否 |
| 29. 能将强烈的情绪（如喜、怒）表现出来。 | 是 | 否 |
| 30. 不拘小节。 | 是 | 否 |
| 31. 对人十分小心。 | 是 | 否 |
| 32. 能与观点不同的人轻松交往。 | 是 | 否 |
| 33. 喜猜疑。 | 是 | 否 |
| 34. 轻信人言，不加思索。 | 是 | 否 |

| | | |
|---|---|---|
| 35. 愿意读书，不愿做实际的工作。 | 是 | 否 |
| 36. 喜欢读书但不求甚解。 | 是 | 否 |
| 37. 常写日记。 | 是 | 否 |
| 38. 在人群中保持沉默。 | 是 | 否 |
| 39. 不得已而动作。 | 是 | 否 |
| 40. 不愿回想自己。 | 是 | 否 |
| 41. 工作有计划。 | 是 | 否 |
| 42. 常与他人交换意见。 | 是 | 否 |
| 43. 对麻烦事情愿意避免而不愿承担。 | 是 | 否 |
| 44. 重视谣言。 | 是 | 否 |
| 45. 信任别人。 | 是 | 否 |
| 46. 对不很熟悉的人不轻易信任。 | 是 | 否 |
| 47. 愿意研究别人而不愿意研究自己。 | 是 | 否 |
| 48. 闲暇时间愿意找一个安静的地方而不喜欢热闹场所。 | 是 | 否 |
| 49. 意见常变化而不固定。 | 是 | 否 |
| 50. 任何说话场所均愿参加。 | 是 | 否 |

## 二、性格内外向判定方法

1．统计外向性理论选择

外向性反映总数为第 2、4、7、9、11、14、16、18、19、20、21、23、24、27、29、30、32、34、36、39、40、42、45、47、49、50 回答“是”及第 1、3、5、6、8、10、12、13、15、17、22、25、26、28、31、33、35、37、38、41、43、44、46、48 回答“否”的总数。

2．计算向性指数方法

$$\text{向性指数}=\frac{(\text{外向性反映总数}+\text{没有回答的题目的总数}/2)}{25}\times 100$$

3．内外向判定

如果向性指数小于 90，则属于内向；
如果向性指数大于 110，则属于外向；
如果向性指数介于 91～109，则属于中性。

# 第九章

# 驾驶员的能力

## 学习目标

1. 熟知驾驶技能的概念。
2. 理解驾驶技能形成的阶段和规律。
3. 理解影响驾驶员反应能力的因素。
4. 掌握提高驾驶员反应能力的方法。

## 案例导入

### 突遇小孩横穿马路 公交驾驶员反应迅速避免重大事故

2017 年 5 月 28 日上午，丹阳公交三队执行季子庙线路驾驶员偶师傅在丹句线经历了惊险的一幕。在突遇小孩横穿马路的一刹那，驾驶精力集中，措施得当，化险为夷，从而避免了一起可能发生的重大伤亡事故。

根据监控视频显示，28 日早上 10 点 34 分 34 秒，偶师傅驾驶车辆正常行驶，突然从路旁边飞奔出一个小孩横穿马路，接着又跑出来两个大人拉住小孩。说时迟，那时快，从发现情况，到将车停住，2 秒不到的时间，偶师傅采取紧急制动措施，迅速将公交车稳稳停住，万幸的是双方没有接触，看看视频回放，不禁后怕。

驾驶员偶师傅回忆，当时的情况非常危险，现在想起来还后怕。好在当时警惕性高，注意力集中，才能反应迅速。（来源：丹阳公交）

【思考练习】

1. 在驾驶活动中，驾驶员要具备哪些能力？
2. 驾驶技能是如何形成的？有什么规律？
3. 如何提高驾驶员的反应能力？

## 第一节　驾驶员技能的形成

### 一、能力的概述

#### （一）能　力

心理学上的能力是指人顺利地完成某种活动所必须具备的，并与活动效率相联系的心理特征。通常情况下，能力是指个体在进行一定社会实践活动中所具有的特定本领。能力作为一种进行活动的心理条件，它与活动是紧密联系的，它总是通过一个人的活动所表现出来并通过活动而形成的，同时也影响活动的效果。

#### （二）能力的分类

1．一般能力

一般能力是指在进行各种活动中必须具备的基本能力。它保证人们有效地认识世界，也称智力。智力包括个体在认识活动中所必须具备的各种能力，如感知能力、记忆力、想象力、思维能力、注意力等，其中抽象思维能力是核心，因为抽象思维能力支配着智力的诸多因素，并制约着能力发展的水平。

2．特殊能力

特殊能力又称专门能力，它是顺利完成某种专门活动所必备的能力，如教师的教学能力，驾驶员的敏锐观察能力、认知反应能力、机械操作能力等。驾驶员的驾驶能力是对于驾驶活动所必须具备的特殊能力。

一般能力和特殊能力的关系，二者是辩证统一的。一方面，某种一般能力在某种活动领域中得到特别的发展就可能成为特殊能力的组成部分。如观察力属于一般能力，但在行车过程中，驾驶员运用观察力区别交通环境中的各个细节，在观察车辆、行人、骑自行车、摩托车各类人的行动特点的过程中便发展成为机敏的环境观察力。另一方面，在特殊能力得到发展的同时，也就发展了一般能力。由于驾驶员在从事专业活动中培育的观察力，有可能迁移到其他活动领域，成为心理活动的概括化系统，表现出他的机敏观察能力的个人特点。因此，特殊能力是一般能力在某方面的发展；

而一般能力则是在这种特殊能力发展基础上的概括化。

### （三）能力与知识、技能的关系

能力、知识、技能三者之间既有区别又有联系。知识是人认识社会、自然、人类自身与改造社会、自然、人类自身实践经验的总结，是既有信息在人脑中的储存。技能是人掌握的动作方式，是通过练习而获得和巩固下来的完成动作的方式和动作系统。能力是个体心理特征之一，是掌握知识、技能的一种主观条件，它们的性质是不同的。

能力、知识、技能三者之间的联系表现在：能力是人掌握知识、技能的前提和基础；同时能力又是人在掌握知识、技能的过程中得以培养和发展的。能力制约着人掌握知识的难易、快慢和深浅。

能力、知识、技能三者之间的区别表现在：能力不是知识、技能，但它却需要在人获得知识、技能的过程中表现出来。

## 二、驾驶技能的分类

驾驶技能也是一种技能，是借鉴以往的生活或工作经验，以及经验中与新动作相类似的动作，通过反复的实践来巩固、掌握、实现这种一系列的复杂的新动作系统。归纳之，这种顺利完成由一系列简单动作组成的连贯的能实现移动车辆功能的活动过程称为驾驶技能。

驾驶技能按驾驶员主体运动方式分为动作技能和心智技能。

### （一）动作技能

动作技能主要是指驾驶员的肌肉运动。它表现在驾驶员身体的外部动作上以及对事物的直接行动，通过练习和训练形成并巩固起来的一种近乎自动化的行为方式。它在完成驾驶任务时，所涉及的是一系列实际动作，以完善、合理的方式组织起来并顺利进行。如操作方向盘、换挡等都属于动作技能。

### （二）心智技能

心智技能是指顺利完成某种任务时的心智活动形式。它包括感觉、知觉、记忆、想象和思维等，并以思维为中心。如驾驶员根据道路、交通情况运用已学过的知识和经验进行合理的判断、反应等都属于心智技能。

动作技能和心智技能既有区别，又有联系，二者的有机结合构成了的驾驶技能。学习驾驶的初期，主要是形成过硬的动作技能。学习的后期主要是建立和形成在动作技能的基础上的心智技能，并相互补充、相互定位。在独立驾驶时，起决定作用的主要是心智技能。所以在复杂的现代交通环境中，心智因素对行车安全至关重要。

## 三、驾驶动作技能的形成

任何行动，都不是仅仅借助于一项孤立的动作就能实现的，它必须借助于一个完整的动作系统。动作技能就是一系列以连锁反应为方式的动作联合。在第一个动作完成以后，接着再进行第二个、第三个……，驾驶技能的形成一般要经过如下三个阶段：

### （一）局部动作阶段

驾驶员在初学汽车驾驶过程中，对汽车驾驶缺少感性认识，实际操作中，缺少良好的心理素质，表现异常的紧张，动作慌乱，不协调，常常出现很多错误的动作。例如，驾驶员把转向盘握得很紧，面部表情慌乱，肌肉紧张，全身用劲。有的驾驶员甚至在汽车已驶出右侧边线，应该向左转向的同时还继续向右转向。换挡时，变速杆在空挡来回晃动；行驶中无故晃动转向盘；反复踏放加速踏板，造成车辆闯动。驾驶员注意范围狭窄，只能集中于个别动作，并且不能控制动作细节。例如，起步时注意松抬离合器又忘了踏下加速踏板；注意了加速踏板，离合器又松抬过猛；并且不能准确控制踏板松抬或踏下的程度。此时，驾驶员不能察觉自己动作的全部情况，难以发现缺点和错误。这个阶段应侧重于驾驶基础动作的训练和驾驶感知能力的培养。

### （二）动作交替运用阶段

在这个阶段，驾驶员已经逐步掌握了一系列局部动作，并能把这些动作联系起来，但各动作还结合得不紧密，从一个环节过渡到另一个环节，即动作转换时常出现短暂停顿。例如，制动减速后不能及时减挡，造成拖挡行驶；上坡转弯前，减挡后不能及时调控方向，造成占线行驶。驾驶员的协同动作是交替进行的，即先集中注意做出一个动作，然后再做出另一个动作。随着训练深入，交替进行逐渐加快，以至在大体上成为整体的协同动作。例如，道路驾驶初期，驾驶员不可能做到一边转向，一边换挡，只能先完成一个动作，再做另一个，随着反复练习，就能准确地同时完成两个动作。在这一阶段，驾驶员紧张程度有所降低，但并未完全消失，动作的相互矛盾和干扰减少，多余动作趋于消除。例如，驾驶员在面临较为复杂的道路交通情况或较难的动作练习时也会紧张，一旦熟悉后，紧张状态较易消除。随着操纵技能的形成，驾驶员观察、判断等心智能力得到发展，客观刺激物与肢体动作间的联系加强，缩短了动作反应时间。同时驾驶员发现错误的能力增强，在完成动作以后或动作进行中就能发现自己的错误，此阶段的侧重点是巩固和发展基础动作，提高一般道路交通情况下观察、判断、操作等综合运用能力。

### （三）动作的协调和完善阶段

在此阶段，驾驶员各个动作联合成为一个有机的系统并巩固下来。各个动作相互协调，能够按照准确顺序以连锁反应的方式实现出来，表现为驾驶员的动作配合一致，连贯紧密。在进行操纵时，意识的参与减少到最低限度，只对同时进行的许多动作中的一项起着直接控制作用。驾驶员的注意范围也扩大了，并能根据条件的变化迅速、准确地完成驾驶操作动作。例如，驾驶员只需注意调控方向，能无意识在熟练完成制动或换挡等其他动作；只需注意道路交通情况变化，就能灵活地重新组合所需要的动作，此阶段侧重于建立协调而完善的动作系统，培养驾驶员独立驾驶能力。

## 四、驾驶技能形成的规律

### （一）一般规律

驾驶技能的训练与形成，是驾驶培训工作的核心任务。从实际情况看，它符合正态分布，即训练情况较差的、较好的较少。训练成效一般的、普通的驾驶员较多。那么驾驶技能形成的一般规律如何？实践证实，驾驶技能的形成与训练时间有确定的关系（见图 9.1）：

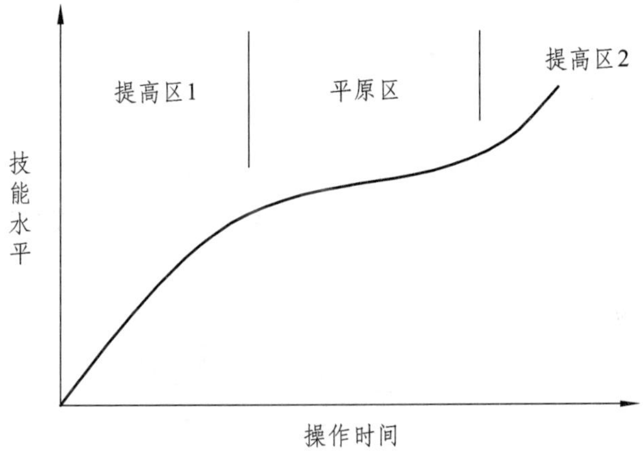


图 9.1　驾驶技能形成的一般规律

在实际运用中，把动作反应的训练结果，即动作在限定时间内的正确率来作为驾驶技能的评价标准，出错率越高，正确率越低，即驾驶技能差；反之，出错率越低，正确率越高，则驾驶技能越好。从图 9.1 中可以看出，在驾驶技能的形成（即驾驶训练）过程中，一般出现三种趋势，即“提高区 1”“高原区”和“提高区 2”。其原因如下：

#### 1．“提高区 1”

驾驶员从第一天上车后，动作比较简单，在学车前对汽车兴趣浓厚，好奇心强，求知欲旺盛，对新环境的新鲜感等，使他们进步的速度加快，动作正确率提高。众所周知，仅凭一时的冲动、好奇是难以维持长久的学习积极性。所以，大部分驾驶员达到 20 ~ 30 个操作小时时，便不再有刚开始上车时的进步趋势。

2．“高原区”

“提高区 1”之后，驾驶员日渐感到动作训练的枯燥、乏味和单调；认为驾驶技能“不过如此”，开始出现轻视、麻痹、自满等情绪；对新的复杂的动作反应开始有为难消极心理，特别是基础驾驶动作掌握不好的驾驶员，加大了向新动作转换的消极性，学车兴趣逐渐下降。实践证明，有 5% 左右的驾驶员，此时提出“不再继续学习驾驶”的要求。例如，驾驶技能中的“变速换挡”这一基础驾驶训练，要按要求换好挡要涉及 15 个以上的动作反应，如油门大、小、早、晚；踩离合器踏板早、晚；车速快、慢；变速杆转换等，整个系列动作时间仅需 0.2～0.5 秒，不能不感到，这种动作反应的困难。而且有时仅仅为了一个动作反应作翻来覆去、周而复始地练习。

对于“高原区”现象，国外学者布赖恩和哈特对一个学生接受电码的练习曲线进行研究，认为“高原区”约在 14～23 星期内出现，且持续一段较长时间。当然这种“高原区”的长短早晚并不是固定不变的，他与教练员的教法、驾驶员的素质以及车辆的技术状况有着密切的关系。特别是教练员的教法对缩短“高原区”时间有着重要的作用。

3．“提高区 2”

驾驶员在克服“高原区”的“阵痛”之后，有了复杂动作反应的成功和喜悦，提高了信心。同时因为要面临驾驶证考试，也必须要有战胜困难的毅力。这时完成了量变的累积，发生了质的飞跃，开始了驾驶技能形成的第二个“提高区”。

## （二）特殊规律

以上是多数驾驶员的一般规律，但也有少数驾驶员的特殊规律。作为教练员要特别对待。

1．“先慢后快”型

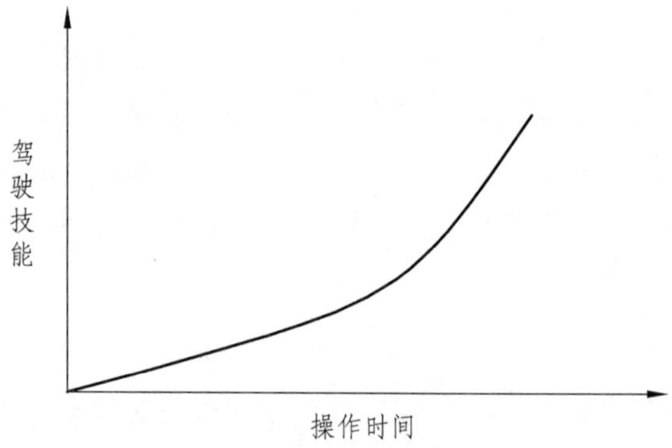


图 9.2 “先慢后快”型

图 9.2 所示为“先慢后快”型的技能形成规律。这种规律形成的前提条件是：这部分人性格抑郁不开朗，不爱讲话，缺乏交流，社会活动差，文化程度不高但爱学习、

肯钻研、情绪稳定、记忆力较好。这部分人若参与这样的集体活动，先要适应这里的环境。语言障碍和心理上的隔阂使他们在学习初期进步不快。随着动作反应次数的增加，操作小时数的延长，对每一个动作反应有了较深刻的认识，而且一旦在大脑中存储，不受外界干扰，不容易忘却。经过积累，在其头脑中形成了较为系统的联系，所以到了后期驾驶技能有了质的飞跃。

2．“平滞”型

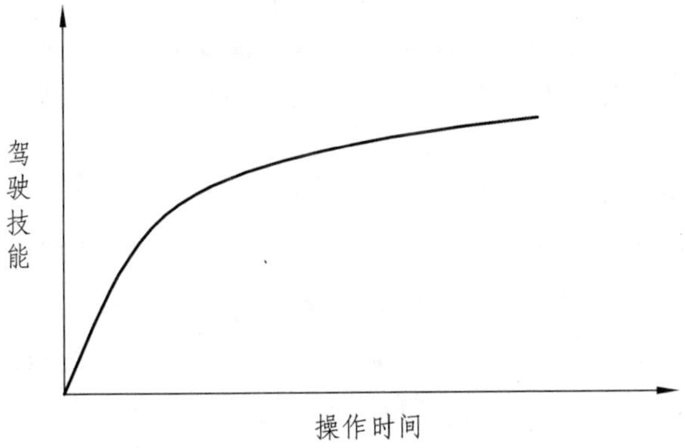

图 9.3 “平滞”型

图 9.3 所示为“平滞”型的技能形成规律。这种规律形成的前提条件是：这部分人性格开朗、聪明、易结交、大胆泼辣、社交广泛、易学易会易忘。有些人在学车前已经零星学到过驾驶方面的动作或者做过相关方面的工作，有一定的基础。来到驾校后经教练员稍加指点，在上车后 10～20 操作小时就能迅速掌握驾驶技能。与大部分驾驶员相比提前感受到驾驶工作的单调、乏味和枯燥。尽管如此，这部分人的驾驶技能仍比其他人高出许多，从而导致教练员忽视对这部分人的强化和管理，直到后期不仅没有进步，还有退步的可能。这是训练上的误区，应当引起教练员的关注。对这部分人一般应在心智、思维技能上进行训练，不能只局限于某个固定的动作技能。目前，一般驾校的技能培训是有一定的能力“极限”的，对这部分人既没有时间也难以利用较好的办法进行指点或更高层次的训练，这是教练员有待于进一步提高业务水平的需求之一。

## 五、驾驶技能的迁移与干涉

驾驶员在驾驶技能的形成过程中，往往会出现下面的情况：增驾车型的或以前开过车的驾驶员，在道路驾驶处理信息中具有得天独厚的优势，进步非常快。原因是以前所掌握的动作技能或心智技能与要学习的驾驶技能有着极其相似的心理因素和动作因素，在学习中旧技能对新技能的形成起到了积极的作用，我们把这种情况称之为驾驶技能的迁移。又如，职业运动员，或业余运动员，或者经常参加体育活动的人，在学习驾驶技能时进步就非常快，其道理与上述相似，具有同根同源的内在联系。

如果已掌握的技能对新技能的掌握起到了消极的作用，并阻碍了新技能的形成和发展，就发生了技能的干扰。在这种情况下，以前所形成的动作联系越巩固，对新技能的掌握干扰就越大。例如，在学习驾驶中，以前开过车或经常跟老师傅“摸”车的驾驶员，在信息处理中，以前所学是一种技能迁移，是有利的。但在规范动作要求中，以前所形成的动作即一种痼癖，在新技能形成中是一种阻碍、影响和副作用，这种痼癖越牢固，新技能训练越难改。再如，有的人开小型车用一脚离合器换挡，由于小型车大都装有变速器同步器，这样做是可以理解的，也是正常的。但是，当增驾学习大型车需用两脚离合器换挡法时，则增加了困难。需要充分对比两种技能在动作方式上的差异，严格按照新动作程序，加强练习，强化训练，力排干扰，才能从旧技能中解脱出来。

技能的互为作用，在整个驾驶技能形成中至关重要。充分认识和利用它，对迅速掌握驾驶技能具有重要的实际意义。例如，在驾驶技能训练初期，由于每一位驾驶员在教练车上的训练时间有限，为了尽快让驾驶员早一天掌握好每一个动作，可以在驾驶模拟器上训练或空手做训练，充分借鉴在此所形成的部分技能，将此迁移到实车驾驶训练中，以缩短驾驶员在车上的训练时间，提高学习进度。

## 六、驾驶技能对安全行车的影响及应对策略

### （一）驾驶技能对行车安全的影响

在同等的行车环境下，具备娴熟驾驶技能的驾驶员发生行车事故的概率要远低于驾驶技能不熟练的驾驶员。这是因为具有娴熟技能的驾驶员具有一定的行车经验，在遇到突发情况时他们的反应能力和临时应变能力要高于驾驶技能不熟练的人员。因此，初学者极易发生行车安全事故，这是因为他们的动作技能还不够熟练，不能从容地面对各种路况和天气环境等。

### （二）提升驾驶技能应对策略

驾驶技能的高低不仅与驾驶员自身素质有着直接关系，还与其驾前培训有很直接的关系。没有接受过正规培训的驾驶员在驾驶过程中发生肇事的概率要远高于经过正规培训的驾驶员。因此，为了提高驾驶员的技能水平，必须要对他们进行正规、严格的培训，在培训中要加强夜间行车、特殊路段、特殊天气行车等多方面的培训，要让驾驶员掌握各方面的技能，提高他们的驾驶技能。

【补充资料】

### 大型客货车驾驶员职业教育

2012年7月国务院《关于加强道路交通安全工作的意见》（国发〔2012〕30号）

要求“将大客车驾驶员培养纳入国家职业教育体系，努力解决高素质客运驾驶员短缺问题”。

2014年7月为进一步落实国发〔2012〕30号精神，由交通运输部、教育部、公安部和人力资源社会保障部联合正式提出“在江苏、安徽、云南开展大客车驾驶员职业教育试点”。

2015年12月《国务院办公厅转发公安部交通运输部关于推进机动车驾驶人培训考试制度改革意见的通知》（国办发〔2015〕88号）将大货车也列入其中，提出“推行大型客货车专业化驾驶培训，试点开展大型客货车驾驶员职业教育，将先进的驾驶理念和驾驶技能纳入教育培训内容，加强守法文明驾驶意识培养，提升大型客货车驾驶员专业技能和职业素养”。

2016年10月，交通运输部、教育部联合下发《关于加快发展现代交通运输职业教育的若干意见》（交人教发〔2016〕179号），为大型客货车驾驶员职业教育奠定了基础。

2017年1月，交通运输部、公安部联合下发《关于开展大型客货车驾驶员职业教育的通知》（交办运〔2017〕1号）明确指出“加强组织领导，积极推动大型客货车驾驶员职业教育工作”。

## 第二节　驾驶员的反应能力

驾驶员的反应能力指其在复杂交通环境中，持续接收、分析行人和汽车状态，在一定程度上预见变化，并在瞬间做出准确判断的能力。驾驶员的反应能力主要体现在转向行为能力和制动行为能力上，而紧急情况下驾驶员的转向操作和制动操作将从根本上决定事故程度。因此，具有良好的临界反应能力是保障行车安全的重要因素。

### 一、影响驾驶员反应能力的因素

由于驾驶员的反应能力对车辆的安全行驶有很重要的作用，故有必要分析哪些因素会影响驾驶员的反应能力，以便尽量减少对行车安全的影响。

#### （一）刺激物特性对驾驶员反应时间的影响

（1）刺激物种类不同，则反应时间不同，这是由感觉的特性所决定的，不同类型感觉特性如表9.1所示。反应最快的是触觉，其次是听觉，再其次是视觉，反应最慢的是嗅觉。

表 9.1　不同类型感觉的特性比较

| 感　觉 | 视　觉 | 听　觉 | 触　觉 | 嗅　觉 |
|---|---|---|---|---|
| 反应时间（秒） | 0.15 ~ 0.20 | 0.12 ~ 0.16 | 0.11 ~ 0.16 | 0.20 ~ 0.80 |

作为道路交通信息来说，利用触觉刺激和声音刺激，都有一些困难，因此，现在大部分用光线作为刺激物，如各种交通信号、交通标志和路面标线等。

另外，刺激部位不同，反应时间不同，手的反应速度比脚快（见表 9.2）。

表 9.2　不同运动器官与反应时间的关系

| 运动器官 | 反应时间（ms） | 运动器官 | 反应时间（ms） |
|---|---|---|---|
| 左　手 | 144 | 右　手 | 147 |
| 左　脚 | 179 | 右　脚 | 174 |

（2）同种刺激，强度越大，反应时间越短。这是因为刺激物作用于感觉器官的能量越大，则在神经系统中进行的过程也越快。所以，如果以光线作为刺激物，则应提高它的亮度。如果以声音作为刺激物，则应提高它的响度。这些都有利于缩短驾驶员的反应时间。

（3）刺激物与背景也有一定的关系。如果刺激物与背景之间的对比度强，反应时间相对较短;反之，对比弱，则反应时间长。例如，在设计标志信号时，要考虑信号与背景的颜色对比度；设计灯光信号时，要考虑信号与背景的亮度比；设计声音信号时，要考虑信号与背景的信号比及频率的不同。

（4）刺激信号显露的时间不同，反应时间也不同。在一定范围内，反应时间随刺激信号显露时间的增加而减少。

（5）在空间特性上，刺激物的面积效应对反应时间有一定的影响。一般而言，人对小面积的刺激反应时间长，对大面积的刺激反应时间短。另外，刺激的空间特性还表现在双眼视觉和双耳听觉上，实验表明，双眼比单眼的反应时间要短。

（6）关于刺激物数量的影响，因为人的接受能力有限，当刺激物的数量增加时，人的反应时间将随之延长。

基于以上因素分析，交通管理部门在设计与设置交通标志、标线信号及安全设施时，也要认真考虑这些因素，最大限度地向驾驶员提供可靠明确、清楚的信息以减少反应时间，减少事故的发生。

### （二）车速对驾驶员反应时间的影响

汽速越快，驾驶员的反应时间越长；车速变慢，反应时间则变短。从人的生理角度来看，车速越快，驾驶员的视野越窄，看不清视野以外的情况，情绪和中枢神经系统都处于相对紧张状态，导致反应时间变长。据测试，驾驶员在正常情况下，车速为

40 千米/小时时，反应时间为 0.6 秒左右，当车速增加到 80 千米/小时时，反应时间增加到 1.3 秒左右。

随着车辆运行速度的提高，驾驶员的脉搏和眼球运动都加快，感知和反应变慢，对各种信息的刺激感受变得相对迟钝，在会车和超车中往往对车速估计过低，且容易对距离估计失误。尤其在越过障碍和在盲区路段行驶时，往往对突发情况还未做出反应事故就已经发生了。这种情况在肇事现场就属于车辆先将行人或物撞倒，而后再出现制动印痕迹，肇事接触点在路面上的投影点，必然落在制动印痕迹的前面。很多事故都是因为驾驶员盲目开快车，遇到紧急情况反应不及所致。

### （三）环境因素对驾驶员反应的影响

有研究表明，驾驶员在行车途中，车内、车外环境差，也会使驾驶员的反应时间大大延长。

（1）驾驶室或客车车厢内气温过高、过低，都会损害驾驶员的中枢神经系统。表现为驾驶员会出现粗心大意、反应迟钝、四肢行动不灵活和动作迟缓等不良症状。一般而言，车内最佳温度为 18 ~ 20 °C。

（2）驾驶室密封性差、消声器性能不好以及车况太差时，加速后汽车会发出刺耳的怪声。这种由多种不同频率和强度的音响所发出的噪声，对驾驶员中枢神经系统和听觉器官都有较强的不良影响。

（3）由于车辆的减振器失灵或工作不良、道路条件差等造成的振动，如果持续较长时间，会使驾驶员的注意品质和动作准确性变差。

（4）其他方面。有毒气体如一氧化碳污染、燃料燃烧不完全等，会对大脑中枢神经有所损害；车辆超员，又怕交警发现等情形，会对驾驶员造成一定的心理障碍，使驾驶员的反应能力衰退；夏天，驾驶员戴颜色过深的墨镜也会对交通安全产生影响。有研究发现，当汽车以 25 米/秒的速度行驶时，过深的墨镜会将驾驶员对险情的反应时间推迟 100 毫秒，因此增加了 5 米的非安全距离，而车祸却很可能在这 5 米 内发生。此外，驾驶员在行车途中与他人长时间谈话，客车车厢内人员过于拥挤，烟、汗等气味掺合在一起，造成空气污染超过一定的浓度等，都会影响驾驶员的注意集中水平，一旦出现险情，驾驶员容易不知所措，来不及做出正确反应。车外环境差，如天气不好、下雨刮风、雾气重、路面滑、路况差或气温过高、阳光直射风窗玻璃等，也会使驾驶员反应变慢。

### （四）驾驶员自身因素对其反应的影响

#### 1．年龄和性别的影响

（1）年龄。

年龄与反应的关系如表 9.3 所示：

表 9.3 年龄与反应的关系

| 年龄（岁）<br>比较项目 | 10～17 | 18～29 | 30～49 | 50～60 | 70 以上 |
|---|---|---|---|---|---|
| 知觉（%） | 100 | 95 | 93 | 76 | 46 |
| 比较、判断能力（%） | 72 | 100 | 100 | 89 | 69 |
| 动作反应速度（%） | 88 | 100 | 97 | 92 | 71 |

由表 9.3 可知，年龄为 10～17 岁时，比较、判断能力和动作反应速度均未达到 90%；18～29 岁的人的比较、判断能力和动作反应速度均达到了最大值，尤其是 20～25 岁的年龄段的反应速度是整个人生中最快的时期。30 岁以后，上述指标均有下降趋势。因此，25～35 岁是驾驶员事业上的黄金时期。而年龄在 18 岁以下的，不能从事驾驶员的工作，超过 60 岁的，也不宜继续从事职业驾驶员的工作。若非要从事不可，也应减少行车时间。

（2）性别。

同年龄的男性与女性相比，男性比女性反应快（见图 9.4）。由于男性比女性反应快，再加上手的握力和脚的蹬力以及体力都比女性要好，所以就驾驶汽车而言，尤其是驾驶大型车、重型车和长途车，男性比女性胜任此类工作；但由于女性仔细、耐心，因此她们更适合当公共汽车和出租车驾驶员。

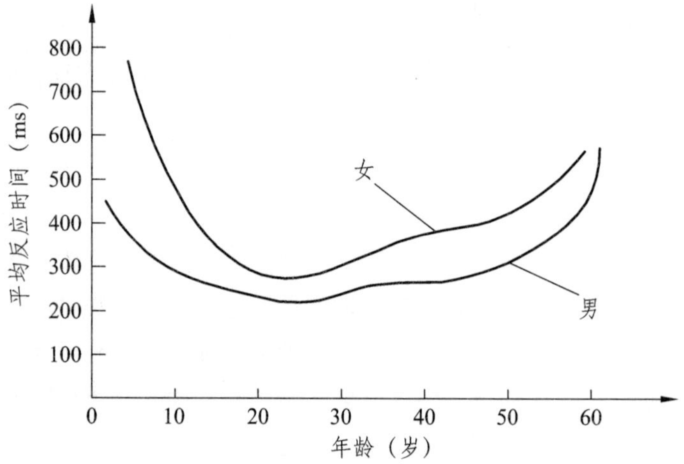


图 9.4 不同年龄的男性与女性的平均反应时间

2．运动器官的影响

一般地说，对于同一刺激物，手的反应比脚的反应快，右手反应比左手反应快，如表 9.4 所示：

表 9.4 手脚反应时间表

| 反应种类 | 反应时间（毫秒） | 反应种类 | 反应时间（毫秒） |
| --- | --- | --- | --- |
| 左 手 | 147 | 左 脚 | 179 |
| 右 手 | 144 | 右 脚 | 174 |

在人群中，两手两脚甚至两眼的优势是不同的。据统计，左手优势的人是少数，只占人群的 5%。由于机器的操纵装置、工具等都是为占 95% 的右手优势的人设计的，因而对左手优势的人来说很不方便，尤其是在紧急情况下更容易出差错，因而左撇子的驾驶员在紧急情况时发生的事故较多。

### 3．情绪、情感的影响

反应快慢不仅与年龄有关，而且与驾驶员在行车途中思想集中程度、当时的情绪以及驾驶技能水平等有着密切的关系。积极的情绪可以提高和增强人的活力，当驾驶员在喜悦、惬意、舒畅的状态下，反应速度快，大脑灵敏度较高，判断准、操作失误少。而当烦恼、气愤和抑郁的状态下，反应迟钝、大脑灵敏度低，判断容易失误、出错多，特别是在应激的状态下对驾驶员的影响更大。

驾驶员在行车中若注意力分散，如与人交谈或考虑与驾驶无关的事情以及吸烟等，都会使反应时间成倍增加。当遇到突发性的险情时，易出现惊慌失措、手忙脚乱的现象，以致发生事故。

### 4．疲劳及驾驶行为单调的影响

由于驾驶工作既是体力劳动，又是脑力劳动，驾驶员较长时间连续驾车行驶后，会产生驾驶疲劳，使驾驶员的生理心理功能下降，对交通环境的感知能力和应激反应能力明显减弱，对安全行车带来一些不利影响。

（1）驾驶员的简单反应时间显著增长。有研究表明，工作一天后，不同年龄的驾驶员，对红色信号的反应时间都增长。

（2）驾驶疲劳后，驾驶员的动作准确性下降，有时发生反常反应。例如，在应该有强烈、极快的反应时，驾驶员的反应速度却很慢；不需要快速反应时，驾驶员反而做出快速、强烈的反应。驾驶员的动作协调性也遭到破坏，以致反应不及时，有的动作过分急促，有的动作过分迟缓，从而在紧急状况发生时无法及时采取行动。不同年龄的驾驶员疲劳前后的反应时间如表 9.5 所示。

表 9.5 不同年龄的驾驶员疲劳前后的反应时间

| 年龄（岁） | 疲劳前的反应时间（秒） | 疲劳后的反应时间（秒） |
| --- | --- | --- |
| 18 ~ 22 | 0.48 ~ 0.56 | 0.6 ~ 0.63 |
| 22 ~ 45 | 0.58 ~ 0.75 | 0.53 ~ 0.82 |
| 45 ~ 60 | 0.78 ~ 0.8 | 0.64 ~ 0.89 |

（3）驾驶疲劳后，驾驶员的判断错误和驾驶错误远比平时增多。驾驶员疲劳严重时，会出现行车中打瞌睡，极易引起重大交通事故。交通事故统计资料表明，疲劳驾驶是交通事故死亡的主要原因之一。

另外，长时间在单调环境中行车，由于刺激量不足，使唤醒水平下降，也会导致驾驶员反应迟钝。所以在道路设计上要适当增加转弯，或设置一些标志，以增加刺激量，减少驾驶员的疲劳驾驶行为。

5．酒精及药物的影响

酒精会使神经系统变得迟钝，导致反应速度大大下降。据测试，在车速为 40 千米/小时时，对同一信号作反应，未饮酒驾驶员的反应时间是 0.6 秒，而饮酒的驾驶员的反应时间达到 1.8 秒。而且，由于酒精对大脑皮层具有抑制破坏作用，导致驾驶员很难把握有效信息，导致动作不准确，失误增多。

驾驶员在生病情况下驾驶车辆，注意力和反应能力会大大下降，动作不协调，准确性和车速也会下降。有研究表明，即使是慢性病也同样会增加驾驶员发生交通事故的可能性。另外镇静、安眠、抗焦虑、抗过敏、止痛、降血压、抗心律失常等药物对驾驶员的反应能力均有不同程度的影响。据调查，有相当比例的交通事故，是由于驾驶员在开车前服用了此类药物，造成注意力下降、反应迟钝。

6．不当驾驶穿着的影响

不当驾驶穿着，是指驾驶员驾驶机动车时穿高跟鞋、拖鞋或赤脚等不良行为。这种不当驾驶行为会导致驾驶员的双脚滑落踏板的概率相对增加，严重影响踩刹车或离合器踏板的力度和角度，延长反应时间。当遇到紧急情况时无法及时实施制动措施，同速行驶下的制动距离也相应延长。

## 二、不同反应类型的驾驶员事故发生率

### （一）反应时间长的人容易发生交通事故

反应时间长，往往会错失采取紧急措施的良机，容易酿成事故。据波兰对肇事驾驶员心理生理的研究发现，13% 的肇事是由于驾驶员心理活动功能低下、反应迟钝所造成的；日本关于肇事次数与反应时间关系的调查数据也表明，肇事次数多的驾驶员反应时间长。李百川曾对 76 名驾驶员做过测试，其中 38 名没有发生过一次事故，称为安全组；24 名只发生过一次事故，称为一般事故组；其余 14 名都发生过两次或两次以上事故，称为事故多发组。测试结果发现，三组驾驶员在选择反应时间上存在显著差异，其中，安全组与事故多发组的差异更为显著，而即使是一般事故组与事故多发组之间也存在较为明显的差异。因此，可以认为驾驶员选择反应时间长是肇事的原因之一（见表 9.6）。

表 9.6 肇事次数与反应时间长短的关系

| 事故次数（次） | 0～1 | 2～3 | 4～7 | 8～9 | 10～12 | 13～17 |
|---|---|---|---|---|---|---|
| 反应时间（秒） | 0.57 | 0.7 | 0.72 | 0.86 | 0.86 | 0.89 |

### （二）反应时间稳定性差的驾驶员容易发生交通事故

根据我国的一项统计，每个汽车驾驶员每天至少要遇到 200 次左右的险情。试想，如果在这些险情中有那么几次反应迟钝，就有引发事故的可能性。可见，反应时间稳定性与安全行车关系很大。有研究者用选择反应检测仪对驾驶员进行测定，他们发现有些驾驶员每次所测的反应时间很不稳定，时长时短，常常容易出现突发性的反应迟钝现象。即使让这些人紧张起来，努力持续地重新接受检测，其反应的不稳定性和突发性的延迟反应仍会发生。从事故调查来看，这类人发生事故的概率也很高。

日本心理学家以认知反应时间不稳定为线索，预测哪些人容易发生事故，哪些人不容易出事故，结果准确率高达 80%；李百川等人的研究结果也发现，安全组驾驶员与事故多发组驾驶员在反应时间稳定性上确实存在显著差异，安全组驾驶员的反应时间稳定性要显著优于事故多发组驾驶员，而且研究结果也发现，反应时间稳定性与事故高发相关，所以，反应时间稳定性对驾驶员的安全驾驶是非常重要的。

对于反应迟钝和反应时间不稳定的人,怎样预防发生事故呢？我们只有一个办法，就是让这些驾驶员在行车中与前车保持充裕的车间距离，或者说要保持能够使车安全停止的车头时间。所谓车头时间，是指认知和反应时间的最大值，即发现前方所停车辆、行人或障碍物，到踩制动踏板或开始转转向盘的时间（这时间一般为 3 秒)，再加上踩制动踏板到车辆完全停止所需的时间（当车速为 60 千米/小时时，需要 1.4 秒)。所以，当车速为 60 千米/小时时，车头时间应保持在（3 + 1.4）秒以上。

### （三）在复杂反应中错误多的人容易发生交通事故

有调查研究发现，错误反应次数多的人，交通事故发生率较高。究其原因，第一，错误反应多的人，他们的大脑识别判断能力较差，所以就容易做出错误决策；第二，有些驾驶员性格急躁，在没有判断清楚之前就急忙采取行动，一般我们将这类人称为“动作优先”。1982 年日本某研究人员用自己开发的速度反应检查仪对驾驶员进行检测，结果发现容易发生事故的人有动作优先的倾向。也就是说，那些“动作在先，确认在后”的驾驶员的事故倾向性大，事故发生率高，因为这些驾驶员将“快”放在了重要的位置上。所以对驾驶员来说，最重要的是要学会“正确观察”。而有快速行动倾向的驾驶员，正是忽视了这个“正确观察”，错误地感知了交通环境，而导致了事故的发生。

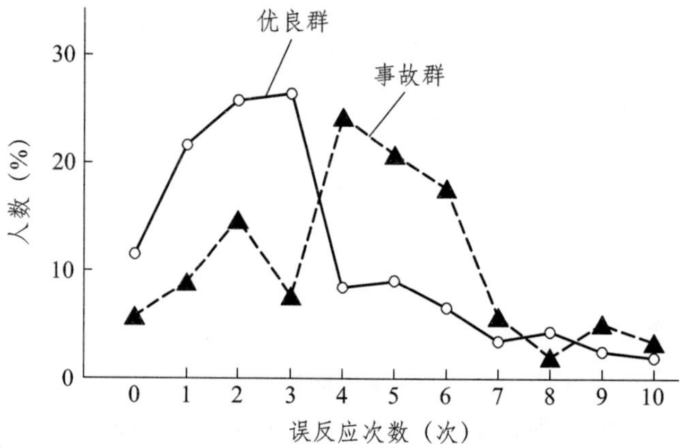


图 9.5　两组驾驶员平均误反应的分布

图 9.5 所示是日本一项调查的研究结果。图中反映了两群驾驶员反应的错误次数。从图中可以看出，事故多发驾驶员的错误反应次数比无事故的优良群体驾驶员要明显多得多。

## 三、提高驾驶员反应能力的方法

### （一）集中注意力是快速反应的前提

驾驶员反应迟缓是交通事故主要因素之一。反应迟缓的原因，首先是由于驾驶员在行车过程中对道路交通情况没有集中注意，也没有事先采取预防措施，当发现紧急情况时，为时已晚，距离太近，造成反应不及而引发交通事故。

集中注意力，首先要提高注视的速度。注视速度就是驾驶员在行车过程中，目光在某个客观事物上停留的时间。提高注视速度，就可以缩短反应时间。其次，提高注视点转移的速度。驾驶员在观察过程中，视线对准某个注意对象，这个对象被称为注视点。在行车过程中，驾驶员的视线是以跳动的方式不断从一个注视点转移到另一个注视点，稍停片刻后，再注视新目标，并获得关于该新目标的映象，随后又以跳动的方式转移至另一注视点上，注视另一个新目标。驾驶员在行车过程中就是以注视—跳动—再注视—再跳动的方式观察客观对象。

### （二）操作技能熟练是反应准确的保证

有研究表明，新手驾驶员与有经验的驾驶员在反应时间上没有差别，但在操作动作的准确性上却存在明显差异。反应是大脑对注意对象所做的判断分析并做出决策的过程；动作是大脑对行动对象经过分析判断，做出决策后的执行过程。也就是说，大脑做出决策和支配肢体行动是在两个时间段进行的。驾驶员操作反应的准确是建立在驾驶操作动作熟练的基础上的具体表现。因此，新手驾驶员应当加强驾驶训练，提高驾驶操作技能。

### （三）思维敏捷是反应迅速的关键

驾驶员的简单反应时间包括感知、思维、动作三个阶段，一般时长为 0.152 秒，其中思维时长为 0.095 秒，约占总时长的 63%。因此，驾驶员在对客观情况进行判断的思维过程中，应尽量减少犹豫不决的思考时间，思维要流畅通达，反应迅速，特别是在应对突发的紧急情况时，要在最短时间内做出判断，迅速反应，熟练操作，防止交通事故的发生。

# 第十章

# 驾驶员的个性倾向性

## 学习目标

1. 熟知需要的概念，理解驾驶员的各种需要，理解驾驶员需要的引导措施。

2. 熟知动机的概念，理解驾驶员动机强度和工作效率的关系，掌握培养驾驶员安全动机的方法。

3. 理解驾驶员的价值观，掌握培养驾驶员正确价值观的方法。

## 案例导入

### 长线公交车驾驶员的辛酸史

开公交车已经七八年的郑师傅是69路线上的一位老驾驶员，在平常工作期间，因为路程长，上厕所又不方便，所以他都很少喝水，“最多到了终点站喝两口，路上要是渴了就嘴巴在杯子上稍微抿一口，怕喝多了要上厕所。”不过，郑师傅也表示如果真遇上了，和乘客打声招呼，大家也都是很通情达理的。除此以外，郑师傅也会在到达停车场以后，赶紧解决一下，“还好乘客们都好说话，要是遇上不通情理的乘客就只能忍着回来解决了。”郑师傅笑称。

而对于平时的吃饭问题，一位开691路公交车的驾驶员沈师傅告诉记者，吃午饭一般都靠“抢”。“吃饭就是抢时间啊，时间充裕可以吃个十几分钟，可遇上急的情况，吃了几口就得发车，而且也不是到饭点就吃饭，而是看什么时候能到站，有时候遇上堵车路况不好的，赶不上饭点也是常有的事情。”（来源《城市早8点》）

【思考练习】

1. 驾驶员的需要包括哪几个方面?

## 第一节　驾驶员的需要

### 一、需要的概述

#### (一)需要的含义

需要是有机体感到某种缺乏而力求获得满足的心理倾向，它是有机体自身和外部生活条件的要求在头脑中的反映。

#### (二)产生需要的影响因素

人类个体需要的产生，受着许多因素的影响，主要的因素是个体产生需要时的生理状态、情境和认知水平。

1．生理状态

生理状态是指个体产生需要时的内部状况和生理因素，主要是有机体生理上某种东西的缺乏而产生的一种生理上的不平衡状态。例如，驾驶员在行车过程中，当血液中血糖含量减少时，就产生一种紧张感、饥饿感，于是产生一种进食的需要。同时，有机体某种需要产生的生理状况与有机体整个神经系统、激素系统以及有关的器官都有密切关系，有机体是一个整体，不可孤立地来看待某种状态。

2．情　境

需要产生的情境是指诱发或增强需要产生的外界刺激。在情境中，诱发需要产生的最强有力的因素是目标对象即是满足个体需要的对象。由于它的吸引促使有机体进行活动并使个体的需要有可能得到满足。例如，公司到了一批新型车，会满足驾驶员好奇心、兴趣的需要。人的需要产生的情境除了自然情境外还有社会情境。例如，全国交通运输行业的“节能减排标兵”“文明服务标兵”等形象，会促使驾驶员产生效仿的愿望。

3．认知因素

认知因素是产生需要的重要条件，认知活动对个体的主客观条件进行分析、判断、推理，是个体确立活动目标的基础，产生需要的前提条件。例如，毕业后是升学还是就业，需要学生认真地进行调查研究，分析社会的需求和个人的特长等，最后才能决定，这一切都需要认知活动的参与才能进行抉择。在认知因素中最能促进人们产生需要或促使人们进行活动的因素是期待、想象和幻想。

### （三）需要的种类

需要的分类是多种多样的，可以从不同的角度进行划分，通常从需要的起源和需要的对象两个角度进行分类。

1．自然性需要和社会性需要

从需要的起源来划分，可以分为自然性需要和社会性需要。

自然性需要又称生理需要，是为保存和维持有机体生命和种族延续所必需的。生理需要包括：维持有机体内不平衡的需要，如对饮食、运动、睡眠、排泄等需要；回避伤害的需要，如对有害或危险的情景的回避等；性的需要等。生理需要是生而有之的，人与动物都存在，但人与动物表现在生理上的需要是有本质区别的。人的生理需要已被深深地烙上社会的痕迹，已不是纯粹的本能驱动。社会需要使人们为了提高自己的物质和文化生活水平而产生社会性需要，包括对知识、劳动、艺术创作的需要，对人际交往、尊重、道德、名誉地位、友谊和爱情的需要，对娱乐消遣、享受的需要等。它是人特有的在社会生活实践中产生和发展起来的高级需要。人的社会需要因受社会的背景和文化意识形态的影响而有显著的个别差异。

2．物质需要和精神需要

从需要的对象来划分，可以分为物质需要和精神需要。

物质需要是指人对物质对象的需求，包括对衣、食、住有关物品的需要，对工具和日常生活用品的需要。物质需要是一种反映人的活动对于物质文明产品的依赖性的心理状态，因此，物质需要既包括生理需要又包括社会需要。精神需要是指人对社会精神生活及其产品的需求，包括对知识的需要、对文化艺术的需要、对审美与道德的需要等。这些需要既是精神需要又是社会需要。

## 二、驾驶员的需要

### （一）驾驶员基本的需要

1943 年，美国人本主义心理学家马斯洛在《人类激励理论》论文中所提出，人类需求像阶梯一样从低到高按层次分为五种，分别是：生理需求、安全需求、社交需求、尊重需求和自我实现需求。

驾驶员基本的需要主要有：

1．生理的需要

生理的需要是人类维持自身生存的最基本要求，包括饥、渴、衣、住、行等方面的要求。如果这些需要得不到满足，人类的生存就成了问题。在这个意义上说，生理需要是推动驾驶员驾驶行动的最强大的动力。例如，公交行业有句俗语：“起不完的三点半，吃不完的半截饭”，长期饮食不规律和睡眠不足，容易导致驾驶员罹患疾病，影响安全行车。

2．安全的需要

驾驶员安全的需要是指要求保障自身安全、摆脱事业和丧失财产威胁、避免职业病的侵袭、抵触严酷的监督等方面的需要。

3．社交的需要

驾驶员社交的需要包括两个方面的内容。一是友爱的需要，即驾驶员需要伙伴之间、同事之间的关系融洽或保持友谊和忠诚；希望得到爱情，希望爱别人，也渴望接受别人的爱。二是归属的需要，每个人都有一种归属于一个群体的感情需要，驾驶员希望自己成为群体中的一员，大家相互关心和照顾。

4．尊重的需要

每个人都希望自己有稳定的社会地位，要求个人的能力和成就得到社会的承认。驾驶员尊重的需要主要包括内部尊重和外部尊重。内部尊重是指驾驶员希望在各种不同情境中有实力、能胜任、充满信心、能独立自主。总之，驾驶员的内部尊重就是自尊。外部尊重是指驾驶员希望有地位、有威信，受到同事、乘客的尊重、信赖和高度评价。

5．自我实现的需要

自我实现的需要是驾驶员最高层次的需要，是实现驾驶员个人理想、抱负，最大限度地发挥个人的能力，完成与自己的能力相称的一切事情的需要。例如，成为一名五星级的优秀驾驶员。

### （二）驾驶员行车的需要

驾驶员在行车过程中有多种多样的需要，大致包括以下几个方面：

1．交通安全的需要

通常，交通安全的需要是驾驶员行车过程中的第一需要。道路交通是属于动态的交通环境，车辆在高速行驶的过程中，具有一定的风险性，交通事故的发生就是道路交通最不良的后果。因此，每一位驾驶员在行车的时候都会有交通安全的需要，“高高兴兴上路 ，平平安安回家”。基于此，驾驶员在行驶路线的选择上会倾向于在不是非常复杂、驾驶难度小的道路通行。在行车过程中注意力集中，谨慎小心地驾驶。

2．通畅的需要

驾驶员在出行的时候，道路的通畅，能顺利、及时到达目的地的需要，也是基本需要之一。驾驶员在行车过程中，即使时间充裕，也希望在通畅的交通状态下行车。

3．低耗的需要

省时省力的需要也是驾驶员在驾驶车辆出行时具有的，他们总是希望选择最短或最省时的路线，使用最低的油耗，尽早到达目的地，完成驾驶任务。因此，越是时间紧迫，这种需要就表现得越明显、越突出。单位对油耗的管理越是严格，省油的需要越是强烈，从而出现超速行驶，为了节油空挡滑行等交通行为。

此外，驾驶员的交通需要还有很多，如寻求刺激的需要、自我表现的需要、方便的需要、舒适的需要等。这些需要在一定的诱因下，促使驾驶员产生相对应的驾驶动机。

## 三、驾驶员需要的引导

由于受主客观条件的制约，驾驶员的需要不可能都得到满足，客运企业管理者应采取积极调节与疏导的方针，使驾驶员那些合理的而又有条件实现的需要获得满足，不合理的需要得到抑制。对属于合理但暂时不能实现的需要，要积极创造条件争取解决。

### （一）满足驾驶员的合理需要

客运企业要千方百计满足驾驶员的合理需要，促使驾驶员培养良好的心态。

（1）要关心驾驶员的生活。衣、食、住是人最基本的不可缺少的需要。客运企业管理者应主动了解驾驶员家庭生活状况，满腔热忱地帮助他们解决生活中的实际困难；暂时条件不具备，一时解决不了的，应耐心地解释清楚，让他们体谅企业的实际困难。

（2）安排好文体娱乐活动。文体娱乐的需要获得满足，可以使人消除疲劳，缓解紧张，释放过剩精力，产生愉悦的情感，如果这方面的需要得不到满足，就容易使人情绪消沉，精神抑郁。所以，一定要把文化生活搞得丰富多彩，安排驾驶员在工作之余看看电影、电视或录像，参加舞会或体育比赛等，让他们在轻松愉快的气氛中获得美的享受。

（3）重视驾驶员的学习和技能提升的需要。满足这些需要，同样能产生奋发向上的动力。

（4）尊重驾驶员。驾驶员对于别人对自己的态度是尊重还是轻视，自己工作成绩是否被承认特别敏感，很希望得到上级的表扬和同志们的称赞。因此，客运企业管理人员在工作中要坚持以表扬为主，调动积极因素。对批评驾驶员，应注意时间、场合、分寸。对其心理方面和生活上的弱点，应通过个别谈心的方式去解决。要尊重他们的民主权利，在有关单位建设等重大事务上，应主动倾听他们的意见和建议，发挥其主人翁的作用。

（5）关心驾驶员的婚姻恋爱。客运企业要帮助驾驶员树立正确的婚恋观，找到称心如意的伴侣。对大龄或丧偶的驾驶员，应主动牵线搭桥，使他们早日建立美满的家庭。这方面得到满足，会使人产生积极的情感，反之，则会产生消极的情感。

（6）支持驾驶员的正常交往。要引导驾驶员建立良好的人际关系，纠正拉拉扯扯、搞小团体的庸俗风气，摒弃世俗观念，预防违法违纪行为的发生。交往得到满足，就会使他们产生温暖感、相容感；否则，便会产生孤独感和厌恶感。

（7）关心驾驶员的进步成长。驾驶员希望自己在领导眼中有一定的位置，希望早日入团、入党，也希望成为劳动模范。对于这些，不能一概视为“个人主义”或“动机不纯”“需要不当”，而应视情况而定。客运企业应多方面为这类驾驶员创造条件，使其愿望早日实现。

### （二）引导驾驶员深刻认识到个人需要应服从社会需要

加强思想教育，引导驾驶员深刻认识到个人需要应服从社会需要，把交通安全摆在第一位。需要具有很强的社会性。人的需要只有符合社会的发展规律，为社会所允许，才有实现的可能。实现交通安全，便是社会需要的一项重要内容。驾驶员在考虑个人需要的时候，不仅要服从社会需要这个前提条件，而且还要服从交通安全这个职业需要。有些个人需要，对其他行业人员来说是正当合理的，不会造成什么危害，但对驾驶员来说，如果调节不善，就有可能导致交通事故。因此，要通过经常性的思想教育，使驾驶员提高思想觉悟，增强自我控制能力。

（1）要引导驾驶员认清什么是正当合理的需要，什么是不合理的需要。凡是符合社会发展规律的需要，就是合理的需要，应该坚持；凡是违背社会发展规律的需要，则是不合理的需要，应该加以抑制。

（2）要引导驾驶员认清个人需要与社会需要的一致性。我国是社会主义国家，人民群众是国家的主人，社会利益与人民利益的一致性，决定社会需要与个人需要的一致性。如果不顾社会需要一味去满足个人的需要，是对社会利益的损害，到头来吃亏受害的还是个人。个人需要服从社会需要，看起来个人要放弃一些暂时的利益，受到一些损失，但对社会有利，到头来受益的还是个人。所以，当驾驶员的个人需要与社会需要产生矛盾时，驾驶员应坚决地服从社会的需要。

（3）要树立全局观念，增强自我的控制能力。在一定情况下，个人不合理的需要，往往带有很大的诱惑力，容易动摇自己的信念。例如，看到社会上有的同龄人通过不合法的手段富裕起来，一掷千金，吃香喝辣的、穿名牌、买好车，有的驾驶员看红了眼，感到“人生一世，就要活得潇洒”，于是乎，也利用自己的驾驶技能去捞钱。白天为单位出车，挣“捎脚钱”，夜晚出私车，跑买卖。这种做法，便是受到不合理需要的支配，既违反了劳动纪律，又容易造成交通事故。所以，驾驶员要做到头脑清醒，是非明确，使自己的行为符合社会规范和法律规范。

驾驶员在工作中还会遇到个人需要与工作需要的矛盾。例如，驾驶员正在家休息，单位突然来电话通知出车；夜间睡得正香，单位突然有紧急事情需要立即出车。在这种情况下，驾驶员必须放弃个人的需要，服从工作的需要。虽然服从工作需要会牺牲某些个人利益，但这是应该的，也是值得的。

### （三）引导驾驶员正确处理需要与可能的关系

要把交通安全建立在可靠的基础之上，必须处理好需要与可能的关系，即使是合理的需要，实现它也需要具备一定的客观条件。离开了客观条件，再高尚的需要也无法变为现实。所以，满足需要，不仅要考虑需要是否符合社会发展规律，而且还要考虑需要是否有实现的可能。因此，要引导驾驶员树立科学态度，一切从实际出发，按照客观规律办事。人们不论做任何事情，必须使自己的愿望符合客观规律性，才能获得事半功倍的效果。如果不符合，就会失败。仅有良好的愿望而不考虑客观现实是不允许，也是不明智的。

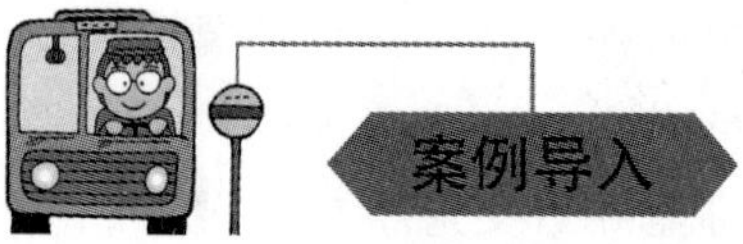


### 高速路上倒车 究竟是谁给了驾驶员勇气？

2013年8月2日9点52分，在浙江发生了一起后果恶劣的高速公路交通事故，一辆大巴在因为错过匝道出口在高速公路上倒车，导致后方半挂车与大巴车发生追尾事故，半挂车驾驶员当场死亡，事故造成23人受伤。

从肇事大巴车视频中可以看到，大巴车错过了要走的高速路口，驾驶员和乘客商议后决定倒车回去重新驶入，大巴倒车时走的不是应急车道，而是正常行车道。10几秒钟后，大巴终于倒回到可以转向另一条高速的匝道位置，驾驶员准备挂前进挡起步走人了，但就在此时意外发生了，后方的半挂货车猛烈撞击这辆大巴的车尾。由于冲击力过大，大巴开始失控并翻滚，而驾驶员并没有系安全带，所以在大巴翻滚的过程中直接飞到了车外，全车乘客几乎都没有系安全带，导致翻车时有不少乘客被甩到车外，其他乘客也都在车内“飞”了起来。（来源：中国新闻网）

【思考练习】

1. 肇事大巴驾驶员的动机属于那种类型？
2. 如何培养驾驶员的安全动机？

# 第二节　驾驶员的动机

## 一、动机的概述

### （一）动机的概念

动机是在需要的基础上产生的，是为满足某种需要而进行活动的念头或想法。当人的某种需要没有得到满足时，它会推动人去寻找满足需要的对象，从而产生活动的动机。它是推动人们进行活动的内部原动力，是激励人们去行动以达到一定目的的内在原因，即活动的动因，它引发人们从事某种活动的行为，规定行为的方向。

### （二）动机的功能

动机对人的行动有三种基本功能：

1．激活功能

动机能激发有机体产生某种活动。带着某种动机的有机体对某些刺激，特别对那些与动机有关的刺激反应特别敏感，从而激发有机体去从事某种反应或活动。例如，驾驶员的冒险动机能够激活其不安全的驾驶行为，从而增加了交通事故的发生率。

2．引导功能

动机与需要的一个根本不同就是：需要是有机体因缺乏而产生的主观状态，这种主观状态是一种无目标状态。而动机不同，动机是针对一定目标或诱因的，是受目标引导的。也就是说需要一旦受到目标引导就成了动机。由于动机种类不同，人们行为活动的方向和它所追求的目标也不同。例如，为安全到达目的地，驾驶员在安全动机的支配下，可以根据路况，顺利地完成驾驶任务；为在朋友面前炫耀车技，驾驶员在冒险动机的驱使下，则会有意识地采取冒险行为来满足自己对冒险的需求。

3．维持和调整功能

当个体的某种活动产生以后，动机维持着这种活动，针对一定目标，并调节着活动的强度和持续时间。如果目标达到，动机就会促使有机体终止这种活动；如果尚未达到目标，动机将驱使有机体维持和加强这种活动，以达到目标。例如，驾驶员在安全动机的促使下一直维持安全驾驶这一行为，同样，驾驶员在冒险动机的驱使下，会时刻追求冒险刺激，危险驾驶。

## 二、驾驶员动机的分类

驾驶员的动机主要包括冒险动机和安全动机两个方面，一般而言，冒险动机有可能会导致交通事故的发生，安全动机则会减少交通事故的发生。

### （一）驾驶员的冒险动机

驾驶车辆存在一定的冒险性，这种冒险性可能很大，也可能很小，但是，由于存在着大量与驾驶员有关或无关的可能引起交通事故的因素，所以，冒险性总是存在的。至于冒险性的大小，则取决于驾驶员的冒险动机。

驾驶员冒险动机的产生时机：当驾驶员自身的需要冲突，尤其是其他需要与安全需要的冲突时，容易产生冒险动机。例如，安全与节省时间的需要冲突时，安全与节省精力的需要冲突时，安全与舒适的需要冲突时，安全与自尊的需要冲突时，安全与群体接纳的需要冲突时等。冲突越凸显，冒险动机也就越强烈。

驾驶员产生冒险动机的主要原因有以下两个：

一是主观风险率低于客观风险率。即由于驾驶员经验不足或错觉等原因，低估了客观情境和自己行为的危险性，导致思想上敢于采取实际上较为冒险的行为。例如，在长直线道路环境中，驾驶员以为长路段视线好，路上无障碍，便开始放松警惕，或是开快车，从而可能导致事故发生。

二是与安全相冲突的某种需要过于强烈，使得满足于这种需要的主观奖励价值大大升值，促使驾驶员有意识地采取冒险行动去满足这种需要。例如，出国的航班即将起飞了，为了赶时间，而采取冒险的超速驾驶行为。

### （二）驾驶员的安全动机

驾驶员安全动机指驾驶员为获取某种目的的安全行车心理驱动力。在行车过程中，驾驶员根据自己的经验对驾驶环境做出判断，当其认为主观风险率高于或接近客观风险率时，就会产生安全动机。在安全动机的驱使下，驾驶员所产生的驾驶行为与客观情境大致相符，甚至还要保守些，从而确保行车安全。例如，在某些市区道路上驾驶车辆，由于交通较为混乱，驾驶员的安全动机随即产生，使注意力集中在当前的驾驶活动中，且行为多呈现保守型。

## 三、驾驶员的动机强度和工作效率的关系

在一般情况下，动机愈强烈，工作积极性愈高，潜能发挥得愈好，取得的效率也愈大；与此相反，动机的强度愈低，效率也愈差。因此，工作效率是随着动机的增强而提高的。然而，心理学家耶克斯和多德森的研究证实，动机强度与工作效率之间并不是线性关系，而是倒“U”形的曲线关系（见图 10.1）。具体体现在：动机处于适宜强度时，工作效率最佳；动机强度过低时，缺乏参与活动的积极性，工作效率不可能提高；动机强度超过顶峰时，工作效率会随强度增加而不断下降，因为过强的动机使个体处于过度焦虑和紧张的心理状态，干扰记忆、思维等心理过程的正常活动。

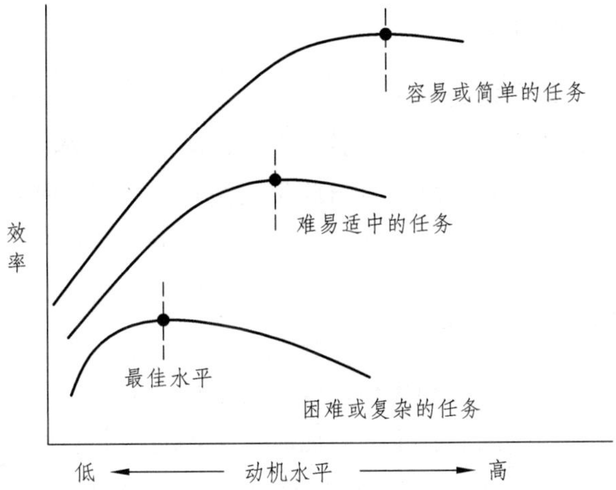


图 10.1 动机强度与工作效率的关系

当驾驶员的安全动机水平较低时，说明其缺乏安全意识，则不利于安全驾驶，驾驶工作效率不高；当其的安全动机过强时，时刻处于高度紧张状态，如在遇到堵车或者拥挤情况时，反而会手足无措，降低驾驶工作效率；只有当其安全动机处于中等最佳水平时，才能高效地完成驾驶工作。

此外，对于驾驶员来说，在完成比较简单或者容易的任务时，工作效率有随动机提高而上升的趋势；而在完成比较困难或者复杂的任务时，最佳的动机水平有逐渐下降的趋势。总之，驾驶员的最佳动机水平会随着其任务的难度的增加而下降。

## 四、驾驶员的心理冲突

当驾驶员同时面对两个以上的需要，并需作出行为决策时，往往就会产生冲突心理。驾驶员的冲突心理可分为以下四种类型：

### （一）接近—接近型冲突

驾驶员同时被两个需要所吸引，即驾驶员对两个需要都想满足时所呈现的冲突心理。一般来说，当两种具有同等价值、同等吸引力的选择摆在驾驶员面前，要做出选择性的决定时，就会使驾驶员陷入冲突状态之中。例如，在灯控路口，当驾驶员同时产生时间需要和安全需要时，既想快速通过路口，又想遵守交通信号时就会产生“到底是闯红灯，还是停车等待”这样一种冲突心理。

### （二）回避—回避型冲突

驾驶员同时被两个需要所排斥，即驾驶员对两个需要都不想满足时所呈现的冲突心理。在这种冲突中，驾驶员会产生犹豫不决或优柔寡断的逃避心理。例如，在发生交通堵塞时，驾驶员既不想长时间按照顺序等候，又不想因违章驶入逆向车道或非机动车道被交通警察抓到，从而产生冲突心理。

### （三）接近—回避型冲突

在满足同样的一个需要的过程中，既具有吸引力，又具有排斥力时所呈现的心理冲突。例如，特种车辆（救护车、工程救险车、消防车等）的驾驶员在执行任务过程中容易产生这种冲突心理。他们既想抢时间尽快到达现场，又担心由于开快车、闯红灯信号、逆向行驶造成意外。

### （四）双重接近—回避型冲突

驾驶员同时被两个需要吸引和排斥，即驾驶员在两个行为之间需要做出决策时，任何一个行为都有肯定的一面和否定的一面时所呈现的冲突心理。这里，仍然以灯控路口为例加以说明。假定驾驶员在接近灯控路口过程中，既有时间需要又有安全需要。基于时间需要的闯红灯行为就会有矛盾的两个方面，可以快速通过路口，同时也有可能被警察抓到或有交通冲突的危险；基于安全需要停车等待，在安全上有保证，但是又会耽误时间。

冲突心理在现实生活中是比较普遍的，人在必须抉择的情况下，只要有不协调的需要和动机，就会产生冲突心理。以上四种冲突心理类型都是由于驾驶员具有两种同时存在而互相排斥的需要或动机，这些需要或动机不能同时获得满足，从而产生的冲突心理现象。

## 五、驾驶员安全动机的培养

驾驶员安全动机既是减少交通肇事的必要条件，又是形成良好职业道德的重要组成部分。随着交通事业的不断发展，车辆的大量增加，进一步提高驾驶员的安全可靠度，成为道路交通安全宣传教育的艰巨任务，而安全动机的培养则是其中的重要一项。

安全动机的培养，是使驾驶员把环境、社会和教育向他提出的客观要求变为自己内在的安全需要，是指驾驶员从很少有安全需要到产生安全需要的过程。交通安全管理部门和客运企业，应通过采取相应措施，加强对驾驶员安全动机培养。

### （一）进行安全驾驶正面教育，启发驾驶员的自觉性

从国家、集体、个人的声誉出发，对驾驶员进行安全驾驶的社会意义教育，把其与个人荣誉、集体荣誉和国家的声望联系起来，从而形成长远的间接的动机，产生正确的安全态度，提高安全意识的自觉性。在进行正面教育时，也要结合驾驶员的实际表现，对一些不正确的动机和态度予以否定、矫正，逐步形成驾驶工作所需要的安全动机与态度。

### （二）增强驾驶员对车辆驾驶的正确认识

从实践中我们可以发现，驾驶员的一些与安全需要相冲突的需要都是因为其未对车辆驾驶建立正确的认识所致。通过交通安全知识的教育和宣传，提高驾驶员对安全需要的重视，将其视为出行的第一需要，从而在行驶的过程中克服其他因素的干扰，安全地完成驾驶任务。尤其是对一些具有强烈追求刺激的个性品质的驾驶员，更应该加强管理和教育，使其转变不良的认识。

### （三）从交通事故的严重损失出发，使驾驶员产生安全的需要

这种安全需要不仅是自身的安全需要，而且包括对社会和他人的安全需要。要教育驾驶员认识到交通事故的发生，不但从经济上给个人、集体和社会造成重大损失，尤其无法估量的是对受害者各方精神上的打击。在肇事的瞬间，驾驶员即使死里逃生，精神上却会形成终生难以弥合的创伤，以便使驾驶员产生较为强烈的安全需要。

### （四）要正确评价，适当表扬和鼓励

这种做法是对驾驶员工作成绩和态度的肯定或否定的一种强化方式。它可以激发驾驶员的上进心、自尊心、集体主义感等。评价应当及时，因为及时的评价利用了刚刚留下的鲜明的记忆表象，使驾驶员产生改进驾驶工作的愿望。

对驾驶员的奖励与处罚，目的均在其形成安全的动机，然而两者若实施不当，皆会产生相反的效果。所以奖罚的原则应是奖多于罚，特别是对于青年驾驶员的表扬、鼓励应多于批评、指责，可以更好地激起安全动机。但奖励不应过分，若过分不仅会使其产生骄傲和忽视自己缺点的倾向，而且会在有些情况下产生相反的冒险动机。

### （五）加强对驾驶员安全驾驶技能和策略的培训，增加驾驶员的驾驶经验

随着安全驾驶技能和策略的培训，驾驶员的驾驶经验更加丰富，从而促使其主观风险率的估计更加准确，避免出现认知判断上的偏差。

### （六）营造良好的交通安全社会支持氛围

社会压力会对驾驶员的驾驶动机有一定的引导作用，驾驶员往往会为了得到周围人的肯定而采取某些冒险的行为，或者因为周围人的唆使而冒险。因此，在全社会建立提倡交通安全的意识氛围是十分必要和迫切的。良好的社会压力会使驾驶员的主观奖惩价值的估计发生改变，走向有利于交通安全的一面。

通过对驾驶员安全动机的培养，会使驾驶员意识到社会、家庭、单位、国家都需要自己是一名安全驾驶者，自己也需要成为一名优秀的驾驶员。当驾驶员确实认识到安全驾驶的重要性，在安全需求的驱使下，将会全心全意地投入到驾驶工作中去。

## 案例导入

### 努力工作，实现人生价值

——访北京41路公交车驾驶员孟××

孟××，北京公交集团第五分公司41路公交车驾驶员。他在工作中，严格遵守工作规范，努力营造和谐的车厢氛围，始终保持高水平服务，认真践行“一心为乘客，服务最光荣”的公交企业精神，在普通岗位上努力实现自己的人生价值。

2008年7月，为了照顾久居北京并患有糖尿病的父母，在南方教书的孟××毅然辞去工作，到北京开始新的生活。他告诉记者，刚回北京的两个多月，是他人生中非常痛苦的一段时间，找工作不顺利，心理压力不断积累、不断增加，让他寝食难安。2008年10月，孟××得知北京公交集团招聘员工，他抱着一种试试看的心态参加了选拔，结果各方面成绩优秀，就这样，孟××走上了公交驾驶员的岗位，当时他已经35岁。

刚加入公交队伍的孟××，并不是很把这份工作放在心上，但他的父亲对他说：“不要小看公交这个行业，你把它当成一件小事，如果你连这件小事都没办法做好，那就说明它不是小事！”听了父亲的教诲，孟××开始转变心态，锻炼自己的语言沟通能力，模拟自己有可能遇见的情况，他还请车队的前辈挑出自己的不足，而这些前辈们也毫不吝啬地把自己的经验传授给孟××。在工作中，孟××逐渐被广大乘客所认可。

从2012年1月至8月，孟××共接到各类表扬242件，他人性化的服务得到了乘客的充分肯定。孟××说：“你把乘客当亲人，乘客也会把你当亲人。”孟××曾经遇到过醉酒乘车的乘客，他首先通过广播告诉醉酒乘客要抓牢把手，但醉酒乘客并没有理他，于是他推开驾驶室的小门，去扶住醉酒乘客，而醉酒乘客一把甩开了孟××的手臂，同时，乘客的手也甩在了孟××的脸上，如果是一般人早就为这种好心没好报的事情急了，虽然孟××也感觉非常委屈，但还是为醉酒乘客找到一个座位，此时，醉酒乘客对他竖起了大拇指，他之前的委屈也因此而烟消云散。

孟××认为，有三个因素决定了他现在取得的成绩：时代、父亲、教师生涯。

孟××出生于1973年，那个时代给他打下了深刻的烙印。当他还小的时候，他就是接受“全心全意为人民服务”这样的教育成长起来的。他特别重视个人能力的体现。当时学校教给他的雷锋精神，到现在还影响着他。即使在车上拾到一毛钱，他也会交到车辆调度室去。

父亲是对孟××影响最为深刻的人。他父亲也是一位公交驾驶员，孟××小时候，每到礼拜天，父亲总是去车队义务劳动，不是在帮忙洗车，就是在站台疏导乘客。父亲的这种行事风格也影响着他。现在的孟××，也像自己的父亲一样，总是在休息的时候参加义务劳动。一些认识他的乘客会好奇地问，为什么今天改地勤了？孟××总会微笑地冲乘客点点头，“今天来义务劳动。”

另外，在南方教书的经历到现在还在影响着他。孟××拥有高级教师资格证，也担任过班主任、年级组长等职务。孟××告诉记者，驾驶公交车和教书有很多共同之处。作为班主任，要会观察学生、了解学生，对学生进行判断。而观察乘客就像观察学生一样，要判断在车站等候的乘客是否要上你的车，上车后是否扶稳了，可能到什么地方下车。在学校当老师的经历锻炼了他的语言表达能力，方便与乘客的沟通。比如，开无人售票车，驾驶员要劝说其他乘客为老弱病残孕乘客让座，一般都很难，孟××靠着自己的沟通技巧，经他劝说的让座率竟达到百分之百。

孟××在行车中特别关注老弱病残孕乘客。他说：“41 路的线路上有 20 多个转弯，要路过 4 家医院、4 家公园，乘坐 41 路的老年人很多。”老年人上下车，孟××总是会主动去帮把手。有一次，一位老人上车没站稳，车门还没有关闭，老人就向后倒去，孟××赶紧扶住老人的腰，老人几乎是被抱进车里的。(来源:《驾驶园》)

【思考练习】

1. 驾驶员正确的价值观是什么？

## 第三节　驾驶员的价值观

### 一、价值观的概述

#### （一）价值观的定义

价值观是基于人在一定的思维感官之上而做出的认知、理解、判断或抉择，也就是人认定事物、辩定是非的一种思维或取向，从而体现出人、事、物一定的价值或作用。

#### （二）价值观的特点

1．稳定性和持久性

价值观具有相对的稳定性和持久性。在特定的时间、地点、条件下，人们的价值观总是相对稳定和持久的。比如，对某种人或事物的好坏总有一个看法和评价，在条件不变的情况下这种看法不会改变。

2．历史性与选择性

在不同时代、不同社会生活环境中形成的价值观是不同的。一个人的价值观是从出生开始，在家庭和社会的影响下逐步形成的。一个人所处的社会生产方式及其所处的经济地位，对其价值观的形成有决定性的影响。当然，网络、报刊、电视和广播等宣传的观点以及父母、老师、朋友和公众名人的观点与行为，对一个人的价值观也有不可忽视的影响。

3．主观性

指用来区分好与坏的标准，即所说的区分得与失、荣与辱、成与败、福与祸、善与恶的标准是根据个人内心的尺度进行衡量与评价的，这些标准均可以称为价值观。对于客观存在的客体，个人都是依据主体自身的需要对客体的意义进行评价。

### （三）价值观的作用

价值观对人们自身行为的定向和调节起着非常重要的作用。价值观决定人的自我认知，它直接影响和决定一个人的理想、信念、生活目标和追求方向的性质。价值观的作用大致体现在以下两个方面：

1．价值观对动机有导向的作用

人们行为的动机受价值观的支配和制约，价值观对动机模式有重要影响，在同样的客观条件下，具有不同价值观的人，其动机模式不同，产生的行为也不相同，动机的目的方向受价值观的支配，只有那些经过价值判断被认为是可取的，才能转换为行为的动机，并以此为目标引导人们的行为。

2．价值观反映人们的认知和需求状况

价值观是人们对客观世界及行为结果的评价和看法，因而，它从某个方面反映了人们的人生观和世界观，反映了人的主观认知世界。

## 二、驾驶员的价值观及培养

### （一）遵章守法、依法经营

遵章守法，就是驾驶员要遵守国家的相关法律、法规和规章，任何行为不得超出法律、法规和规章允许的范围。在行车过程中，始终把人民群众的生命财产安全放在生产经营的首位，深刻意识到“安全就是效益”“安全就是生产力”，保障乘客安全到达目的地，并确保自身和车辆安全。

依法经营，就是在经营过程中必须做到“三合法”，即经营主体合法、经营活动合法、经营线路合法，以保障道路运输的正常运行。在经营活动中，带齐驾驶证、从业资格证、行驶证等相关证件，严格按照规定的线路行驶，严格执行客运车辆安全例行检查，遵守汽车载客规定，不超载、不甩客，严格遵守禁止乘客携带易燃易爆危险物品上车等规定。

### （二）诚实守信、公平竞争

诚实守信，就是经营过程中应该诚实劳动、合法运营、信守承诺、讲求信誉，树立信誉第一的意识，认真履行岗位职责，不允许投机取巧、弄虚作假、欺骗乘客、侵害乘客的正当利益，做到自省、自重、自励。

公平竞争，就是要依照统一规则从事道路运输活动，通过改善服务方式、提升自己的服务水平等手段参与竞争，树立正确的价值观念，不唯利是图、不欺行霸市、不刁难乘客等。

### （三）优质服务、文明行车

优质服务，就是遵循工作准则，树立质量第一、乘客至上的思想，服务热情、周到，根据乘客的实际需求提供规范、安全、优质、及时的客运服务，满足广大乘客日益增长、不断变化的运输需求，促进社会进步。

文明行车，就是要求在行车过程中严格遵守交通规则，系好安全带，不闯红灯，不乱停车，不乱鸣笛，斑马线上不抢先，不随意在道路中间掉头、转弯，不酒后驾车，开车不超速，开车不打、接手机，夜间行车尽量关闭远光灯，并线或转弯要打方向灯，不疲劳驾驶等。

### （四）救死扶伤、见义勇为

救死扶伤，就是无论行车前遇到突发性的伤病员，还是行车途中遇到交通事故中的伤员，都应该立即停车，拨打急救电话，照顾好伤病员，并配合好医生进行抢救治疗。

见义勇为，就是当乘客的生命财产安全受到非法侵害时，应该勇敢地站出来，同不法分子斗智斗勇，维护乘客的利益，捍卫社会正义。

### （五）勤于学习、钻研技能

勤于学习，就是要主动学习驾驶操作的理论知识，车辆构造与使用知识、常见故障诊断和排除方法、卫生救护常识等，做一名知识面宽广的客运汽车驾驶员。

钻研技能，就是要在工作实践中不断探索驾驶操作要点，钻研节省燃油、节省轮胎等节能减排的驾驶经验。

# 第十一章

# 驾驶员的心理调适

## 学习目标

1. 理解新手驾驶员常见的心理，掌握新手驾驶员提高心理素质的方法及对策。

2. 理解疲劳与驾驶疲劳的概念，理解疲劳驾驶的表现和影响因素，掌握预防和消除疲劳驾驶的方法，运用疲劳的自我测试量表，了解自己的疲劳程度。

3. 理解酒驾的危害，杜绝酒后驾驶。

4. 熟知影响安全驾驶的药物，理解药物驾驶的危害，掌握预防药物驾驶的措施。

5. 理解交通事故创伤后的反应，掌握交通事故心理危机干预的方法。

6. 理解驾驶员职业倦怠的影响因素，掌握驾驶员职业倦怠的疏解对策，运用职业倦怠测试量表，了解自己的职业倦怠程度。

7. 理解驾驶员与职业有关疾病的成因，掌握驾驶员与职业有关疾病的预防方法。

## 案例导入

### 新手驾驶员独自驾车初次上路 避车一时惊慌酿出交通事故

2017 年 6 月 27 日 14 时 40 分，綦江区公安局古南派出所值班民警接警务指挥平台转群众报警，在古南街道桥河工业园区职教中心门口发生一起教练车和越野车相撞的交通事故，有人受伤。接警后，民警立即赶至现场。

经了解，王××驾驶自己的临时牌照越野车行至事发地段时，一辆面包车从他的左边飞速驶过，由于刚领驾照不久，驾驶经验非常欠缺的王××被飞速行驶的面包车吓住了，考虑到自己是新车，他主动“打盘子”避让，不料因心理紧张一时操作失误，猛打“盘子”，将自己的新车撞向了停在路边、车身印有“考试车”的一辆驾校学车右侧车身，致使双车受损，且被撞轿车内4人受伤的交通事故。

见民警到来，王××忐忑不安地说：“我刚拿驾照没多久，昨天才提的新车，今天一个人第一次开车上路就整出事了。”

民警及时了解伤员伤势，查看事故现场，根据道路交通安全法相关规定，对该起王××负全部责任的交通事故作了妥善处置。民警倡议，为确保人车安全，市民在新车、新证到手时，切不可独自驾车冒险上路，最好请有经验的老驾驶员多加“陪驾”练习，确保有独立驾驶能力后方可单独驾车出行。(来源：华龙网)

【思考练习】

1. 造成此次交通事故的主要原因是什么？
2. 新手驾驶员常见的驾驶心理有哪些？
3. 如何提升新手驾驶员的心理素质？

## 第一节 新手驾驶员的心理调适

### 一、驾驶员的职业心理素质要求

从事任何职业，都要求从业人员必须具备相应的心理品质，有特定的职业心理素质。由于客运行业具有特殊性，因此对客运汽车驾驶员的心理素质有着特殊的要求。

1．专心致志，坚定果断

在行车过程中，驾驶员首先要专心，绝对不能三心二意，遇到情况时反应迅速，动作敏捷，坚定果断地准确操作。行车中必须集中精力和注意力，牢牢记住不专注是最大的危险。切勿一边开车一边胡思乱想，反常心理活动必然导致不良的行为后果。

2．临危不乱，沉着冷静

想成为一名优秀的驾驶员，仅凭借小心谨慎是不够的。交通情况复杂，经常会发生由于别人的过失而产生的险情，这就要求驾驶员应具有临危不乱、沉着冷静的心理品质；能够切实提高在各种复杂情况下的快速反应能力、精神承受压力和自我控制能力。要逐渐形成意志坚定、顽强、沉着、果断、机智的心理品质，不为情绪左右，不被外界事物分散精力，形成安全驾驶所要求的心理常态。发生情况时能条件反射般地用正确敏捷的思路在极短的时间内迅速、果断、安全有效地处理。

3．心理自我调节能力

客运汽车驾驶是一种心理压力负荷重的职业，行车过程中需要保持紧张状态，不可避免地会产生一定程度的心理压力。这种心理压力如不经常疏导，日积月累就会导致心理崩溃。这就需要驾驶员掌握一定的心理自我调节的方法。驾驶员在行车中经常会遇到突发状况，或由于其他意外因素导致自己情绪不稳定，有时乘客一句不理解的话就会导致自己的心情糟糕。在没有外人可帮助的情况下，驾驶员必须学会进行自我调解和疏导，用各种方法缓解消极情感，要形成方向盘一握在手、烦恼尽消的心理优势，尽量减少对行车安全的影响。

## 二、新手驾驶员常见的驾驶心理

新手驾驶员在开车时，由于经验不丰富、技能不熟练，不可避免地会产生一种复杂多变的心理状态，在行车过程中心理波动起伏大，很容易受到干扰。这种心理变化必然会给行车安全带来很大的影响。

1．兴奋心理

新手驾驶员上路首先是兴奋，不由自主地激动，这种无理由的兴奋与激动，让驾驶员开着开着就忘乎所以，精神亢奋，得意忘形，忘记了动作要领，忘记了交通规则，忘记了看仪表盘，往往超速了也不知道，越开越快。如此，一旦出现状况，就头脑发蒙，手忙脚乱，酿成惨祸。

2．紧张心理

人在做一件新鲜事物时，由于兴奋和不熟悉，会自然表现出一些紧张情绪。客运汽车驾驶员是对驾驶操作技能有着很高要求的职业，适度的紧张情绪是驾驶员在驾驶中的普遍现象，正是这种适度紧张情绪才使驾驶员能动员全身的智慧、精力、体力完成复杂的驾驶任务。但新上岗的驾驶员在驾驶时往往容易产生过度的紧张情绪，紧张过度就对心理产生微妙的影响，从而影响动作的协调性，整个驾驶过程必然不会顺畅。

3．模仿心理

人都有模仿心理，新手驾驶员在刚开车上路时，良好的驾驶习惯还没有养成，通常会模仿别人，特别是会模仿一些不好的驾驶习惯。看到别人开快车，自己也开快车；看到别人开车听歌、聊天，自己也这么干；看到别人单手握方向盘、打电话，自己也跟着学。在不知不觉中，养成了不良的驾驶习惯，碰到危险情况了，不能正确处理，事故自然高发。

4．恐惧心理

有些新手驾驶员在开车前由于经历了较多的安全事故教育，或亲眼看见了一些车祸的发生，很容易产生恐惧感。当自己开车上路时，这种心理上的恐惧感会不断加强，心虚害怕，自信心不足，表现为思想呆滞、动作僵硬，原来在驾校学的驾驶技能不能正常发挥，一旦遇到复杂状况，或者一点点意外险情，就惊慌失措，不知道如何处理。

5．急躁心理

新手驾驶员开车时，因为驾驶技能所限，一遇到堵车就容易产生急躁心理，特别是走走停停，机械操作不到位，再遇到抢行车辆、乱穿车道的行人，心里就会更急，于是肝火上升，心跳加速，急躁不安。

6．侥幸与自责心理

新手驾驶员在开车过程中有时看到其他老驾驶员的违章行为，甚至自己偶然的违反交通规则（如超载）没被交警发现，反过来产生侥幸心理，助长违章行为。有的新手开车刚上路时，对路况、交通标示不熟悉，常常会无意误解违章，受到交警的处罚，产生自责心理，甚至长时间的自责。带着这种不良心理驾车，就会情绪低落，驾车时注意力难以集中，再次违章或发生事故的可能性就会变大。

7．利弊心理

新手驾驶员在开车过程中，在遇到事关利益的情况时，迅速权衡利弊，采取相应措施的心理称为利弊心理。不正确的利弊心理对行车安全是极为不利的，不正确利弊心理主要有：反复动摇的心理状态、怕担风险的心理状态以及“万全之策”的心理状态。

8．牵挂心理

家庭琐事烦心，就会一边开车一边思考问题，特别是那些难办的事情，总是苦思冥想，时常挂在心上，便成了一种“思想包袱”，以致驾车时容易分散注意力。

9．好胜心理

许多人尤其是年轻的新手驾驶员开车，喜欢逞强好胜，爱在众人面前显示自己的车技，不顾其他人的感受，甚至生命安全，行车中容易被别人不礼貌的行动激怒，从而做出危险的报复行动。新手驾驶员开车的好胜心理主要表现在不情愿让车、争强好胜、卖弄手法等方面。这种心态，即是行业的逆反性倾向。驾驶操作劣化，导致事故发生。

10．见异心理

有的新手驾驶员开车时不够理智，见异心动，心理兴奋，分心走神，情况判断不准，处置不当，常常导致事故的发生。

## 三、新手驾驶员提升心理素质的方法及对策

驾驶员作为道路运输行业中的特殊人员，必须经过特殊的训练，具备全面的素质

和能力。心理素质是综合素质中的焦点，是一名驾驶员走向成熟的基础。新手驾驶员要从根本上降低心理素质对驾驶的影响，就必须采取有效的措施加强心理上的针对性训练，从根本上提高心理素质。

1．提高自身的身体素质

身体是承受艰苦工作和精神压力的物质基础。身体状况有所不同，对待挫折的态度有所不同。当驾驶员疲劳过度、患有疾病时，就会出现血压不正常、心脏功能不全。在驾驶中遇到紧急情况时，就会出现心理紧张，甚至严重时会出现昏厥现象，这些都是非常危险的。如果听力、视力等各项身体机能达不到驾驶要求而强制驾驶，就不能把驾驶中遇到的各种情况迅速、准确地传至中枢神经，也不能让驾驶员做出正确的反应和判断，这样就容易发生驾驶事故。所以，驾驶员只有具备良好的身体素质，在驾驶中精力充沛，能够从容不迫地应对驾驶中各种异常的情况和心理上的压力，才不会感到疲劳和紧张。

2．激发驾驶员提高心理素质的内在动力

驾驶员不仅要对自己、对车上乘客的安全负责，还要对路上行人的安全负责，因此客运汽车驾驶员应该比其他职业人员更具爱心，对人的生命更加热爱和尊重。如果没有对生命足够的热爱，潜意识里就不会有提高心理素质的需要和动机，再好的心理素质教育对其也不会有多大效果，还会大打折扣。

3．加强基本功的训练，熟能生巧

提升基本动作和基本技能，达到条件反射的效果。越是在紧急时刻，第一反应的技能动作往往越起着至关重要的作用。在关键时刻，人的反应动作一定是平常最熟悉最简单的动作，在那个时刻，你没有时间思考，本能上会采取直接、最熟悉，也就是最简单的技能动作。在生死存亡的一刹那是踩刹车还是踩油门，是停车还是避让，简单的动作和判断，最能考验一个驾驶员的心理素质。要加强基本功的训练，把最基本最简单的动作融入骨子里，成为意识的一部分。

4．培养沉着和果断的品质，减少犹豫不决

对驾驶员而言，犹豫不决是行车之大忌。会车时对道路和对方车辆的宽度心里没数，能不能安全通过心里没底；超车时能不能超过去，立刻超还是等一会再超，一时拿不定主意；在通过交叉路口时，正好赶上信号即将切换，是加速通过还是停车等候；特别是在通过无信号灯指挥的人行横道线时，碰到行人抢道，甚至出现走了几步又往回走的反常现象，行人的欲走欲停，也会让驾驶员左右摇摆，不知道是应当加油还是应当刹车，是加挡还是减速。在许多复杂的驾驶环境下，如果不能当机立断，就可能导致交通事故的发生。碰到判断不清的情况时，要记住一个最简单、最安全、最有效的操作方法：立刻减速，将脚置于刹车踏板上，随时准备停车。

5．遵守交通规则的心理底线

是否遵守交通规则，本质上是一个心理素质的问题。大多数驾驶员对交通规则是知道的，但往往有人存在侥幸心理，遵守交通规则不是潜意识里的东西，有交警或探头的时候遵守，没有的时候不遵守。在行车过程中，有的驾驶员不能自觉遵守交通法规、不能按照操作要领驾驶车辆，遇到可能发生车祸的情况或已经预感到可能发生的问题，不是采取有效措施加以避免，而是靠碰“运气”。明知超速超载、车辆带“病”上路等严重违章行为的危害，但是由于他们存在侥幸心理，自认为技能高超而又未必能被交警查到，只要运气好就可万事大吉。在这种状态下行车，驾驶员在极度紧张的情况下驾驶车辆，行车中心理一直处在复杂、多变、波动的状态，生怕被查处或发生事故，遇到险情时很难全神贯注，沉稳操作，不是惊慌失措，就是反应迟缓。

6．避免斗气好强和自我中心

刚开车的驾驶员往往踌躇满志，在天高任鸟飞豪情的牵引下，开英雄车，该慢不慢，该让不让，盲目追越。具有这种心理，驾驶员往往手和眼不能敏捷地配合，导致驾驶操作容易失误。更有甚者，在路上开赌气车、霸王车，不允许别人的车超自己的车；有的故意长时间占用超车道，不管身后的车怎样提示，依然我行我素；有的车在车流里左突右冲；有的车夜晚故意不变光，用强光照射对方；有的车别人的不良行为不满，在行进途中故意挤超对方，这些不良的心理极易引发车祸。这不只是心理素质的问题，更是一个道德问题。

7．开车时要减少不必要活动，确保注意力集中

从交通心理学上说，驾驶员开的不只是车，人、车、路是一体的，驾驶员在驾驶时，一定要集中注意力，形成会人、车、路的一种默契的心理、自我平衡心理。驾驶员开车时与旁边的人讲话、打电话都不是好的行为，新手驾驶员更应该杜绝。车上的音乐对心理也有影响，听舒缓还是动感，对心理都有影响。心情激动时，情绪难以自控，舒缓的音乐会让你的心平和；情绪低沉时，欢快的音乐让人更容易忘记烦恼，愉快开车。

8．雨季的安全驾驶心理技巧

对于新手驾驶员来说，下雨时是心理压力比较大的时候，雨中视线不好，路上到处是深深浅浅的积水，分道线难以看清，路面的状况也难以判断，但交通法规并不会因为下雨而失效。此时，驾驶员一定不能慌张，也不能着急，要牢记变线或者超车后车辆一定要回到车道内。万一出现剐擦事故，车身不在车道内，行车人相应地就会承担事故责任。雨季行车有一个有效的方法，即“前车之鉴”，也就是说，在保持安全距离的前提下，跟随前车行驶，前车犯了错误，可以修正，对了就跟着走。另外，雨天时候，行人或骑自行车的人穿雨衣或使用雨具，视觉、听觉及反应等都受到了限制，有时还会出现横穿、猛拐等现象，驾驶员很容易措手不及。雨天开车的驾驶员一定不

能急躁，放平心态，减速行驶，耐心避让，必要时选择安全地点停车，切不可急躁心烦地与行人和其他车辆抢行。驾驶员的心理素质对行为起着驱动与制约作用，并且直接影响和决定人的行为和效率。要想驾驶汽车在复杂多变的道路上行走自如，不仅要有机敏、冷静的头脑，锐利的目光，强烈的交通安全意识，更要有良好的心理素质和较强的自控能力。开车本来就是“熟练工种”，只要胆大心细，练就了过硬的心理素质，就会很快告别新手的行列，成为技能娴熟的优秀驾驶员。

【补充资料】

### 驾驶员实习期相关规定

实习期是每个驾驶员的必经阶段，严格驾驶证实习期管理，有助于新驾驶员文明礼让、安全守法驾驶意识和习惯的养成。为加强对新驾驶员的管理，2013 年 1 月 1 日起施行的《机动车驾驶证申领和使用规定》( 公安部第 123 号令 ) 进一步完善了驾驶证实习期管理制度，将新取得大型客车、中型客车、牵引车等驾驶证的驾驶员一并纳入实习期管理。自 2013 年 1 月 1 日起，机动车驾驶人初次申请机动车驾驶证和增加准驾车型后的 12 个月内为实习期。在实习期内驾驶机动车的，应当在车身后部粘贴或者悬挂统一式样的实习标志。

新取得大型客车、牵引车、城市公交车、中型客车、大型货车驾驶证的，实习期结束后三十日内应当参加道路交通安全法律法规、交通安全文明驾驶、应急处置等知识考试，并接受不少于半小时的交通事故案例警示教育。

机动车驾驶人在实习期内有记满 12 分记录的，注销其实习的准驾车型驾驶资格；被注销的驾驶资格不属于最高准驾车型的，还应当注销其最高准驾车型驾驶资格。持有大型客车、牵引车、城市公交车、中型客车、大型货车驾驶证的驾驶员在一年实习期内记 6 分以上但未达到 12 分的，实习期限延长一年；在延长的实习期内再次记 6 分以上但未达到 12 分的，注销其实习的准驾车型驾驶资格；大中型客货车驾驶员在实习期内，因交通违法被记满 12 分的，将被注销实习的准驾车型驾驶资格。但如果被注销的驾驶资格不属于最高准驾车型，又符合降级规定的，还应当按规定降低最高准驾车型。

## 案例导入

### 公交驾驶员疲劳驾驶 发生车祸致 25 人受伤

2014 年 8 月 5 日下午 2 时 15 分左右，龙泉驿都大道和兴业大道路口一公交车站上，一辆223路公交车进站时，与前方一辆正在停车上下客的218路公交车追尾，造成两辆公交车上25名乘客受伤。

“驾驶员打了瞌睡。”龙泉驿区交通局安全科科长郭×说，事发时他赶到现场，223路公交车驾驶员刘师傅正坐在草坪中，眼神有些红肿。他便问刘师傅，是不是没休息好，刘师傅点头。

“可以肯定地说，223路车进站时完全没有减速。”乘客白先生当时坐在223路车驾驶员身后，他告诉记者：“我们这辆车以正常的速度行驶，前面的218路车停在站台上上下客，离它50米远的时候我就注意到，我们这辆车完全没有减速的迹象，直挺挺地就朝前车撞了上去。我当时吓得连呼喊都忘了，眼睁睁地看着前面的车被撞，前车被直接顶出20米远。”

多位乘客表示，车祸发生后，223路驾驶员刘师傅惊呆了，好几秒才缓过神来把前后车门打开。受伤的乘客在路边草坪上坐下，伤者大部分都是223路车的。

在车祸现场，伤者被送入医院后刘师傅坐在草坪上，不停地吸烟。“你不要背负太大的心理压力了。”另外一名驾驶员安慰到，出事后刘师傅心里也不好受，很内疚。

“我知道此时说对不起已经没有意义了，但真的是我的错，希望他们乘客原谅。”刘师傅称，前晚十一二点睡觉，昨日早上6点过起床，8点发了第一班车。晚上是休息好了，中午没时间休息，打了瞌睡。（来源：《成都商报》）

【思考练习】

1. 造成此次交通事故的主要原因是什么？
2. 驾驶员疲劳驾驶表现形式有哪些？
3. 如何预防驾驶员的疲劳驾驶？

## 第二节　疲劳驾驶

### 一、疲劳与驾驶疲劳

#### （一）疲　劳

疲劳是指人在连续工作后，劳动机能衰退和产生疲劳感的现象。人在疲劳状态下继续作业，其工作能力下降，效率降低，事故率上升。

从疲劳表现来看，疲劳一般可分为生理疲劳和心理疲劳两种，前者通常由于体力劳动所致，表现在身体方面活动水平下降；后者是由于脑力劳动所致，表现在精神方面活动退化。两者互为消长，不可分离。

从疲劳恢复的时间来看，疲劳又分为一次性疲劳、积蓄疲劳和慢性疲劳。一次性疲劳可经过短期休息而得到恢复，通常以一夜睡眠能否恢复为标准；积蓄疲劳不能用短期休息来恢复；慢性疲劳是一种病态疲劳，一般是由于长期疲劳状态而引起的，这种疲劳使劳动质量下降，影响身心健康。

### （二）驾驶疲劳

驾驶疲劳是指机动车驾驶人在驾驶车辆时，由于驾驶作业引起的生理上和心理上的疲劳以及客观上出现驾驶机能低落的现象。驾驶疲劳会导致驾驶员身体机能的整体性下降，是一种重要的影响驾驶安全的跨年龄、跨情境的生理因素。其的主要特点是：不愿继续驾驶、打瞌睡、动机减弱。驾驶疲劳在生理上会引起大脑活动的变化和心率及眼球运动的减少，还会导致认知和精神方面的表现下降，如延长编码和反应的时间，这些都可能导致交通事故的发生。

## 二、驾驶疲劳形成的机理

驾驶疲劳形成的原因，通常情况下都是因为驾驶员在进行驾驶工作的过程中，其驾驶动作过于重复，并且重复次数过多而造成的生理与心理的双向机能衰减，进而导致驾驶技能的下降。一般来说，驾驶疲劳的形成主要包括以下三个阶段：

### （一）感知阶段

当驾驶员在长期卧坐于驾驶室之中而感觉到身体的疲惫，视觉输入因疲劳而造成的模糊会急剧降低驾驶员的精神集中度，从而积蓄安全隐患，影响正常的驾驶作业。

### （二）判断阶段

中枢疲惫而引起精神疲劳，驾驶员就陷入高度紧张状态，使得驾驶的容错率下降，易引发交通事故。

### （三）操作阶段

驾驶员的运动器官受到感知疲劳与精神疲劳的影响，驾驶员不能以正确的姿势和意识去判断方向盘、加速器、制动器之间的操作关系，造成驾驶不适，从而出现连续的错误判断。

## 三、驾驶疲劳的表现

### （一）驾驶疲劳的生理症状

驾驶员产生疲劳后，生理机能下降，随之出现下列一些症状。

（1）视觉系统：视觉模糊，视敏度下降，眼睑下垂，眼睛发涩，眼眶下陷发黑，眼球颤动，眨眼次数增多，目光呆滞。

（2）听觉系统：听力下降，辨不清声音方位和大小。

（3）呼吸系统：气喘、胸闷，呼吸困难，呼吸道、咽喉干燥。

（4）循环系统：心跳减慢，血压改变。如果心跳次数低于标准值的20%，就属于驾驶疲劳。

（5）面部表情：面部表情呆板，肌肉松弛，颜面无光、不活泼。

（6）肌肉骨骼：肌肉疼，关节痛，腰酸、背痛、肩痛，手脚酸胀。

（7）中枢神经系统：中枢神经系统代谢及功能水平下降，导致心智活动水平下降。

驾驶员疲劳程度严重时，会出现大脑昏沉、困倦、闭眼时间延长甚至打瞌睡的现象。

### （二）驾驶疲劳的心理症状

疲劳发展到一定程度，驾驶员就会出现一系列心理失衡现象。

#### 1. 感知水平下降

一般经过2~4小时的连续驾驶，驾驶员的中枢神经就会产生疲劳感，开始出现动视力水平下降，产生错觉；听觉迟钝；触觉和运动觉的敏感性减弱，甚至产生幻觉。在疲劳驾驶状态下，驾驶员辨认交通标志的能力大大下降，与正常状态相比要遗漏30%；深视力只有正常情况下的一半。有研究者测试了连续驾驶时间对驾驶员深度知觉的影响，结果表明，随着连续驾驶时间的增加，驾驶员的深度知觉逐渐下降，深度知觉差异逐渐上升。经过3.5小时之后，驾驶员的深度知觉便处于较差状态，深度知觉差异在4.98毫米以上。

#### 2. 注意失调

疲劳导致与驾驶行为相关的焦点意识弱化，而与驾驶行为不相关的其他意识活动增强，注意稳定性下降，注意分散，接收外界信息怠慢、迟缓；注意的范围逐渐变窄；注意的分配和转移发生困难，漏看、错看信息的情况增多；经常会注意次要的交通信息，而丢失重要的交通信息。视觉和听觉的非随意注意能力、注意加工能力下降。对视觉新异刺激的早期认知发生障碍。

#### 3. 记忆、思维错误

疲劳有损驾驶员的记忆和思维，造成头脑不清醒，对外界事物思维判断力下降。在过度疲劳时，往往会忘记操作程序，违反交通规则，如转弯时忘记开转向灯、不观察车侧及车后情况、走错路线等。

#### 4. 反应时间延长

有实验结果表明，不同年龄的驾驶员疲劳后比疲劳前的反应时间平均增加0.1秒左右，有的甚至在2倍以上。尤其是对红色信号的反应时间显著增长。有研究者测试了驾驶员在连续驾驶一段时间后的选择反应时和反应正确的次数，发现3.5小时之后驾驶员的选择反应时间和反应错误显著上升。

5．操作失误

由于长时间驾驶，驾驶员的肌肉收缩调节能力也随之降低，所以，驾驶疲劳发生后，驾驶操作的动作准确性下降，协调性受到破坏，自动化程度降低，以致出现操作无力，方向、换挡等操作不灵活，动作不协调，加速、制动等操作不平稳。疲劳时，驾驶员的判断错误和驾驶操作错误都大大超过平时。如对于道路情况和交通情况的判断错误，对于潜在危险的判断错误或处理方法不当等。有学者研究分析了驾驶员持续驾驶2小时中每15分钟的表现，发现驾驶员在最后半个小时内转动转向盘的角度和次数变异显著增多。

## 四、驾驶疲劳产生的原因

引起驾驶员疲劳的因素很多，归纳起来主要有以下几个方面原因：

1. 睡眠不足引起的疲劳

睡眠质量的好坏，与驾驶疲劳有着直接的联系。睡眠是驾驶员消除疲劳、恢复体力、进行休整的最基本、最重要的途径。有研究显示，15%的车祸是由于睡眠不足引起的，其中有一半的交通事故是驾驶员由于睡眠不足6小时而引起的。造成驾驶员睡眠不足的原因多种多样，有主观原因造成的，也有客观原因造成的。例如，有的驾驶员喜欢夜生活，甚至彻夜不眠，打麻将、看电视、上网、玩手机，导致睡眠不足；与家人发生争吵、与同事发生不愉快的事或者遇到心理压力特别大的难题以及住房条件环境较差，周围施工、燃放鞭炮、邻里办婚丧喜等噪声干扰，想睡而不能好好入睡；牙痛、头痛、剧烈咳嗽等造成整夜不能入睡，神经衰弱引起的失眠等。

2. 长时间驾驶车辆引起的疲劳

由于运输任务紧，时间安排不当，在短时间内连续出车，特别是跑长途的驾驶员，有的一天24小时，有的几天几夜都不好好睡觉，困时就在驾驶室里打个盹，造成睡眠严重不足。长途或长时间驾驶车辆，由于一个人长时间坐在一个固定席上，坐姿固定，只准做几个规定的动作，而且动作的幅度受到某些条件的限制，部分机体受到压迫，肌肉紧张，血液循环不畅，供氧不足，从而产生困倦，形成我们常见的驾驶疲劳。尤其是中老年驾驶员随着年龄的增长，身体素质总的开始下降，生理机能逐步衰退，视觉能力、精神注意能力、操作反应能力也会随之下降，表现比较突出的是容易引起疲劳，行车时间稍长，就感到疲劳，而且不容易恢复，会产生力不从心的感觉。

【补充资料】

2010年《交通运输部、公安部、国家安全生产监督管理总局关于进一步加强和改进道路客运安全工作的通知》中针对防止驾驶疲劳，做了明确的规定：客运车辆每日运行里程超过400公里（高速公路直达客运超过600公里）的，客运企业应当配备两名以上驾驶员。驾驶员连续驾驶不得超过 4 小时，或者 24 小时内累计驾驶不得超过8小时。

3．药物、酒精引起的疲劳

驾驶员因疾病或其他原因服用安眠、镇痛等药物后，这些药物一般都会直接作用于中枢神经系统，会使人困倦、昏沉，引起嗜睡。驾驶员饮用含有酒精成分的白酒、黄酒、啤酒、果酒等饮料后，由于酒精的作用就会出现头重脚轻、手足无力、视力减弱、睡意渐浓的现象。

此外，人体生物节律的影响或者道路条件的影响都可能引起精神疲劳，如中午12时后的1～2小时内，后半夜特别是凌晨驾驶车辆或者在宽直、平整的道路上较长时间行驶，由于操纵动作减少、车速基本稳定，疲劳感就会明显上升，出现视觉模糊、昏昏欲睡的现象；交通环境不佳，或“道路”不熟，造成精神过于紧张，这些都极易引起驾车疲劳。

【补充资料】

**疲劳驾驶相关规定**

《中华人民共和国道路交通安全法实施条例》第六十二条 驾驶机动车不得有下列行为：连续驾驶机动车超过4小时未停车休息或者停车休息时间少于20分钟。

《中华人民共和国道路交通安全法》第二十二条规定：“过度疲劳影响安全驾驶的，不得驾驶机动车。”关于疲劳驾驶交通违法行为的记分，公安部123号令有明确的规定：对连续驾驶中型以上载客汽车、危险物品运输车辆超过4小时未停车休息或者停车休息时间少于20分钟的驾驶员记12分；对连续驾驶中型以上载客汽车、危险物品运输车辆以外的机动车超过4小时未停车休息或者停车休息时间少于20分钟的驾驶员记6分。如果疲劳驾驶造成车祸，以交警现场处理结果为准。

## 五、疲劳驾驶的检测

疲劳驾驶是道路交通安全的重大隐患之一，研究疲劳驾驶检测技术可以降低交通事故的频率。目前，疲劳驾驶检测的研究主要集中在主观检测和客观检测两种方法上。

### （一）主观测评法

主观检测方法主要通过驾驶员自我记录表、主观调查表、皮尔逊疲劳量表和斯坦福睡眠尺度表等评定。主观量表是驾驶员根据自身目前的状况对量表的条目进行勾选，或者对各个选项进行打分。这种测量方法能够测出被试者的主观程度，不受任何条件的限制，操作方便。驾驶员自我记录表对驾驶任务、驾驶习惯和驾驶时间等进行自我测评，主观量表进行测量时不能兼顾到不同被试在身体状况、精神状态、平时习惯、个人偏好等方面的差异，因此评定方法的结果往往不尽人意。该方法对驾驶员依赖程度较高且无法进行疲劳驾驶的实时检测。

### （二）客观测评法

1．基于驾驶员行为特性的检测

通过对驾驶员行为的检测来判断驾驶员的疲劳状态，如眼睑的活动、眼睛的闭合状态、面部表情等。其检测方法简单易行，但是评分标准容易受个人行为、光线、图像的采集角度等条件的影响，导致检测系统不能始终正确地报告驾驶员疲劳状态。

2．基于车辆参数的检测

通过对行车过程中车辆参数的检测来判断驾驶员的操作指标进而判断其疲劳程度，如车速、车辆位置、方向盘转动角度等。由于车辆参数与实际驾驶员驾驶质量密切相关，这种方法更加贴近实际驾驶情况，但实际运行过程中需测量车辆参数，增加了车辆成本。

3．基于驾驶员生理参数测量的检测

通过检测驾驶员生理特征判断其疲劳状态，如心电图、脑电图、眼电图、肌电图、呼吸效果等。由于 EEG 信号直接反映了驾驶员的大脑活动状况并包含丰富的驾驶员驾驶信息，EEG 采集装置越来越便捷且价格不断下降，因此，利用 EEG 信号判断驾驶疲劳被公认为最客观、最准确的分析方法。但是目前大部分驾驶疲劳检测实验要求被试静坐闭眼，注意力不容易集中且与驾驶环境相差比较大，且在系统训练过程中需要被试主观评价自己的疲劳状态，这样，实验结果就不够客观。

## 六、驾驶员自身对疲劳驾驶的防治

### （一）保证充足的睡眠

睡眠是人体机能休养生息、恢复体力、减少和消除疲劳最有效的方法。因此，驾驶员应保证充足的睡眠，特别是在长途行车前，必须有充足的睡眠，养足精神。这就要求驾驶员必须养成良好的生活习惯，最好避免夜生活，保证睡眠时间，提高睡眠质量。特别要注意行车在外，不要因赶时间而减少睡眠。同时，驾驶员、客运企业管理者都应充分认识到减少睡眠所带来的危害，调整好轮班时间表，尽量使轮班驾驶员能够获得充足的睡眠。

### （二）生病及时就诊

有睡眠障碍等疾病的驾驶员应及时就诊，及时治疗。客运企业应通过检测和管理，发现能够引起瞌睡的疾病（如睡眠综合征、嗜睡症等），并建议其及时治疗。对不适合从事运输行业的驾驶员，建议其从事其他的行业，以保证司乘人员的人身安全。

### （三）养成良好的饮食习惯

驾驶员行车在外时切忌吃饭草草了事，行车前或行车途中不要饮酒。饭后，因血液集中流向胃部，流经大脑的血液相对减少，大脑兴奋度降低，会产生头晕感，这时一定不要驾车。

### （四）连续驾车时间不宜太长

客运企业和驾驶员应合理地安排运输任务和行车时间，特别是夜间行车或长途行车过程中，连续行车 2 ~ 3 小时，应及时休息，可以在休息区做些简单的运动，改善血液循环，消除肢体疲劳。途中适时开窗透气以防缺氧，必要时听一些欢快的歌曲，哼哼小曲，或咀嚼一块口香糖，以达到提神的效果。长途行车时，要严格按照规定保证至少有两名驾驶员轮换驾驶。

### （五）注意休息，加强锻炼

驾驶员要学会自我调节，行车过程中感觉疲劳、困倦时，不要犹豫，果断采取措施，切忌有“熬一熬”“再开一会再说”的思想。要有疲劳时立即停车休息的意识，冬天让冷风吹一吹，夏天用冷水洗洗脸、喝杯清凉的饮料。日常生活中，应加强身体锻炼，积极参加一些有益的体育活动，养成良好的生活习惯和作息时间，保持愉悦的心理和精神状态，有效地预防和消除疲劳。

### （六）安装疲劳警报器

疲劳警报器能对即将瞌睡的驾驶员进行报警，让驾驶员及时停车休息，是预防疲劳驾驶直接有效的方法。

### （七）思想上高度重视，严格控制车速

驾驶员在行车过程中应做到思想上高度重视，严格控制行车速度，切不可因为行

车经验丰富无事故而麻痹松懈。严禁超速行车，以免快速行车，思想高度集中而大量消耗精力，造成疲劳驾驶。

### （八）保持健康愉快的心情

驾驶员生活在社会中，需要不断地协调处理家庭、社会、单位领导及朋友、同事之间的关系。在处理这些关系的过程中，难免发生争执和矛盾，导致心情不悦，造成睡眠不足，休息不好。带着不良情绪行车上路，发生交通事故的概率会大增。因此，当遇到心情不愉快时，应尽力调节好自己的心态，可以通过咨询心理医生或是向好友倾诉等方式，及时调整好心理，保持健康愉快的心情。

### （九）提高驾驶技能

驾驶员在行车过程中的疲劳程度与操作技能及熟练程度关系非常密切。掌握驾驶技巧，提高驾车技能，能有效预防疲劳驾驶。以下几个方面值得大家注意。

一是防止发生速度偏差。降低车速时必须看清楚自己的时速表，配合当时的道路周边情况，将速度保持在可控制范围之内，千万不能只凭感觉预判做决定。

二是学习交流，提高驾驶熟练程度。由于受个人素质的影响，加之侥幸心理、麻痹和厌学心理等的存在，有些驾驶员对道路交通安全法律法规了解不多，对驾驶操作也一知半解，缺乏预感性，判断能力差，行车时精神高度紧张。相比较而言，技能生疏的驾驶员比驾龄长、技能高的驾驶员更容易产生疲劳。因此，平时应多注意交流学习，不断提高驾驶技能。

三是行驶中两眼不要老盯着公路的中心线。当感觉疲劳时，要适时向远方眺望一下，或调节座位和椅背。行车过程中经常查看时速表防止超速，并与前面的车辆保持安全距离。为防止放松警惕性，及时给驾驶室通风降低温度。

## 七、缓解疲劳驾驶的办法

当开始感到困倦时，切忌继续驾驶车辆，应迅速停车，采取有效措施，适时地减轻和改善疲劳程度，恢复清醒。减轻和改善疲劳，可采取以下方法：

（1）用清凉空气或冷水刺激面部。

（2）喝一杯热茶或热咖啡或吃、喝一些酸或辣的刺激食物。

（3）停车到驾驶室外活动肢体，呼吸新鲜空气，促使精神兴奋。

（4）收听轻音乐或将音响声音适当调大，促使精神兴奋。

（5）做弯腰动作，深呼吸，使大脑尽快得到氧气和血液补充，促使大脑兴奋。

（6）用双手以适当的力度拍打头部，疏通头部经络和血管，加快人体气血循环，促进新陈代谢和大脑兴奋。

【测一测】

## 疲劳的自我测试

累了，倦了，这是每个人都会有的状态，但是程度各不相同。做做以下测试题，可以知道你的疲劳程度，如果是轻度或中度疲劳，你可能需要一个假期或是调整一下自己的生活方式了；如果疲劳程度在中度以上，你可能就需要寻求医生的帮助了。

疲劳的表现：无，有，经常；记分方式：无记1分，有记2分，经常记3分。

1. 感到睡眠不足。（　　）
2. 感到疲乏无力、无精打采。（　　）
3. 感觉迟钝，动作变形。（　　）
4. 为鸡毛蒜皮的小事儿发火。（　　）
5. 头昏，头胀，头痛。（　　）
6. 要记的事记不住，想回忆的事回忆不起来。（　　）
7. 不能专注地工作、学习，感到难以完成工作或学习任务。（　　）
8. 不明原因的胸部紧缩感。（　　）
9. 肩、背、腰不适或酸痛，不定位的肌肉酸痛。（　　）
10. 感到关节僵硬，不灵活。（　　）
11. 郁郁寡欢，对许多事情都不感兴趣。（　　）
12. 莫名其妙的担心害怕。（　　）
13. 性欲减退，性功能减退。（　　）
14. 耳鸣，听力下降。（　　）
15. 咽干，咽痛，异物或紧缩感。（　　）
16. 眼干，眼涩。（　　）
17. 膝关节酸软无力。（　　）
18. 不想看书学习。（　　）
19. 只对搞笑的影视节目感兴趣，喜欢色情玩笑。（　　）
20. 工作常出错，效率不高。（　　）
21. 不想思考问题。（　　）
22. 没有神清气爽的感觉。（　　）
23. 口臭或异味。（　　）
24. 大便干燥，便秘。（　　）
25. 消化不良，腹部不适。（　　）
26. 皮肤粗糙，无光泽，色素沉着。（　　）
27. 胃痛，胃胀，吐酸水。（　　）
28. 好吃零食，好抽烟，好喝酒。（　　）

29. 喝咖啡或浓茶。（　　）
30. 肩、脖子肌肉有发紧的现象。（　　）
31. 感到腿、脚酸软。（　　）
32. 皮肤瘙痒，出皮疹。（　　）
33. 夜里常因小便起床。（　　）
34. 感到一阵一阵的疲劳。（　　）
35. 工作使你感到疲倦和筋疲力尽。（　　）
36. 起床后就感到疲倦和筋疲力尽。（　　）
37. 稍做一点工作就感到累。（　　）
38. 厌恶拥挤，厌恶喧哗。（　　）
39. 经常患不同的病。（　　）
40. 感到自己的健康状况在下降。（　　）
41. 入睡难或睡眠不深易醒。（　　）
42. 不能做到每天有规律地锻炼。（　　）
43. 必须快速做事情时，有头脑混乱的现象。（　　）
44. 为避免出错，必须很慢地做事。（　　）
45. 经常误解领导的指令或意图。（　　）
46. 小便有泡沫，消散慢。（　　）
47. 动作的准确性下降。（　　）
48. 视力下降。（　　）
49. 腹痛，腹泻。（　　）
50. 痰多，痰稠。（　　）

为自己的疲劳度打分________。

疲劳程度自测量表由 50 种表现组成，从不同侧面反映了疲劳的程度及危害。根据得分，您能大致判断自己的疲劳程度：

轻度疲劳：50~79 分

中度疲劳：80~109 分

重度疲劳：110~139 分

极重度疲劳：140 分以上

## 案例导入

### 震惊！公交车驾驶员竟然敢酒驾

2016 年 4 月 14 日上午 8 时 44 分，宝山交警在逸仙路殷高路路口拦下了一辆乱鸣号的 99 路公交车。在处罚时发现，驾驶员说话“带酒味”。经过检测确认为“酒后驾车”，目前，驾驶员已被警方控制。

据悉，事发时，宝山公安分局交警支队三中队民警朱××、茅××在逸仙路殷高路路口附近拦下了一辆乱鸣号的公交车，车上满载了上班的乘客，驾驶员李师傅辩解道，前方车速太慢了，情急之下才按了几下喇叭。辩解中，李师傅的嗓音不断提高，情绪略显亢奋，交警还隐隐闻到了酒味。“昨天晚上喝过酒吗？ 喝到几点？ 怎么酒味这么重？”“我喝到 8 点半就结束了，就喝了些白酒。”同时交警还发现，李师傅的驾驶证预期未审证。对李师傅进行呼吸式酒精检测发现，检测结果显示其酒精含量 49 mg/100 mL，属于饮酒后驾驶营运车辆的违法行为。交警当即对驾驶员和车辆进行了扣留。

据宝山交警介绍，驾驶员李师傅因为酒后驾驶营运车辆，除了将面临拘留和罚款处罚外，还将被吊销机动车驾驶证，五年内不得重新取得机动车驾驶证。（来源：汉丰网）

### 【思考练习】

1. 酒驾有哪些危害？
2. 遏制酒驾有哪些方法和对策？

## 第三节　酒　驾

### 一、酒驾的定义

酒驾是指车辆驾驶员血液中的酒精含量大于或等于每 20 mg/100 ml，并小于每 80 mg/100 ml 为酒后驾车，如大于每 80 mg/100 ml 为醉酒驾车。我国每年由于酒驾引发的交通事故达数万起，而造成死亡的事故中 50% 以上都与酒后驾车有关，酒后驾车的危害极大，已成为交通事故的第一杀手。

### 二、酒驾的危害

酒精进入人体后，首先影响大脑机能，尤其影响人的思维活动和判断能力。酒精能够广泛地影响驾驶所需的心理机能，导致驾驶所需的识别路面信息、注意分配、保持警觉、视觉追踪、快速反应、决策以及执行策略等心理机能发生变化。

1．视　觉

血液酒精浓度为 0.03% 时，低水平的视觉功能就开始受到影响，如相对敏感性和眼球运动，而当血液酒精浓度达到 0.07% 时，视敏度才会受到影响。

驾驶员的颜色视觉极容易受到酒精的影响。当驾驶员的血液酒精浓度≥0.1% 时，颜色感觉能力下降，不能正确知觉交通信号和交通标志标线。

饮酒之后，驾驶员的视野范围会缩小，主要集中于道路前方的目标上，由于外周视觉范围缩小，很多重要信息无法看到，这是非常危险的。此外，驾驶员眩光的恢复时间也显著加长。

2．注　意

大剂量的酒精会损害视敏度，但是在这个阶段之前，酒精会先影响注意能力。由于醉酒驾驶员的众多认知能力都降低了，因此，为了补偿，他们会将注意力集中于主要任务，而忽略其他任务。例如，醉酒驾驶员会把注意力集中在驾驶操作的某个方面，尽量维持正常的驾驶控制，以逃避警察，而这种状态可能导致驾驶员忽略周围环境中其他潜在的危险。

3．思　维

饮酒的驾驶员倾向于高估自己的能力，增加风险操作，当驾驶员清醒时，会慎用急转弯策略。但是当他饮酒后，可能会频繁尝试这种策略，而且喝醉的驾驶员与其清醒时相比，倾向于更加快速地驾驶。此外，喝醉的驾驶员会有一种错误认知，认为自己能够胜任驾驶。

4．情　绪

平时谨慎、规矩的驾驶员，饮酒后可能会出现攻击行为。

## 三、酒驾屡禁不止的原因

1．中国传统的酒文化

中国的传统文化对饮酒情有独钟，老百姓觉得很多事情都需要通过饮酒来沟通和表达，在心理上对于酒后驾驶并不十分排斥。很多驾驶员在应酬时感到不喝酒是对别人的不尊重，特别是在一些偏远地区，“人情大于法”，人们往往习惯于把感情放在第一位，把法律放在第二位，知法犯法，埋下了严重的事故隐患。

2．存在侥幸心理和特权意识

由于警力有限，酒驾被查的概率还不高，所以有人会抱着侥幸心理以身试法。有时由于某些原因查处行动泄密，一些驾驶员非常清楚何时、何地会检查酒驾行为，便有恃无恐。再加上社会某些地方存在“权大于法”的现象，有些驾驶员便抱着“权或钱能摆平一切”“出事后能搞定”的心理，不拿法律当回事儿。

## 四、遏制酒驾的对策与建议

1．加强安全教育管理

开展交通安全宣传教育是预防和减少交通事故的有效途径之一，是从源头上杜绝酒后驾驶的重要管理手段。客运企业可以将因酒后驾车而导致的重特大交通事故案例，在企业安全管理会上宣讲，增强驾驶员交通安全意识。同时，加强对驾驶员家庭的宣传教育，让驾驶员的家人及亲朋时刻监督、叮嘱好，让开车的人常思家中人，莫恋杯中物。

客运企业要加强对驾驶员的日常检查，坚决杜绝酒后驾车行为的发生。加强对驾驶员聘用管理，对有酒后驾驶违法记录的驾驶员，坚决要解除聘用。

2. 加大执法检查力度

交通管理部门不能疏忽对客运企业驾驶员的酒驾检查，要进一步加大执法力度，依据《中华人民共和国道路交通安全法》相关法规从严查处酒后驾驶违法行为。对已构成交通肇事的驾驶员更要依法从重处罚，以严惩严罚来有效遏制酒后驾驶交通违法行为的发生。同时，还要通过提高道路巡查密度、开展交通专项整治等管理措施，进一步强化交通安全防控力度，以此切实维护公众的交通安全。

3. 建立举报监督制度

要积极争取社会各界的支持和广大人民群众的积极参与，充分调动社会各方面的力量，建立举报、监督、奖励制度，发动群众发现酒驾驶行为立即举报，使酒驾行为始终置于人民群众的监督之下，成为“过街老鼠，人人喊打”。

【补充资料】

## 酒后驾驶的处罚

一、《中华人民共和国道路交通安全法》第九十一条规定：

饮酒后驾驶机动车的，处暂扣六个月机动车驾驶证，并处一千元以上二千元以下罚款。因饮酒后驾驶机动车被处罚，再次饮酒后驾驶机动车的，处十日以下拘留，并处一千元以上二千元以下罚款，吊销机动车驾驶证。

醉酒驾驶机动车的，由公安机关交通管理部门约束至酒醒，吊销机动车驾驶证，依法追究刑事责任；五年内不得重新取得机动车驾驶证。

饮酒后驾驶营运机动车的，处十五日拘留，并处五千元罚款，吊销机动车驾驶证，五年内不得重新取得机动车驾驶证。

醉酒驾驶营运机动车的，由公安机关交通管理部门约束至酒醒，吊销机动车驾驶证，依法追究刑事责任；十年内不得重新取得机动车驾驶证，重新取得机动车驾驶证后，不得驾驶营运机动车。

饮酒后或者醉酒驾驶机动车发生重大交通事故，构成犯罪的，依法追究刑事责任，并由公安机关交通管理部门吊销机动车驾驶证，终生不得重新取得机动车驾驶证。

二、《中华人民共和国刑法修正案（八）》第二十二条指出，在《刑法》第一百三十三条后增加一条，作为第一百三十三条之一：“在道路上驾驶机动车追逐竞驶，情节恶劣的，或者在道路上酗酒驾驶机动车的，处拘役并处罚金。

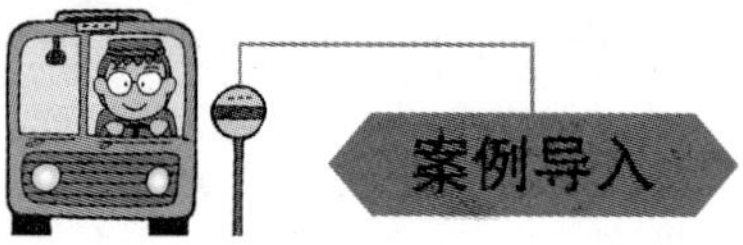


### 都说酒驾凶似虎 不知“药驾”猛如狼

2015 年 4 月 25 日 7 时 30 分，在白鹭洲外国语中学门口，一辆公交车撞弯路边的路灯杆，致车上 4 名乘客受了轻微伤。经了解，公交驾驶员因为鼻炎发作，吃了感冒药后仍坚持开车，导致事故发生。

现场目击者杨女士说，撞上路灯杆的是 26 路双层公交车，当时路灯杆被拦腰撞弯，旁边一棵绿化树树枝也被撞断。公交车挡风玻璃出现了蜘蛛网状的裂纹。

因为是周末，加上事发时间早，车上乘客不多，但仍有 4 名乘客受伤，幸运的是伤势轻微。一名伤者介绍，当时他正站在车头附近，撞击时他把拉手都扯断了，之后倒地压到了三个人，导致这三人也受了伤。4 人很快被送往了中山医院检查，由于都是轻微伤，经处理后 4 人自行回家。

肇事的公交驾驶员表示：“昨天开始鼻炎发作，吃了感冒药后，想扛一下再下班。”没想到，吃完药后精神不佳，造成了这起事故。(来源：《海西晨报》)

【思考练习】

1. 药驾有哪些危害？
2. 在客运工作中，如何预防药驾？

## 第四节　药物驾驶

### 一、药物驾驶的概念

通常所说的药物驾驶既包括“药驾”，又包括“毒驾”，统称为 Drug Driving。为阐述不同药物对驾驶的影响，特将其分为“毒驾”和“药驾”。

药驾是指驾驶员服用了某些可能影响驾驶安全的药品后依然驾驶机动车的行为。由于这些药物常用、易得，服用之后可能产生不同程度的不良反应，因而很容易酿成祸患。

毒驾是指未戒掉毒瘾的患者和正在使用毒品的驾驶员驾驶机动车的行为。

《中华人民共和国道路交通安全法》规定："饮酒、服用国家管制的精神药品或者麻醉药品，或者患有妨碍安全驾驶机动车的疾病，或者过度疲劳影响安全驾驶的，不得驾驶机动车。"

根据规定，"毒驾"和"酒驾"都是机动车驾驶员上路前绝对禁止的行为，但刑法并未对"毒驾"的法律责任做出明确的规定。

## 二、影响安全驾驶的药物

### （一）常用药物

世界卫生组织列出了7大类在服用后可能影响安全驾驶的药品，并提出在服用上述药品后应禁止驾车。

（1）抗组胺药：氯苯那敏、赛庚啶、本海拉脱、布克利嗪等。这些药物对中枢神经有明显的抑制作用，常常有嗜睡、眩晕等副作用。

（2）抗抑郁、焦虑类药：丙咪嗪、多虑平等，会导致人昏昏欲睡、乏力。

（3）镇静催眠类药：安定、硝基安宁、本巴比妥等。这类药物可对人产生镇静、催眠和抗惊厥的效果。

（4）解热镇痛药：阿司匹林、非那西丁、氨基比林等，有些人服后会出现听力减退、大量出汗甚至虚脱。

（5）抗高血压药：利血平、可安定、优降宁等。这类药物服用后有时会伴有头痛、眩晕和嗜睡等。

（6）抗心绞痛类药：心得安、心痛定等，会扩张血管从而导致头痛，精神难集中。

（7）降血糖类药：优降糖、达美康等。这类药物都能引起疲倦、头晕等不适。

### （二）毒　品

毒品既包括鸦片、海洛因、吗啡、大麻、可卡因等传统意义上的毒品，又包括国家规定管制的能够使人形成瘾癖的其他新型麻醉药品和精神药品。新型毒品主要有以下几种：

（1）冰毒，即"甲基苯丙胺"，外观为纯白结晶体，故被称为"冰"（Ice）。对人体中枢神经系统具有极强的刺激作用，且毒性强烈。冰毒的精神依赖性很强，吸食后会产生强烈的生理兴奋，大量消耗人的体力和降低免疫功能，严重损害心脏、大脑组织甚至导致死亡。还会造成精神障碍，表现出妄想、好斗、错觉，从而引发暴力行为。

（2）摇头丸是冰毒的衍生物，具有兴奋和致幻双重作用，滥用后可出现长时间随音乐剧烈摆动头部的现象，故称为摇头丸。服用后会产生中枢神经强烈兴奋，出现摇头和妄动，在幻觉作用下常常引发淫乱、自残与攻击行为，并可诱发精神分裂症及急性心脑疾病，精神依赖性强。

（3）K粉，即“氯胺酮”，静脉全麻药，有时也可用作兽用麻醉药。白色结晶粉末，无臭，易溶于水，通常在娱乐场所滥用。服用后遇快节奏音乐便会强烈扭动，会导致神经中毒反应和精神分裂症状，出现幻听、幻觉、幻视等，对记忆和思维能力造成严重的损害。

（4）咖啡因是化学合成或从茶叶、咖啡果中提炼出来的一种生物碱。大剂量长期使用会对人体造成损害，引起惊厥、心律失常，并可加重或诱发消化性肠道溃疡，甚至导致吸食者下一代智能低下、肢体畸形，同时具有成瘾性，停用会出现戒断症状。

（5）三唑仑，是一种强烈的麻醉药品，口服后可以迅速使人昏迷晕倒，故俗称迷药。可以伴随酒精类共同服用，也可溶于水及各种饮料中。见效迅速，药效比普通安定强45～100倍。

（6）Y-羟基丁酸，2005年中国就将其列入二类精神药物予以管制，并于2007年变更为一类。滥用“Y-羟基丁酸”会造成暂时性记忆丧失、恶心、呕吐、头痛、反射作用丧失，甚至很快失去意识、昏迷及死亡，与酒精并用更会加剧其危险性。

此外，新型毒品还有安纳咖、氟硝西泮、麦角乙二胺（LSD）、甲喹酮、丁丙诺啡、地西泮及有机溶剂和鼻吸剂等。

## 三、药物驾驶的危害

### （一）药驾的危害

临床上服用后会对驾驶产生负面影响的药物多达几十多种，驾驶员在驾驶车辆之前服用这些药物，认知会受到一些影响，会危害到安全驾驶。

1．视　觉

服用降压药后会出现视力模糊等症状，抗心绞痛的药物也会导致视物不清、头晕乏力。

2．听　觉

治疗感冒的药物主要作用于中枢神经系统，并对其产生抑制作用。人在服药后会出现嗜睡、听力减退等特点，严重影响驾驶员的行车安全。大剂量服用解热镇痛剂，会出现听力减退、耳鸣、眩晕等症状。

3．注　意

长期服用抗生素，会使驾驶员的注意力减退、反应能力和动作协调能力下降。

4．思　维

长期使用止痛药，不仅会出现幻觉，还可能成瘾。驾驶员的判断、决策能力，定向能力，操作能力均会受此影响。

### （二）毒驾的危害

吸毒后，人容易产生精神极度亢奋甚至妄想、幻觉等症状，会导致驾驶员脱离现实场景，判断力低下甚至完全丧失判断力。有实验室研究显示，服用大麻会严重影响驾驶员驾驶操作的各个方面，如行动路线、心理运动能力、反应时、视觉功能、注意力、编码以及操作技能。

因吸毒后驾驶机动车引发的交通事故不断增多，特别是导致多人伤亡的恶性交通事故时有发生。英国一项研究表明，酒后驾车比正常反应时间慢12%，“毒驾”则比正常反应时间慢21%，吸毒后人往往会出现幻象，驾驶能力严重削弱，为恶性交通事故的发生埋下隐患，毒驾已经严重危及人们的安全。

## 四、药物驾驶预防措施

驾驶员在医生开处方之前，要说明自己的职业，避免处方中有威胁驾驶的药物；驾驶员在服药时，应注意药物的禁忌与用量。还需要特别注意的一点是：服药后，在药物血液浓度高峰时，应尽量避免驾驶。另外，驾驶员在日常生活、工作中，要洁身自好，远离毒品的侵害。

【补充资料】

### 毒驾的处罚

毒驾行为同其他毒品犯罪一样，在世界范围内广泛地存在着，对于广大交通参与者都存在着潜在的危险，一旦发生事故，后果往往十分严重。虽然我国还未将毒驾纳入刑法之中，但毒驾会参照我国《治安管理处罚法》第七十二条的规定“处10日以上15日以下拘留，可以并处2000元以下罚款；情节较轻的，处5日以下拘留或者500元以下罚款”。同时，《机动车驾驶证申领和使用规定》对查出毒后驾驶的驾驶者一律注销驾驶证，并三年内不得申报领取机动车驾驶执照，该规定将于2013年1月1日起施行。

美国、英国、日本等国家已经做了类似的立法规定，其经验值得我们借鉴。以美国为例，对于毒驾的处罚规定特点是：将毒驾作为一种行为类型整体纳入犯罪，对于毒驾的犯罪人，法院将依照行为的程度处以刑罚、法院命令、行政处罚等不同的处罚。

## 案例导入

### 一例交通肇事后心理咨询案例

吴师傅，男性，36岁，某客运公司驾驶员，性格温和，内向，敏感，偶尔情绪化，抗压能力欠佳。

2018 年 6 月的一天，吴师傅将一行人撞伤，其伤情比较严重，住院 50 天后出院在家养伤。经交警处理，吴师傅负主要责任，对方负次要责任，对方已经通过法院起诉吴师傅，吴师傅已经与保险公司一起赔偿对方医疗费用共计 10 余万元，目前，吴师傅还在等对方休养好后的第二次起诉。

吴师傅自述：我是一个有着 15 年驾龄的驾驶员，平时开车也算很小心，没出过大事故。这次意外主要是因为晚上视线不好，车速稍快，而对方又未观察清楚车况而强行横穿马路，最终导致事故发展。尽管我们双方在发生事故后都比较克制，我方积极赔偿帮助治疗，对方也没有提过分的要求，而是走正常的司法程序。但是，自发生事故后，我的精神压力非常大，天天就想着这件事，无心工作，也无心生活。担心对方伤情严重，将来巨额的赔偿我负担不起，直接影响到我的家庭和孩子。任何坏的结果我都想到了，天天都处于一种恐惧、悲观、敏感、焦虑、压抑的情绪状态，身体健康也受到较大影响。尽管家人和朋友也曾给予我很大的理解和帮助，但是，我还是深陷这样的情绪中难以解脱，甚至感觉有忧郁症和强迫症的迹象，我开始怀疑自己的精神是否正常。

【思考练习】

1. 交通事故创伤后，有哪些应激反应？
2. 如何对吴师傅进行心理干预？

## 第五节　驾驶员的交通事故心理干预

### 一、创伤后应激障碍

在发生交通事故之后，人们很容易关心的就是身体的健康，特别是身体遭受损伤之后，很多人会去做物理治疗或者按摩，特别是有疼痛的问题，但是很多人却忽略了心理方面的关怀。在经历事故之后，哪怕身体没有受伤，心理都会留下影响，开车的时候就会特别紧张，甚至有的人不敢开车。这里就要提到 PTSD（Post-Traumatic Stress Disorder），即创伤后应激障碍。

创伤后应激障碍（PTSD）是指个体经历、目睹或遭遇到一个或多个涉及自身或他人的实际死亡，或受到死亡的威胁，或严重的受伤，或躯体完整性受到威胁后，所导致的个体延迟出现和持续存在的精神障碍。

### 二、交通事故创伤后应激障碍临床表现

PTSD 主要临床表现可用“创伤三联征”加以概括：

1．创伤再体验

在白天想象里或夜晚睡眠中反复出现的闯入性回忆，如忽然想起车祸时场景或车祸场景在梦中反复重现等严重的痛苦体验，创伤体验的反复重现是 PTSD 最常见也是最具特征性的症状。

2．警觉水平增高

表现为过度警觉，惊跳反应增强，可伴有注意力不集中及焦虑、抑郁情绪。躯体的焦虑表现为心慌、多汗、躯体不适等症状，睡眠障碍可表现为入睡困难、易惊醒等。

3．回避与麻木

患者表现为极力回避与车祸相关的场景，如极力避免独自驾车、不愿乘车等；患者也可表现为情感麻木，对周围环境刺激反应迟钝，疏远亲人等，对未来生活、学习、工作都失去兴趣。

## 三、心理危机干预

心理危机是指当一个人面临困难情境而他先前处理危机的方式和惯常的支持系统不足以应对眼前的处境，即他必须面对的困难情境超过了他的能力时，这个人就会产生暂时的心理困扰，这种暂时性的心理失衡状态就是心理危机。

重大交通事故属于典型的心理危机事件，因其本身具有突发性、意外性、不确定性以及严重性。尤其是儿童，处在人生的最初阶段，缺乏足够的社会经验、安全知识和心理修复能力，因此在经历交通事故后往往不能适应，从而出现各种各样的心理危机。

20 世纪 70 年代初，随着危机干预理论的研究不断成熟，心理危机干预正式成为世界卫生组织 WHO 的研究课题。危机干预也称为“危机介入”或“危机调解”，是指干预者采取迅速、有效的应对策略帮助当事人从心理上解除迫在眉睫的危机，使其症状得到缓解和消失，心理恢复平衡的过程。危机干预是社会各界人士采取行之有效的办法，它具有可以帮助处于困境的个体、家庭、群体度过危机和恢复心理平衡的作用。

## 四、交通事故心理危机干预方法

### （一）交通事故发生时

我们首要做的是确保当事人生理层面的安全，然后评估其目前心理状况，并同时把当事人的注意力带回到当下。

观察评估：我们可以通过自己的观察，了解当事人目前的心理状态。对于比较沉默、安静的当事人尤其需要注意，这时他们可能遭受更严重的心理创伤，暂时不能用语言表达自己的状况。

调整当事人的注意力，把当事人的注意力带回当下：

（1）我们可以通过一些简单的问题，依次询问，用问答的方式把当事人的注意力带回当下。

举例：

帮助者：我是××，我是来帮助你的，请问你叫什么名字？

当事人：我叫某某。

帮助者：请问，你发生了什么事情？

当事人：车祸（或者无法回答）。

帮助者：××，刚才发生了车祸，这就是你身体在颤抖的原因，这是身体面对危险的正常反应，不要害怕，事情已经过去了。

（2）通过呼吸练习，把当事人的注意力带回来。

我们可以采用深呼吸法（胸腹式呼吸联合进行），让当事人跟着我们做深呼吸。通过呼吸练习，有助于平静当事人的情绪。

（3）车祸发生以后的几小时，周围相关的人角色要像母亲一样，尽量提供无微不至的关怀，尽量用温柔和安慰的语气和当事人对话，尤其确保当事人当时的生理状态良好。

### （二）车祸发生 1～14 天

当事人情绪可能会得到缓解，但也有很多人大脑出现车祸画面的闪回，并伴随焦虑、恐惧、易怒等情绪。

这时需要心理教育和放松练习，家人也要正确认识和接纳当事人的状态。这时帮助者的角色就像老师一样，帮助当事人认识自身状态，并学习放松技巧。

#### 1．心理教育

需要认识到恐惧、害怕等情绪是我们面对应急状况的正常反应，不代表自己必然有问题，只要接受它们就好了。目前这样的状况，可能还会持续一段时间，只要顺其自然就好，不要强迫自己不能有这些情绪。

#### 2．放松技术

可以通过多种方法调整自己的状态、如听轻音乐、运动、倾诉等。同时，也可以试着多练习观呼吸法，步骤是：

（1）把注意力带回到自身，如鼻端和腹部。

（2）仅仅是感受自己在呼吸，顺其自然的速度呼吸。

（3）将注意力集中在呼吸上，当走神和情绪产生的时候，不对它们做出反应，然后再把注意力锁定在呼吸上。

3．家人反应

周围的人需要坦然接受其目前的心理状态，聆听和接纳，照顾好当事人的必要的饮食起居等生活。

### （三）车祸发生 30～60 天

这时大部分当事人情绪和身体都会逐渐康复，帮助者的角色可以像朋友一样，鼓励其尽量恢复到正常的工作和生活中。但也有一小部分人还在经受严重的情绪困扰，这时需要邀请精神科医生评定是否是创伤后应激障碍，并作出诊断和进一步的治疗工作。

禁止事项（针对当事人以外的他人）：

（1）车祸刚发生后几个小时到三天内，让当事人描述车祸的详细过程和容易引起当事人痛苦的细节。

（2）在车祸发生不久就给当事人详细描述车祸现场等惨状，甚至给当事人观看现场照片和视频等行为。

（3）对当事人的身体或情绪反应，表达出轻蔑、嘲笑、质疑、指责的行为。

如果当事人车祸之后一周之内不断出现以下状况，请及时向专业心理机构或医院寻求帮助：

1．情绪方面

情绪不稳定，容易焦虑、恐惧、担心，激惹，不易平静，感受不到积极情绪。

2．行为方面

失眠、噩梦、暴饮暴食或饮食严重减少，易动怒，疏远他人、自残、自伤，尽量回避与车祸有关的任何事情，头脑反复出现车祸记忆，在此时当事人无法控制自己的行为，内心惊恐不安，大吼大叫或呆住，注意力不在当下。

3．认知方面

认为自己处于危险之中，自己无法摆脱痛苦，对未来感到悲观失望。

【补充资料】

#### 发生交通事故后如何处理

一旦出现交通事故怎么办？别慌！在情绪上要保持冷静，避免争执；在行动上应根据现场情况灵活处理。以下举出了几大处理要点，希望能帮助事故中的伤者把伤害和损失降低。

1. 马上停车

在汽车运行安全的情况下马上停车，关掉引擎（以免汽车起火）并打开紧急灯让其闪亮；立即记下对方的车牌号，以防对方在交通事故发生后开车逃跑。

2. 发出警示

保护好现场；向其他车辆发出警告，亮起危险警告灯；在路上摆放三角形警告牌；如有需要，再用其他方式示警。

3. 估计情况

迅速估计现场情况，事故涉及多少人？受伤人员数量及状况？涉及多少辆车？漏出的燃油是否会着火？现场是否有人受过急救训练？

4. 护理伤者

切勿移动受伤者，除非伤者面临危险（如着火、有毒物体渗漏），因为移动可能会造成更大的伤害。如果伤者仍在呼吸，且流血不多，则旁人不可做任何事情，除非确实懂得怎样护理伤者；不可给伤者喂任何食物或饮料。

5. 防止其他危险

关掉所有肇事车辆的发动机；禁止吸烟；当心其他易燃物品；尽可能防止燃油泄漏；当心危险物品，慎防危险性液体、尘埃及气体积聚。

6. 求　救

需要求救时，派人去求救或使用身边的移动电话，在高速公路上可使用路边的求救电话。求救时详细说明发生意外的地点及人员伤亡情况。

7. 记　录

如事故发生时有目击者，要立即记下目击证人的姓名、地址及电话（如证人在另一辆车中，要立即记下车牌号码）；记下交通方向、交通灯的信号、行车线、交通标志及碰撞位置；最好能用纸画出交通事故发生的草图；利用手机将事故现场及车碰撞的部位拍下来。

8. 与对方驾驶员互换资料

包括车款、出厂年份、车牌号码及有效日期；车辆注册地；驾驶员姓名、性别、年龄、住址及电话号码；驾驶执照号码；车主姓名及住址（有时车主与驾车人不是同一人）；保险公司及保单号码。还要记下事故发生的时间、日期及地点；时速限制及对方车的时速估计；发生事故的车辆数量；对方车辆的乘客数量（分成人、小孩）。

9. 报　案

轻微交通事故可进行快速处理或自行前往交通事故报案中心报案。如遇有伤亡或较大损失，应立即报警，详细说明事故发生地点及伤亡人数。在警察查完现场后一定要求警察给你事故报告及该警员的姓名、编号、所属分局及电话号码。

案例导入

### 一例驾驶员职业倦怠的案例

老马，男，42 岁，某公交公司驾驶员，从业 16 年来，每天早出晚归，工作中尽量避免和乘客发生纠纷，因为勤勉肯干，他晋升为业务骨干，但头发也白了一半。为了工作他顾不上家里，为此妻子一直埋怨他对家人不管不顾，他既愧疚又无奈。前不久，单位又要他帮人代一天的班，他明显感觉力不从心，筋疲力尽。他说自己胸口好像总是压着一块大石头，喉咙里堵着，心情越来越沉闷……

【思考练习】

1. 驾驶员职业倦怠有哪些表现？
2. 驾驶员职业倦怠形成的原因？
3. 疏解驾驶员职业倦怠有哪些策略？

## 第六节　驾驶员的职业倦怠

### 一、职业倦怠的概念

职业倦怠是指个体在工作重压下产生的身心疲劳与耗竭的状态。现代社会中，由于工作负荷重、竞争日趋激烈，职业倦怠在世界范围内已经成为一种普遍现象。

“职业倦怠症”又称“职业枯竭症”，个体长期从事某些职业，日复一日地重复机械操作，将逐渐产生疲累、昏昏欲睡、甚至厌倦的心理，打不起精神。这会造成心理枯竭现象，个体身心俱疲的重压下，能源耗尽，这和身体疲劳是不相同的一种疲倦的感觉，造成精神疲劳。

随着竞争的日益加剧，工作倦怠情况出现在越来越多的领域。驾驶是一项需要精神高度集中的工作，在客运工作中，驾驶员肩负的责任非常大，是职业倦怠的高发人群。

### 二、职业倦怠的形成及表现

职业倦怠是长期形成的。美国心理学家切尔尼斯认为职业倦怠是一个互动的过程，职业倦怠的形成经历了三个阶段，如图 11.1 所示：

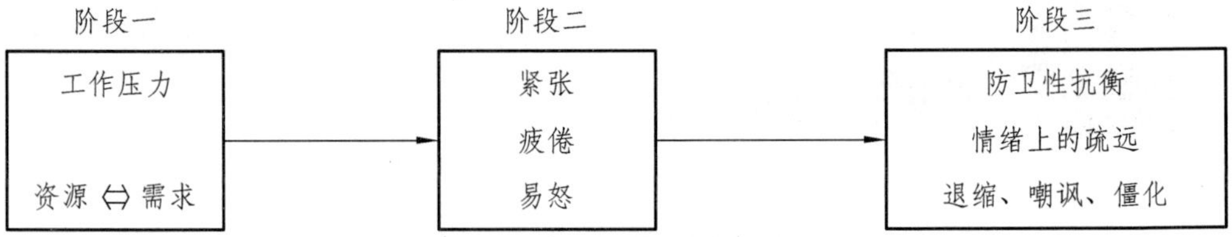


图 11.1　切尔尼斯职业倦怠三阶段

第一阶段：个体在工作中感受到负面情绪，这是由于工作环境和个人的人格特质。

第二阶段：工作压力产生的原因是，个人的资源和需要无法平衡，导致个体短期的情绪反应，如身心疲累、情绪烦躁等。

第三阶段：个人的防御反应。个体会采取多种方式处理压力。一些应对措施可能是有效的，有些应对措施将导致个人的态度不佳，如玩世不恭的态度，社交退缩，情感疏远等。

另外，马勒斯等人认为职业倦怠主要表现在三个方面：情绪耗竭、去人性化和个人成就感低。情绪耗竭主要表现在生理耗竭和心理耗竭两个方面。如极度的慢性疲劳、力不从心、丧失工作热情、情绪波动大等。去人性化即刻意在自身和工作对象间保持距离，对工作对象和环境采取冷漠和忽视的态度。个人成就感低表现为消极地评价自己，贬低自己工作的意义和价值。

## 三、驾驶员职业倦怠的表现形式

### （一）态度方面

在认知方面，认为工作毫无意义、毫无价值，驾驶工作只是枯燥乏味、机械重复的烦琐事务。

### （二）在情感方面

由于对工作感到厌倦，情绪波动很大，常常产生压抑、苦闷、怨恨、忧郁、多疑等多种消极情绪。

### （三）在行为方面

主要表现为厌倦工作，减少工作投入，甚至不工作，尽量逃避工作环境，对同事冷漠，逃避与同事交往或拒绝与其合作，对工作环境和管理牢骚甚多，只注重个人待遇和福利。

### （四）在身心方面

职业倦怠感若得不到有效消除和缓解，则会反映出生理能量耗竭的状态，如饮食习惯和体重骤变，身体虚弱，对疾病的抵抗力降低，内分泌紊乱，易患各种心脑血管疾病和神经衰弱、失眠等病症，整个人处于亚健康状态。在心理方面，则表现为对生活的乏味感，对事业的失望感等。

## 四、驾驶员职业倦怠的影响因素

### （一）婚姻状况

有调查研究表明，不同婚姻状况的驾驶员在职业倦怠总分和低职业效能感维度上有差异，离异的驾驶员与已婚、未婚驾驶员呈现出显著差异。

未婚驾驶员工作积极、热情，因此很少出现严重的职业倦怠现象；已婚驾驶员有家庭做后盾，家庭成员可以分担驾驶员在生活和工作上的消极情绪，情绪宣泄的途径比较多，因此很少出现严重的职业倦怠现象；离异驾驶员在经历过一次失败的婚姻后，社会压力显然增大，对很多事情漠不关心的态度，他们的工作可能会不奉献，职业效能感低，逐渐会出现严重的职业倦怠现象。

### （二）文化程度

客运汽车驾驶员整体学历水平不高，驾驶员中大多数是高中、职高或中专学历，只有小部分的驾驶员具有大专及其以上学历。有调查研究表明：不同学历层次间存在极其显著差异，情绪耗竭和消极怠慢主要集中在大专及其以上学历的驾驶员群体。

### （三）薪酬因素

在收入水平方面，并不是收入越高，职业倦怠会越低。反而中等收入水平的驾驶员情绪耗竭程度和消极怠慢最严重。这可能是因为工作进入了一个平稳期，最初的工作热情和关于收入的担心减少，单调枯燥的驾驶工作使得驾驶员情绪耗竭和消极怠慢较为严重。

### （四）工作时间

由于客运驾驶工作属于体脑结合的劳动类型，是高强度、高负荷的工作，因此驾驶员无论是生理疲劳还是心理疲劳，都不能得到很好的缓解。尤其是日工作时间在 12 个小时以上的驾驶员，超长的工作时间不符合人的正常生理周期规律，对驾驶员身心的挑战也就越大，也越容易产生疲劳现象，所以其职业倦怠程度最高，进而影响对服务对象的态度等。

### （五）工作压力

工作负荷过重与消极怠慢呈现正相关。工作负荷过重，会直接导致个体的疲劳感，驾驶员的情感资源过度消耗，出现疲乏、精力丧失等情绪耗竭的特征。

### （六）社会支持

家人、领导、同事和朋友的支持与消极态度都呈负相关，表明家人、领导、同事和朋友的支持越多，驾驶员的对待工作的态度会积极，消极怠慢现象就会减少。

## 五、驾驶员职业倦怠疏解的对策

### （一）驾驶员自我应对策略

1．认识自我，及时有效地调控自我

正确认识自己就是要学会自我肯定。一个心理健康的人，应该能够体会到自己存在的价值，既能了解自己又能接受自己，对自己的能力、性格和特点能做出恰当、客观评价，并努力发展自身潜能。

有效地调控自我是塑造自我、超越自我、完善自我的根本途径。所以，驾驶员要认清自我价值，明确自己承担的责任和重担，多方面、多角度地认识自我，确立符合实际情况的理想自我，掌握自己的优势与不足，正确预测自己职业倦怠的征兆。

2．寻求积极的应付方式

有研究表明，对个体进行积极的应对方式的教育可以有效地预防工作倦怠，主要包括合理利用社会支持、与工作伙伴、家人等的沟通、放松训练、合理认知训练、身体锻炼等方式，这些方式的主要目的在于使个体正确认识工作中遇到的压力及其他消极因素，在加强自身承受能力的前提下防治工作倦怠。

3．关注自己的负面情绪

有研究结果显示，驾驶员的情绪状态是导致工作倦怠产生与否的一个重要因素。一般而言，不良情绪分为两种，一种是过度的情绪反应，主要是指由于某些重大的生活事件所引起的狂喜、暴怒、悲痛欲绝等强烈反应，抑或是迟钝、冷漠等相反的表现；另一种是持久性的消极情绪，这是指个体在引起消极情绪的事件发生后长期沉溺于消极的状态中难以摆脱，如果不能得到处置，会产生自信心降低、消极、抑郁等。

驾驶员个人情绪管理分为三个方面。第一，学习及时、准确地理解和面对自己的情绪状态。第二，学习适当表达自己的情绪而获得别人的理解，并舒缓内心压力。第三，以正确的方式来缓解情绪。缓解取决于个人本身，为每个人特有的方式，其目的是为了给自己一个机会、理清思路，能更好一点、有更多精力去面对未来。有些人喜欢找朋友抱怨，一些人喜欢购物、听音乐、散步，这些都可以使负面情绪得到有效缓解，但饮酒、飙车甚至自杀等方式不仅伤害自己，也会伤害别人。

### （二）客运企业应对策略

#### 1．建立合理的管理制度

驾驶员首先是客运企业的员工。对于驾驶员个人而言，企业是背后的大树，是可以依靠的归属，而企业对于员工身心健康也有不可推卸的责任。因此，对于驾驶员们的状态，企业也应有相应的工作措施。企业应在人性化管理上加强对员工工作、生活和身心方面的关怀以避免和缓解员工的情绪压力。企业应公平对待每一位员工，制定和健全规章制度，应建立一个透明、公平、合理和健全的管理制度，以避免由于经营管理不善的负面情绪。企业还应通过员工会议或休闲活动和其他形式的情感沟通，以创造一个宽松的环境，还可聘请情绪指导专家或心理医生，以便帮助员工放松工作中积累的紧张情绪等。在生活上，通过为员工建立和提供良好的福利条件给予员工生活的关怀。

#### 2．建立合理的薪酬制度

为缓解驾驶员的职业倦怠，客运企业要适时改变、提升驾驶员薪酬待遇，新的薪酬制度应体现驾驶员的工作量与工作质量。

#### 3．建立和完善驾驶员的选拔机制和激励机制

在选拔驾驶员时，要综合考虑其年龄、驾龄等，各年龄段的驾驶员在工作倦怠上是存在差异的，因此，在选拔时就应避免倦怠感较高的年龄段的人员，以期提高驾驶员队伍的整体素质，以能够从另一方面提高服务质量。

#### 4. 改善工作环境，减少工作负荷，了解驾驶员的需要

良好的环境能够缓解驾驶员的疲劳。驾驶员是客运市场中与乘客联系最密切的群体，代表着服务，他们的工作环境就是整个客运市场，在对客运市场有力管理的同时，也要对驾驶员的工作环境进行合理优化，保证其有良好的工作环境，这样才能保证驾驶员有良好的心态，充足的精力投入工作岗位。

#### 5.尊重驾驶员职业，营造良好的社会氛围

努力创造全社会尊重驾驶员的氛围，真正做到配合驾驶员的工作，争取社会对驾驶员的认同，对驾驶员有合理的期望。乘客要配合驾驶员的工作，给予应有的尊重和支持。这样才能缓解驾驶员的工作压力，降低工作倦怠感，当然这就需要全社会的共同努力，而且不是一朝一夕能实现的。

此外，还应该宣传和提高驾驶员的公众形象。媒体在对客运市场进行报道时，也应告诉公众在现实条件下驾驶员忍辱负重的一面，使人们在乘坐客运车辆时对驾驶员能多一分理解、多一分支持。这样也有助于降低驾驶员的工作倦怠感的产生。

6．加强宣传教育培训工作

做好驾驶员的安全管理工作，是客运企业安全工作的重点。有调查数据显示，不少的驾驶员存在疲劳驾驶的问题，首先企业应认识到驾驶员的驾驶行为直接关系到自己的生产安全，同时肩负着众多乘客的生命财产安全。企业应围绕“行车安全”这一主题，切实有效地展开安全教育工作，有效杜绝各种事故隐患。

【测一测】

表 11.1　工作倦怠量表 MBI-GS

| 请您根据自己的感受和体会，判断它们在您所在的单位或者您身上发生的频率，并在合适的数字上划“√” | | | | | | | | |
|---|---|---|---|---|---|---|---|---|
| 项　目 | | 从不 | 极少（一年几次或更少） | 偶尔（一个月一次或者更少） | 经常（一个月几次） | 频繁（每星期一次） | 非常频繁（一星期几次） | 每天 |
| 情绪衰竭 | | （该维度的得分＝所有题目的得分相加） | | | | | | |
| 1 | 工作让我感觉身心俱惫 | 0 | 1 | 2 | 3 | 4 | 5 | 6 |
| 2 | 下班的时候我感觉精疲力竭 | 0 | 1 | 2 | 3 | 4 | 5 | 6 |
| 3 | 早晨起床不得不去面对一天的工作时，我感觉非常累 | 0 | 1 | 2 | 3 | 4 | 5 | 6 |
| 4 | 整天工作对我来说确实压力很大 | 0 | 1 | 2 | 3 | 4 | 5 | 6 |
| 5 | 工作让我有快要崩溃的感觉 | 0 | 1 | 2 | 3 | 4 | 5 | 6 |
| 工作态度 | | （该维度的得分＝所有题目的得分相加） | | | | | | |
| 1 | 自从开始干这份工作，我对工作越来越不感兴趣 | 0 | 1 | 2 | 3 | 4 | 5 | 6 |
| 2 | 我对工作不像以前那样热心了 | 0 | 1 | 2 | 3 | 4 | 5 | 6 |
| 3 | 我怀疑自己所做工作的意义 | 0 | 1 | 2 | 3 | 4 | 5 | 6 |
| 4 | 我对自己所做工作是否有贡献越来越不关心 | 0 | 1 | 2 | 3 | 4 | 5 | 6 |

续表

| 项目 | | 从不 | 极少（一年几次或更少） | 偶尔（一个月一次或者更少） | 经常（一个月几次） | 频繁（每星期一次） | 非常频繁（一星期几次） | 每天 |
|---|---|---|---|---|---|---|---|---|
| 成就感 | | （该维度的得分=反向计分后，所有题目的得分相加） | | | | | | |
| 1 | 我能有效地解决工作中出现的问题 | 0 | 1 | 2 | 3 | 4 | 5 | 6 |
| 2 | 我觉得我在为公司做贡献 | 0 | 1 | 2 | 3 | 4 | 5 | 6 |
| 3 | 在我看来，我擅长于自己的工作 | 0 | 1 | 2 | 3 | 4 | 5 | 6 |
| 4 | 当完成工作上的一些事情时，我感到非常高兴 | 0 | 1 | 2 | 3 | 4 | 5 | 6 |
| 5 | 我完成了很多有价值的工作 | 0 | 1 | 2 | 3 | 4 | 5 | 6 |
| 6 | 我自信自己能有效地完成各项工作 | 0 | 1 | 2 | 3 | 4 | 5 | 6 |

评分方法：

将三个项目得分相加除以 15，求出平均分，平均分再乘以 20，则：

得分在 50 分以下，工作状态良好；

得分在 50～75 分，存在一定程度的职业倦怠，需进行自我心理调节；

得分在 75～100 分，建议休假，离开工作岗位一段时间进行调整；

得分在 100 分以上，建议咨询心理医生或辞职，不工作，或换个工作也许对人生更积极。

## 案例导入

### 开车大声听音乐　两年后驾驶员耳聋了

2012 年 2 月 27 日上午，杭州市中医院耳鼻喉科来了一位中年男子。“医生，我两只耳朵最近经常响个不停，听声音也不清楚，我担心会不会年纪轻轻就变聋呀。”

男子姓刘，今年36岁，是一名长途货车的驾驶员。常年与车为伴的他，为了解除旅途寂寞，同时防止打瞌睡，只要一上车，就把音响打开，开足音量，这样已有近两年。近来，刘先生发现听力越来越差，有时候家人大声喊，他都听不到。

医生通过检查，发现他听力出现问题，诊断为噪声性耳聋。医院耳鼻喉科的医生说，噪声性耳聋是由于一次短期强噪声刺激或长期慢性噪声刺激所引起的听力下降。病人常先有耳鸣，慢慢耳聋并逐渐加重，甚至高频听力消失，成为全聋。（来源：《杭州日报》）

【思考练习】

1. 驾驶员常见的与职业有关的疾病有哪些？
2. 驾驶员如何预防常见的与职业有关的疾病？

## 第七节　驾驶员常见的与职业有关的疾病

### 一、职业病的概念

根据《中华人民共和国职业病防治法》规定：职业病是指企业、事业单位和个体经济组织等用人单位的劳动者在职业活动中，因接触粉尘、放射性物质和其他有毒、有害物质等因素而引起的疾病。各国法律都有对于职业病预防方面的规定，一般来说，凡是符合法律规定的疾病才能称为职业病。

在生产劳动中，接触生产中使用或产生的有毒化学物质，粉尘气雾，异常的气象条件，高低气压，噪声，振动，微波，$\chi$射线，$\gamma$射线，细菌，霉菌；长期强迫体位操作，局部组织器官持续受压等，均可引起职业病，一般将这类职业病称为广义的职业病。对其中某些危害性较大，诊断标准明确，结合国情，由政府有关部门审定公布的职业病，称为狭义的职业病，或称法定（规定）职业病。

我国规定诊断为法定（规定）职业病的，需由诊断部门向卫生主管部门报告。《中华人民共和国职业病防治法》规定职业病的诊断应当由省级卫生行政部门批准的医疗卫生机构承担。职业病患者，在治疗休息期间，以及确定为伤残或治疗无效而死亡时，按照国家有关规定，享受工伤保险待遇或职业病待遇。

### 二、驾驶员常见与职业有关的疾病

#### （一）噪声性耳聋

汽车发动机运转、汽车鸣笛、所载物体震动等均可产生不同强度的噪声。部分汽车驾驶室内噪声强度超过规定标准值，汽车鸣笛声在某些地方不绝于耳。驾驶员长期在噪声的“轰击”下易产生损伤，导致噪音性耳聋。早期多在开车之后出现听力下降，如果不开车，听力能够逐渐恢复。但如果长期开车，反复接触强噪声，会造成听力明显损伤，且不能完全恢复，导致双侧不可逆性耳聋。

### （二）颈椎病、腰痛

驾驶员在开车时长时间保持一个姿势，且眼睛盯牢前方，脖子挺直，容易导致颈部肌肉痉挛，发生颈椎微错位，压迫、刺激神经，出现头部、肩部、上肢等疼痛、发胀。开车时间越长，患颈椎病的概率越高。另外，长时间同一姿势驾驶还会无形中对腰部产生长期压力，再加上道路颠簸引起的汽车震动对脊柱的损害，会影响颈椎间盘新陈代谢，加速椎间盘变形，甚至造成椎间盘突出，导致腰痛发生。

### （三）视力疲劳综合征

驾驶员开车时，眼睛时刻注视路面车辆和行人的情况，容易产生眼花、眼痛、视力减退。夜间驾驶时，驾驶员的感受性降低，暗适应能力和色觉敏感性下降，极易导致视力疲劳综合征，即在开车过程中出现头晕、视物模糊、两眼胀痛等症状。倘若汽车的挡风玻璃质量粗糙或高低不平、厚薄不一，可导致更进一步的视力疲劳综合征。

### （四）震动病

汽车在发动、行驶过程中都在不停地震动，造成车在行驶过程中驾驶员既会产生全身震动又会产生局部震动。当驾驶员开车时间较长时，其手部末梢血管和肌肉就可能产生痉挛，表现为手麻、手痛、手胀、手凉等症状，严重时还可引起手腕及手指关节的骨质增生，甚至导致关节变形。

### （五）泌尿系统疾病

泌尿系统疾病也是驾驶员常见的职业病，有其复杂的形成原因。首先，长时间驾驶，精力高度集中，无法进行放松活动，这一姿势除了引起颈、腰部肌肉酸痛之外，对尿路也会造成长时间压迫，影响血液循环；其次出车在外受环境因素影响较大，发生感冒及肠胃道疾病的机会增多，会导致泌尿系统感染并反复发作；同时，饮水少、经常憋尿，也会使前列腺疾病症状加重；最后，驾驶员工作随意性大，不能按时饮食、作息及吸烟等，也能诱发前列腺疾病。

### （六）胃　病

驾驶员成为胃病的高发人群主要与驾驶员的职业特点有关。驾驶员易患胃病的原因主要有以下几个方面：

（1）驾驶员开车时精神高度紧张，如果这种紧张状态长期得不到缓解，易造成胃、十二指肠壁血管痉挛，供血减少，从而导致胃病的发生。

（2）驾驶员坐立时间长，运动量小，食物在胃内存留时间过长，胃排空慢，加重了胃肠负担，造成对胃黏膜的强烈有害刺激。

（3）驾驶员特别是出租车、公交车驾驶员以及长途车驾驶员吃饭时间无规律，破坏了胃的正常消化分泌节律。

（4）驾驶员进食不洁食物的几率高以及饮食习惯不科学也容易引发胃病。

### （七）汽油中毒

汽油中毒也是驾驶员最常见的职业病之一。汽油是无色略带臭味的液体，内含硫、铅等杂质，在常温下易挥发。当驾驶员直接吸入空气中较浓的汽油蒸气时，会导致汽油中毒。轻微汽油中毒会出现头晕、头痛、恶心、呕吐、无力、神志恍惚、视力模糊、步态不稳等症状；严重汽油中毒可出现呼吸浅快、口唇发绀、面部潮红、肌肉震颤、手脚麻木等症状。

### （八）废气中毒

废气中毒也是驾驶员常见的一种职业病。发动机排出的一氧化碳会造成周身的组织、器官和细胞严重缺氧，从而导致肌细胞老化，出现皮肤粗糙、暗淡、无光泽、起皱和头发干涸、脆弱等现象。

### （九）接触性的皮肤损伤

驾驶员在接触汽油、柴油、苯及其衍生物等刺激性过强的化学物质时，接触的皮肤将发生过敏、侵蚀而出现接触性皮炎。

## 三、驾驶员与职业有关疾病的预防方法

（1）连续开车时间不宜过长，一般以四五个小时为宜。连续开车时间过长，易导致过度疲劳，诱发高血压、神经性头痛等疾病。长途汽车驾驶时，应配备2名驾驶员。

（2）适当增加活动量。长期久坐，颈部、腰部及四肢关节长时间处于同一种姿势，会影响血液循环，容易导致颈椎病、腰肌劳损、肩周炎、痔疮等疾病。同时，缺少全身运动，脂肪易在体内堆积而导致高血脂、肥胖等。

（3）饮食有节。平时应尽量定时进餐，饮食有度，生活要有规律，出车时可适当备些水果或糕点，避免过度饥饿。

（4）保证充足的睡眠时间，一般每天睡眠时间应在6小时以上。如长期睡眠不足，会导致神经衰弱。

（5）及时补水。气温高，人体出汗较多，尤其是公交车、长途汽车驾驶员，如果

不能及时补充水分，易引发泌尿系统结石。

（6）定期进行体检。驾驶员每年应进行一次职业体检，以便早期发现与职业有关的疾病，及时治疗处理。倘若发现禁忌开车的情况，如明显的听觉器官、心血管、神经系统器质性疾患和色盲等疾病者，均不宜从事机动车驾驶工作。

驾驶员患与职业有关的疾病跟其久坐、紧张疲劳、睡眠不足或睡眠质量不好、饮食无规律、长期憋尿等职业因素有关，要预防此类疾病，保持良好的生活方式很重要。

【补充资料】

## 车内简易保健操

长时间开车的人，休息间隙可在车里做一些保健操，能够伸展肌肉、放松关节，消除疲劳，提高工作效率。

第一节　伸展运动：坐在椅上，两手手指叉握，直臂上举，掌心向上，持续 5 秒钟。然后两手直臂由上到胸前，再屈肘紧抱双膝，含胸收腹，反复 8 次。

第二节　转体运动：坐在椅上，两手向后扶住椅背两侧，身体向右侧转动，持续 5 秒钟，还原。换方向，身体向左侧转动，持续 5 秒钟，还原。左右反复各 8 次。

第三节　伸拉腿运动：坐在椅上，右腿伸直，钩脚尖，两手扶住小腿，上半身慢慢靠近伸直的右腿，持续 5 秒钟，还原。再换左腿用同法进行。左右腿反复各 8 次。

第四节　收腹运动：坐在椅上，两手向后扶住椅背两侧，身体挺直，单腿向前伸展，上身向前屈体收腹，低头含胸，背部伸展，持续 5 秒钟，还原。左右反复各 16 次。

第五节　展肩背：右手放松伸至胸前，用左手握住右肘轻轻往左拉，持续 5—10 秒，换另一侧。也可背部挺直，将双臂抬起放在脑后，然后双手相互环抱住肘关节，低头眼睛向下看，同时深呼吸 5 次，再恢复到原来的姿势。

第六节　展腰背：稍往前坐，让身体从腰部尽量向后仰。还可以双臂向后伸，双手抓住座椅椅背，尽量向前挺胸，脸向上仰呈 45 度角，这样能加强腰背肌的力量。

第七节　转腰身：身体坐直，肩膀下沉，右手搭在方向盘上，左手向后放在靠背上，用腰带动身体向左转，然后换方向重复这个动作。

也可利用红灯的间隙活动颈椎、放松手臂，让身体短暂休息。应尽量避免连续长时间驾车，开两个小时车就要下来休息、活动一下，以减轻身体负荷，避免过度疲劳。

# 第十二章

# 乘客心理分析与沟通技巧训练

## 学习目标

1. 理解乘客的知觉、情绪状态和心理需要。
2. 理解不同自身条件、出行目的、个性特征乘客的心理特征。
3. 理解特殊类型乘客的心理特征，掌握服务特殊类型乘客的方法。
4. 理解乘客投诉的原因和心理需要。
5. 掌握处理乘客投诉的原则和对策。

## 案例导入

### 施工路段公交车到站无法停靠 乘客谩骂踢门驾驶员无奈报警

2018年4月10日13时许，黄石市公安局西塞山分局陈家湾派出所民警接到一名胡姓男子的报警，称在十六中公交车站有乘客闹事。

民警接警后，迅速赶往现场。经询问，民警得知胡师傅是25路公交车的驾驶员。当天，胡师傅将车驶到儿童公园站时，车内乘客徐女士走到后门想要下车，但由于近日儿童公园站处于施工路段车辆无法停靠，所以胡师傅没有停车，继续向前行驶。

徐某见公交车到站没停，便大喊要下车，胡师傅开口解释："这个站现在停不了，你到下一站下车。"徐某显然不满意胡师傅的回答，开始不停在车上谩骂，并猛踹车门，要求胡师傅停车。

胡师傅考虑到车上其他乘客的安全，并没有答应徐女士的要求，而是将车开到了下一站才停车，但徐女士不但不下车，还不停在车上谩骂。胡师傅无奈之下，选择了报警求助。

了解事情经过后，民警现场对徐女士进行了劝解和教育，徐女士最终认识到了自己的错误，向胡师傅赔礼道歉。（来源：大楚网）

【思考练习】

1. 分析乘客出现谩骂、踢门行为的心理原因？

2. 面对这样的乘客，你应该怎么处理？

## 第一节 乘客的心理分析

### 一、乘客的知觉

#### （一）乘客的知觉概念

乘客的知觉是指乘客在乘车过程中对直接作用于感觉器官的各种刺激现象整体属性在其脑中的反映。例如，乘客对驾驶员的印象，对车厢环境的感受等。它反映的不是客运服务的个别属性，而是乘客对大量感觉得到有关客运服务方面的信息进行综合加工后形成的有机整体。

#### （二）乘客的知觉分析

因为乘客的知觉是影响乘客乘车行为的重要心理因素之一，通过对乘客的知觉进行分析，驾驶员可以更好地了解乘客的知觉规律，才能更好地提供客运服务。乘客的知觉，主要形成在两个方面：

1. 乘客对驾驶员的知觉

在客运服务过程中，驾驶员代表客运企业与乘客面对面进行接触，因此，驾驶员诸多因素都会影响到乘客的知觉。驾驶员服务态度、服务能力、性格特点，甚至驾驶员外在的仪表仪态，都会对乘客的知觉产生巨大的影响。

（1）乘客对驾驶员仪容仪表的知觉。

仪容仪表是个人涵养的外在表现。在与人交际的过程中，这是一张没有文字却形象生动的名片。整洁的衣冠给人以舒服的感觉，而好的第一印象往往是至关重要的。作为客运窗口的驾驶员，要以良好的礼仪形象出现在乘客面前，才能给乘客留下良好的“第一印象”。

驾驶员的着装要求：

上装：按季节穿着公司统一制服，不得擅自更换。佩戴肩章、工牌、领带或领结，系好衣领扣，衬衫纽扣必须扣齐，下摆要扎进裤子里面，。

下装：按季节穿着公司统一制服，一般为深色西裤或深色休闲长裤，系深色皮带。

鞋袜搭配：穿黑色皮鞋，并搭配深色、单色袜子，女性驾驶员不得穿高跟鞋。

首饰和配饰：不佩戴除手表和婚戒外的其他首饰和配饰，手表和婚戒样式要符合身份，不能过于张扬浮夸。

手套的戴法：开车时要戴上白手套，如遇握手，要摘掉手套。

其他要求：穿着衣服前请对衣服进行清洗及熨烫，做到勤换勤洗，确保衣服整洁，穿戴整齐。

驾驶员的形象要求：

外貌：要提前修剪好胡须、头发、指甲等，保证面容、发型、指甲干净整洁；头发不做夸张的造型或染怪异颜色；女性驾驶员可适当做淡妆。

站姿：站立时要身体挺拔、精神焕发，不能随意倚靠、叉腰、插袋等。

坐姿：坐着要稳重得体，不能跷腿、抖腿、伸腿躺坐等。

走姿：走路时，抬头挺胸，上身挺拔。

其他要求：工作期间要确保睡眠充足，确保精神面貌良好；出车前不吃大蒜、韭菜、洋葱等有异味的食品。

（2）乘客对驾驶员言谈举止的知觉。

言谈举止作为一门艺术，也是个人礼仪的一个重要组成部分。在生活、工作中，我们都离不开言谈举止礼仪。言谈是传达感情的工具，也是沟通思想的桥梁。有的人善于用语言来表达情意，一席话就能使人心情舒畅，有的人则不善于以语言来表达，一讲话就使人误解。举止是一种不说话的“语言”，一个人的举止不仅关系到一个人形象的塑造，甚至会影响一个行业的形象。冰冷生硬，懒散懈怠，矫揉造作的行为，无疑有损于良好的形象。相反，从容潇洒的动作，给人以清新明快的感觉；端庄含蓄的行为，给人以深沉稳健的印象；坦率的微笑，则使人赏心悦目。

驾驶员言谈举止要求：

微笑服务，举止得体，态度诚恳、礼貌。

使用普通话和文明用语为乘客服务。“请”字当先，说话和气，不骂人、不打人、不恶语伤人、不借故刁难乘客，不说脏话、不说忌语，不使用生、冷、硬的语言，态度和蔼，耐心解释，不知则问。

不在乘客面前挖鼻孔、掏耳朵、剔牙、向车内外吐痰等，打喷嚏时应遮挡口鼻及回避乘客。

不向乘客索要财物，不接受乘客的任何食品、饮料和香烟等。

回答乘客问题应主动，与乘客交流应适度，交谈内容应健康文明，不信谣、不传谣；乘客间谈话时不得插话。

2．乘客对乘车环境的知觉

乘客对乘车环境的知觉包括车站、站台及车辆的卫生、乘车秩序、色彩、空调温度、服务设施等方面的感觉以及乘车是否方便、乘坐的是否舒适等。

## （三）影响乘客知觉的因素

1．客观因素

（1）乘客生理条件。

乘客知觉的产生必须依赖乘客的各种感觉器官，如利用眼睛、耳朵、鼻子等器官去接收信息的刺激。因此，不同生理条件的乘客，必然会产生不同的知觉感受。有的乘客感觉器官有缺失，也会产生不完整的知觉。例如，盲人乘客难以产生鲜明、具体的知觉形象；聋哑乘客难以产生听知觉的反应；孕妇乘客，因为生理原因也会产生和普通乘客不一样的知觉。

（2）车厢硬件环境。

知觉是由刺激物引起的，干净整洁的车厢环境、温暖舒适的车厢温度，能够引起乘客良好的知觉感受。如果刺激物是乘客以前闻所未闻、见所未见的，就容易引起乘客的新奇感，这样的刺激物往往容易被他们首先知觉到，例如，车上新更换的广告信息。

2．主观因素

（1）需要与动机。

人的需要和动机对知觉有着重要的影响。动机，是直接推动人们从事某种活动的内在驱动力，一般情况下，只有那些能够满足人们需要、符合人们动机的事物，才能引起人们的注意，从而被清晰地感知。例如，外地乘客不熟悉线路，乘车过程中会时刻注意车上的广播，害怕坐过站。面对同一刺激情境时，不同需要和动机的乘客会有不同的知觉感受。例如，在拥挤的车厢内，乘客更关注自己随身携带的物品，谨防小偷；而怀有作案动机的乘客，则关注哪位乘客会是他作案的对象。

（2）知识与经验。

经验，是人们从实践活动中得来的知识和技能。凭借以往的经验，人们可以很快就能对知觉对象的意义做出理解和判断，从而节约感知时间，扩大知觉范围。另外，一个人的知识越丰富，对事情的知觉就越迅速、越全面、越深刻。例如，有的乘客被其他乘客碰撞或挤兑，认为这是车辆行驶过程中摇晃所致，不以为然；然而，有被小偷盗窃经历的乘客，对这种情境会知觉得更全面、更深刻，马上就会反应是不是有小偷趁机在作案。

（3）情绪状态。

情绪状态在很大程度上影响着个人的知觉水平。在心情愉快的时候乘车，乘客对乘车过程的感知在深度上和广度上都会深刻鲜明；相反，乘客情绪不好，心情烦躁，知觉水平就会降低，影响对乘车过程的整体质量评价。例如，乘客上车前刚和其他人发生过争吵，心情愤怒，在乘车回家的路上，遇上跟平常一样的车满、车慢、车堵等，他会觉得特别的不满，甚至怪罪驾驶员和其他乘客。

（4）期望。

期望，是人对知觉对象所抱有的态度和心情。在知觉过程中常常渗透着知觉者的期待心情，使得对于事物的知觉不像它本来的面貌，而是像人们所期望的那样。比如，乘客看到车上挂着“青年文明号”的荣誉牌，就期望所乘坐的车是干净、整洁、舒适的，驾驶员的驾驶是平稳、安全的，驾驶员的服务是热情、周到的。当真实情况与自己的期望差不多时，就会对乘车过程产生良好的印象以及较高的评价;当与自己的期望相差太远时，就会产生较差的印象，感觉失望。

3．认知偏差

所谓认知偏差是指人们根据一定表现的现象或虚假的信息而对他人或者事物做出判断，从而出现判断失误或判断本身与判断对象的真实情况不相符合。

（1）首因效应。

首因效应是指在人际知觉中，人对人的第一印象。第一印象不管正确与否，总是鲜明、牢固的，往往左右着对对方的评价。一般人通常根据第一印象将他人归类，然后再根据这一类别系统的特点对此人加以推论与做出判断。通常所说的“先入为主”，便是这个意思。显然，这种首因效应作用过大，便可能导致人际知觉上的失误。即一个人如果一开始给人留下好印象，那么可能一直就是好的；一个人如果一开始给人留下坏印象，则可能一直就是坏的。乘客在乘车过程中，通过驾驶员的语言、谈吐、举止、仪表等方面对其形成第一印象，不管这个印象是对还是错，它总是以最鲜明、最深刻的方式印在乘客的脑中。在客运服务中，驾驶员与乘客的交往多为一次性的交往，所以在服务中的首因效应更为普遍。要是乘客对驾驶员产生不良的第一印象后，要想改变它，是十分艰难的。驾驶员也要意识到自己给乘客的第一印象，不只是简单的个人形象，更重要的是整个行业的形象。

（2）晕轮效应。

晕轮效应又称“光环效应”“成见效应”“光晕现象”，是指在人际相互作用过程中形成的一种夸大的社会印象，正如日、月的光辉，在云雾的作用下扩大到四周，形成一种光环作用。常表现在一个人对另一个人或事物最初印象决定了他的总体看法，而看不准对方的真实品质，形成一种好的或坏的“成见”。所以光环效应也可以称为“以点概面效应”，是主观推断的泛化、定势的结果。在客运服务过程中，乘客会因个别的问题对整个公司或者行业的驾驶员产生极端的影响。例如，当乘客遇到一个态度傲慢、冷漠或者粗暴的驾驶员，他就会联想到整个公司的驾驶员服务态度也不会好，甚至会产生抵触这家客运企业的想法。

（3）刻板效应。

刻板效应，又称刻板印象，它是指对某个群体产生一种固定的看法和评价，并对属于该群体的个人也给予这一看法和评价。刻板印象虽然可以在一定范围内进行判断，不用探索信息，迅速洞悉概况，节省时间与精力，但是往往可能会形成偏见，忽略个体差异性。人们不仅对接触过的人会产生刻板印象，还会根据一些不是十分真实的间接资料对未接触过的人产生刻板印象，例如，有些乘客会认为女性驾驶员比较细心，驾驶让人放心；也有一些乘客认为男性驾驶员操作更好，驾驶会让人更放心。

## 二、乘客的情绪状态

在乘车过程中，大多数乘客会以理智来衡量一切并支配自己的行动，在没有太多心理刺激的情况下，能够保持稳定的、平静的情绪状态。例如：自觉遵守乘车制度，讲文明礼貌，尊重驾乘人员，在座位上睡觉、听音乐或者玩手机。但在客运过程中，难免会产生一些车辆故障、交通堵塞等突发情况，影响乘客出行的方便和顺利，造成乘客心理的波动。乘客常见的情绪状态有：

### （一）疲劳情绪

最常见的乘客疲劳情绪大都发生在下班高峰时段。经过一天的工作劳累，下班后的精神放松，很容易就在心理上产生一种解放和放松感，以及由此产生的一种体力上的不可抗拒的疲劳感，外观表现的就是一种疲劳情绪。

处于疲劳情绪中的乘客是最不愿意被打扰的，主观上希望车厢不太拥挤，最好还能有个座位。因此，他们对车厢的拥挤度和车辆运行的时间间隔最敏感，总希望在车站等候的时间少些、车辆行驶快些、车厢相对宽松些。

### （二）快乐情绪

快乐是一个人盼望和追求的目的达到后产生的情绪体验。一个人快乐的程度是与其对快乐的期望值与得到值的大小密切相关的。例如，乘客一上车就听见驾驶员热情的问候："您好！请往里边走"。乘客内心感到一种亲切愉快。再如，驾驶员将乘客遗失的钱包交到乘客的手中，乘客内心激动的心情。

### （三）愤怒情绪

愤怒是指当愿望不能实现或为达到目的的行动受到挫折时引起的一种紧张而不愉快的情绪。愤怒有程度的不同，从轻微不满、怒、激愤到大怒等。例如，当一名遵守秩序的乘客，突然被一名乘客扰乱秩序插队时就会感到愤怒；拥挤的车厢内，女乘客的脚尖不小心被其他乘客踩到了，感到非常的生气。

### （四）焦虑情绪

焦虑是指一种缺乏明显客观原因的内心不安或无根据的恐惧，是人们遇到某些事情如挑战、困难或危险时出现的一种情绪的反应。例如，当发生长时间堵车等情况时，往往会引发大多数乘客的焦虑情绪，他们会表现出“坐立不安”“四处张望”“自言自语”“频频问讯”等外在行为。

### （五）恐惧情绪

恐惧是指人们在面临某种危险情境，企图摆脱而又无能为力时所产生的担惊受怕的一种强烈压抑情绪体验。在正常情况下，乘客一般不会产生恐惧的情绪，只有在乘车过程中发生严重突发事件时，才会引起乘客的恐慌。例如，惨烈的交通事故、恐怖的伤人袭击事件等。

## 三、乘客的心理需要

一般来讲，人们出门乘车首先要考虑交通安全、便捷、经济、方便、舒适等，这些需要是人们乘车过程中的共性心理需要。乘车中的共性心理，又是相当复杂的，具体表现在：

### （一）安全心理

人们乘车最根本的需要就是安全的需要，它包括人身安全和财产安全两个方面。为保证乘车安全，乘客常综合考察自然环境状况、社会治安情况和运输工具的安全性等内容，再做出是否乘车的决定。当亲友出门旅行时，我们祝福他们“一路平安”。这代表了出门乘车者最普通、最基本的共性心理要求。既然是“一路平安”，就是指乘客从离开家门，一直到目的地，包括乘车的全过程都平平安安。“平安”就是不发生任何危及人身安全和财物安全的意外事故，也就是不会发生人身碰伤、挤伤、摔伤、烫伤等情况；乘车中所携带的财物、文件资料保持完整，不会发生任何丢失或损坏的事情。

### （二）顺畅心理

送亲友出门旅行时，除了祝福他“一路平安”外，常说的另一句话就是“诸事顺利”，讲的是乘车中的顺利、愉快问题，这也是乘客的一个共性心理要求。乘客到车站购票，能够顺利地买到自己需要的车票；上车时，人虽然多，但能够顺利地找到座位；在用餐时间，车站能够提供经济、卫生、可口的食品；食用自带食品时，车站或服务区能够随时提供开水；汽车在运行途中，因某些原因，如道路施工、交通事故等而耽搁，在这种情况下，能否保证汽车正点到达终点站；准备换车时，有充裕的时间赶上接续换乘的班车等。

### （三）快捷心理

在现代社会，“时间就是金钱”“时间就是生产力”的观念深入人心，为了节省时间、提高工作效率、提高生活质量，“快捷”成为乘客一个主要要求。缩短乘车时间，迅速到达目的地，可以节约时间，同时减少乘车疲劳。

### （四）方便心理

方便的需要表现在购票、进出站、上下车以及中转乘车等方面的便捷性。“方便”要求减少乘车中的各种中间环节，达到“快捷”的目的。乘客出门乘车，希望处处能够方便，这是一种很普遍的共性心理。为了适应乘客的方便心理，需要采取一些措施，如车站周围能有方便的交通让乘客方便到达。为了到站后能快速方便地找到自己的候车室，车站可设置多个指示牌，并且客运服务人员应多注意着急、徘徊的乘客，多问乘客的需求等。又比如售票处多开售票窗口，减少乘客排队等候时间；延长售票时间，使乘客随时都能购票；妥善设置候车室、检票口、站内通道引导牌等，减少乘客进站上车的走行距离。满足乘客的方便心理要求，其要点是使乘客感到处处、事事、时时力便，节省时间，能够使事情顺利办成。

### （五）经济心理

经济心理表现在乘车需要的满足程度与所付出的费用和时间相比较，希望在一定的需要满足程度之下，所付出的费用和时间最少。但乘客在乘车中对经济性的考虑两个因素结合在一起，一是花钱的多少，二是由谁出钱，是自己出钱还是报销。

### （六）舒适心理

随着经济的发展，人们生活水平的提高，乘客对乘车环境、文化娱乐、饮食、休息睡眠等内容的要求相应提高。这种需要的强度和水平受多种因素影响，特别是乘车时间的长短往往是起决定作用的因素。所以，要确保设施设备的质量，让乘客顺利到家，并且多注意环境卫生。

### （七）安静心理

乘客出门乘车，离开家或工作场所，来到车站与其他乘客一起乘车，一直处于运动状态中。在嘈杂的环境中，尽量保持安静，减少喧哗，动中求静，这是人之常情，是大多数乘客的共同心理需求，尤其是在人较多的候车室和车厢内，要求更为迫切。要保持乘客乘车过程中的安静环境，一方面乘客本身要约束自己，不要大声说话、大声喧哗。另一方面驾驶员有责任加强对乘车环境的管理，积极地组织诱导和制止不利于安静的事件，避免乘客大声喧哗、吵闹，更要避免与乘客发生口角、争吵，影响乘客休息。

### （八）尊重的心理

受尊重是人的正当需要。每一位乘客都希望自己的人格、习俗、信仰、愿望受到驾驶员的尊重，能看到热情的笑脸，听到友善的话语，体验到这个临时大家庭的温暖。一旦人格受到屈辱，自尊心受到伤害，便会产生反感，甚至可能导致双方的冲突，这样就会对客运带来负面影响。

## 四、乘客的个性心理

人们在乘车过程中的共性心理，是大多数乘客普遍的、通常的心理要求。但对于每个乘客来说，由于自身条件、出行目的、个性特征的不同，又必然会有不同的心理要求，这是乘客乘车的个性心理需要。例如，有的乘客喜欢靠窗户坐，有的乘客喜欢靠前排坐等；有的乘客喜欢在车上戴耳机听音乐，有的乘客喜欢在车上玩手机。所以，乘客的个性心理与共性心理相比较，更为复杂。驾驶员在客运服务工作中，既要掌握乘客的共性心理，又要探索和理解乘客的个性心理，才能避免服务工作的片面性和盲目性，才能做到更加主动、更有针对性地实现文明服务、礼貌待客。

### （一）不同自身条件乘客的心理特征

1．不同性别乘客的心理特征

（1）男性乘客心理特征。

一般来讲，男性乘客在乘车时比较好动、动作迅速、灵活、有力，即使比较挤也能够上去，喜欢说笑、遇事不愿迁就，尤其是有女性、儿童、老年人同行时，要求较多、好强。但有时又表现为比较随便、慷慨，办事马虎、粗心。

（2）女性乘客心理特征。

相比之下，女性乘客在乘车时要求少，一般比较安静，不喜欢拥挤，只希望顺畅到站。带小孩的女性更是宁可自己受累，不愿小孩受苦，也不愿麻烦他人，而且怕小孩吵闹，影响其他乘客休息。但有时也会因为被踩、蹭、碰等原因而不满，甚至吵架。

2．不同年龄乘客的心理特征

（1）带领期乘客心理特征。

带领期的儿童已具有一定独立行动的能力，正处于智力开发的阶段，对于外界的事物表现为好奇心特别的强，什么东西都喜欢摸一摸，动一动。在乘车过程中，虽然有家长的带领，但他们仍然爱站在靠窗的椅子上蹦跳，甚至把头、手伸出窗外，四处张望、玩耍。这个时候，需要驾驶员用关心的态度向孩子的家长宣传，最好将孩子抱在怀里。

（2）儿童期乘客心理特征。

儿童期的乘客基本上是小学生，他们独立行动的能力已经很强了，离家较远且年龄较大的儿童，已能够独立乘车。这个时期的儿童，安全意识还比较单薄，在上车的时候，喜欢争抢上车，驾驶员在进站的时候，应该提早瞭望观察。在乘车过程中，他们活泼好动，喜欢争抢座位，爱东张西望，喜欢将头、手伸出窗外，喜欢在车厢里面嬉戏打闹、乱钻乱跳。在下车的时候，需要驾驶员叮嘱他们注意往来车辆。

（3）青少年乘客心理特征。

青少年期的乘客多为初、高中学生，他们正处于青春期，心理上变化起伏较大，情感丰富、强烈，但欠成熟稳定，容易冲动失衡。他们自尊心和成人感在不断增强，群体感较强，喜欢三五成群的。乘车时间、地点和线路，比较固定。驾驶员注意不要严厉的批评训斥，也不要用过激的话刺激他们，避免伤害他们的自尊心。

（4）中青年乘客心理特征。

中青年是人生的黄金阶段，然而这个时期却是人生的“暴风雨”时期。这个时期的乘客，记忆、思维、情感、意志等心理方面趋于成熟，但有时会因为一些心理压力，情绪脾气变得暴躁。总体来说，他们有很强的自尊心、好胜心，能够明辨是非，能够按照自己的见解来认知、评价社会、他人和自我。在乘车过程中，一般比较遵守秩序，乘车时间、地点和线路比较固定，熟悉乘车情况，一般不需要驾驶员过多关注，有时候他们还能帮助驾驶员处理一些突发问题。

（5）老年乘客心理特征。

人到老年，体力和精力开始衰退，生理的变化必然带来心理上的变化。老年乘客在感觉方面会开始迟钝，对周围事物反应变缓慢，活动能力逐渐减退，动作变缓慢，应变能力差，在上下车的时候，需要驾驶员的帮扶，并安排好座位。老人由于年龄上的差异与青年人想的不同，因而心境寂寞，孤独感逐步增加。道德观根深蒂固，喜欢用固有的道德标准来评价事物和人的行为。老年乘客在乘车过程中，怕拥挤、跌倒，喜欢安静，忍耐力强。有时会因为车厢环境的拥挤、嘈杂，有可能血压升高，表现出不安、焦躁。

### （二）不同出行目的乘客的心理特征

乘客因乘车目的的不同，其心理状态也会存在差异，也会有不相同的心理活动表现。

#### 1. 通勤通学

这部分乘客每天要多次乘坐交通工具，乘车经验丰富，对车站、车辆运行时间非常了解，时间观念强，往往按点上车，到站又急于下车。驾驶员要理解他们长期通勤通学、早出晚归的困难，对他们多同情、少强制，多服务、少指责，尽量为他们创造一些方便的乘车条件。

2．出　差

出差乘客共同的心理要求是乘坐较快、条件较好的班车；换乘车次受出差的目的地制约；时间性强，怕晚点；饮食要求经济实惠；在乘车过程中喜欢车站清洁、有序；爱看书、听广播，几个人聊天或玩扑克；比较关心客运服务工作的改进和驾驶员服务态度等方面的变化。

3．旅　游

随着人民生活水平的提高，以出门旅游为目的的乘客越来越多。他们的共同的心理是盼望顺畅、便利、能够玩得愉快、高兴。但本地和外地旅游的乘客又有不同的心理状态。

（1）外地旅游的乘客。

外地游客的乘车动机就是借助公共交通工具到达其旅游目的地。由于他们出行的目的是观光游览，所以对异地风光感到陌生而新奇，即使在乘车过程中，他们也想观赏外面的景色。他们常担心乘错车，在心理上有一种恐慌感，担心找不到目的地，乘车比较谨慎小心。由于来到异地他乡，接触到陌生的环境，所以他们在心理上的自我保护感和安全感比较强，乘车时心情紧张，担心会发生意外。由于初到异地，对当地的地理环境了解甚少，所以他们遇事总喜欢打听。例如，他们一般都打听酒店，亲友住址所在地，以及名胜古迹、商店等。

（2）本地旅游的乘客。

本地游客在乘车过程中，心情比较愉快，情绪比较稳定。由于他们对出游目的和乘车线路比较熟悉，所以心情比较平静，不会出现惶恐和慌乱的现象。他们在乘车时由于出行目的的特殊性，所以他们会比较注意自己的言谈举止，注意保持自己情绪的稳定。

4．探亲访友

这部分乘客从事各种职业，在全部乘客中占有一定的比例，尤其是在重要节日或较长时间假日期间，这类乘客人数较多。他们共同的心理表现在乘客出门最基本的平安、顺畅、便利、安静等方面。

### （三）不同气质类型乘客的心理特征

乘客的气质，在整个旅行活动过程中会通过他们的言行表现出来。深入细致地观察乘客的言行，可以了解乘客的气质类型，从而可以有针对性提供服务。

1．急躁型乘客

急躁性相当于胆汁质。急躁型乘客对人热情、感情外露、说话直率而快、言谈中表现自信，这种类型的乘客容易激动，通常喜欢与人争论问题，而且力求争赢。他们对服务的评价易走极端。他们在乘车过程中常常显得粗心，经常丢东西。驾驶员在客运服务工作中，对急躁型乘客，言谈注意谦让，不要激怒他们，不要计较他们不顾后果的冲动言语，一旦出现矛盾，应当尽量回避。随时提醒他们别乱扔、乱放东西，并多站在他们的角度着想，通过让他们感到满意，这类人很容易成为朋友也很容易给工作带来困难。

2．活泼型乘客

活泼型相当于多血质。活泼型乘客表现活泼好动，他们反应快，理解力强，显得聪明伶俐。他们动作敏捷、灵活、多变。乘车过程中他们对人热情大方，喜欢与人交往和聊天，喜欢打听各种新闻。他们情感外露，并且变化多端，经常处于愉快的心境之中。驾驶员在客运服务工作中，对活泼型乘客，与他们交往要热情。但是要注意，在行车过程中，驾驶员不要过多的和这类型的乘客闲谈，避免造成注意的分散，影响行车安全。

3．稳重型乘客

稳重型相当于黏液质。稳重型乘客平时表现安静，喜欢清静的环境。他们很少主动与人交往，交谈起来很少滔滔不绝和大声说笑，情感很少外露，使人猜不透他们想什么或需要什么。但稳重型乘客自制能力很强，做事总是不慌不忙，力求稳妥，生活有固定的规律，很少打扰别人。他们反应慢，希望别人讲话慢些或重复几次，自己讲话也慢条斯理，显得深思熟虑。他们的注意力比较稳定，对新环境不易适应，但适应了又对乘坐过的汽车或打过交道的驾驶员产生留恋之感。驾驶员在客运服务工作中，对稳重型乘客介绍或交代事情时，应当注意讲话的速度，重点适当重复一下。一般情况不要过多地与他们交谈。如有交谈，尽量简单明了，不要滔滔不绝，以免他们反感。

4．忧郁型乘客

忧郁型相当于抑郁质。忧郁型乘客感情很少向外流露、心里有事一般不愿对别人讲，宁愿自己想。乘车过程中表现性情孤僻、不合群、沉默寡言，不喜欢在公共场合与人交往和聊天。这类乘客对事情体验深刻，自尊心强，很敏感，好猜疑，想象丰富。他们在遇到困难或挫折时，会表现得非常痛苦，如丢失东西，身体有病或与人发生纠纷后会长时间不能平静。他们行动迟缓、反应慢。驾驶员在客运服务工作中，对忧郁型乘客应当十分尊重，对他们讲话要清楚明了，和蔼可亲。尽量少在他们面前谈话，绝对不要与他们开玩笑，以免产生误会和猜疑。当他们遗失物品、生病时，应当特别关心和给予帮助，想办法安慰他们，使之感到温暖。

## 五、特殊类型乘客的心理特征和服务

特殊类型乘客是指需要给予特殊礼遇和照顾的乘客，或由于其身体和精神状况需要给予特殊照料，或在一定条件下才能承运的乘客，这里主要是指老、弱、病、残、孕等乘客。这部分乘客数量较少，却是驾驶员客运服务中应该重点关注的对象，他们在乘车过程中有着各自不同的特点和心理特征。

### （一）聋哑乘客

聋哑乘客因生理缺陷，丧失了听觉能力和说话能力，驾驶员一般只能借助手势或文字了解对方的乘车需求。做好聋哑乘客的服务，首先要了解对方不同于健全人的心理特征。聋哑乘客的心理特征主要表现为：

自卑。由于听觉能力丧失，聋哑乘客长年生活在无声世界里，从内心深处产生一种强烈的孤独感，不愿意和健全人接近，觉得自己比健全人矮一等。

多疑。由于自身存在生理缺陷，在现实生活中处于弱者地位，对健全人的防范心理极强，即使是友好善意的表示，也要报以怀疑和猜测的目光。

急躁。由于聋哑乘客听不进、道不出，与健全人无法进行感情交流和思想沟通，乘车时也经常因语言障碍不能将目的地表达得一清二楚，从而产生焦急和不耐烦情绪，有时将驾驶员对哑语的无知误解为故意刁难。

根据聋哑乘客的心理特征，驾驶员在客运服务中应注意以下几方面：

（1）由于双方无法用语言沟通，驾驶员应通过面部表情和手势，使聋哑乘客感觉到他受到了礼貌的对待和真诚的欢迎。

（2）在了解聋哑乘客去向时，为了确保准确无误，最好取出笔和纸，让对方写清楚。

（3）为了方便聋哑乘客到目的地下车，根据情况可将对方安置在前排就座，以便提醒其下车。

（4）由于语言无法沟通，驾驶员对聋哑乘客实施微笑服务就显得格外重要。

（5）驾驶员在接待聋哑乘客时，要像对待健全乘客一样，不应有丝毫怠慢、冷淡或不耐烦的表示，更不得模仿聋哑人的动作，取笑嘲笑对方。

（6）为了做好聋哑乘客的服务工作，驾驶员应学习了解一些简单常用的哑语会话知识，特别要掌握表示友好、欢迎的手势，以便更好地与聋哑乘客沟通感情，建立信任。

【补充案例】

**公交驾驶员创"文明手语" 成青岛巴士名片**

青岛公交集团崂山巴士公司501路线驾驶员王×多年来坚持在一线驾驶员岗位上，将优质服务带给乘客，他带领“501我等您”爱心志愿服务团队，十年来服务残疾乘客万余人次；他热心公益，为中小学生累计讲解交通安全知识上百场；他甘愿牺牲与家人团聚的机会，主动替开节日末班车……，2018年“七一”前夕被评为青岛市优秀共产党员。

岛城501路线自2008年开始投入无障碍公交车，方便了残疾乘客出行，王师傅带领线路驾驶员成立了“501我等您”爱心志愿服务团队，到今年已经整整十个年头，累计服务残疾乘客超过万人次。在平日驾驶过程中，王师傅和线路的党员驾驶员一起，总结了“请您靠边候车、请其他车辆先行、请您谅解、请您先行、您真棒”5大文明手语，在线路和公司驾驶员中进行推广。目前，青岛巴士“文明手语”已在万名驾驶员中推广学习，还被多家外地公交企业借鉴，成为青岛巴士的另一张名片，走向全国。（来源《半岛都市报》）

### （二）盲人乘客

盲人乘客因双目失明，失去视觉能力，一般只能依靠拐棍走路，行动很不方便。但是，他们的听觉、视觉都异常灵敏，凭借耳听、手摸可部分弥补生理上的缺陷。盲人乘客的心理主要表现为：

忧郁。这是盲人悲伤境况形成的一种心态。与聋哑人的焦躁情绪不同，盲人长期生活在黑暗之中，沉闷忧郁，郁郁寡欢。对别人讲话十分敏感，领悟性也极强，他们主要通过驾驶员讲话的语气和音调来判断或揣摩对方待人是否和气，心地是否善良，服务是否周到。

谨慎。盲人双目失明，丧失了对外部世界的观察能力，因此处处格外小心，生怕出错而招来横祸。乘车时事先用手将座椅触摸一下，觉得万无一失了，才慢慢落座。

防范心重。盲人一般都遭遇过心术不正之徒的恶作剧，对人本能地产生一种戒备心理。特别是对钱包等贵重物更是严加保管，生怕被人抢走。盲人在乘坐出租车时，唯恐驾驶员利用其看不见计价器的特点漫天要价，因此一般都要求协商价格，避免吃亏。

依赖性强。由于双目失明，行动不便，盲人很难独立乘车，无论上车、下车，都需要驾驶员上前帮一把，以保证其乘车的安全。

根据盲人乘客的心理特征，驾驶员在客运服务中应注意以下几方面：

（1）看见盲人准备上车时，驾驶员应主动走出车厢，迎上前去，牵着拐棍，将盲人引到车厢。行走中不要催促，遇到障碍要提醒对方注意。

（2）为了确保盲人乘客安全，驾驶员要主动帮盲人乘客安排好座位，并帮助收好拐棍，料理妥当后，再回到驾驶座上去。

（3）由于盲人主要依靠声音进行判断，因此，驾驶员讲话要格外和气、亲切，在称谓上也尽量用尊称，从而消除对方的戒备心理。

（4）盲人乘车时爱问这问那，这是唯恐上当受骗心理的一种表现，驾驶员应予以理解，在不影响安全行车的前提下做到有问必答。

（5）车到目的地时，驾驶员要主动搀扶盲人下车，并将拐棍交到对方手中。如果交通环境混乱，驾驶员还应牵引拐棍送一程，直到盲人行走十分安全时再返回。

【补充案例】

## 公交驾驶员“脱岗”扶盲人过马路

2018 年 3 月 27 日中午 13 点左右，505 线驾驶员王师傅驾驶车辆由同兴枢纽站驶往北碚，途经新三溪口站点时，看见一位老大爷站在路口边手足无措，一会往前走一步，一会向后退一步，离近了一看是位盲人。随后，王师傅将车停靠好迅速下车，小心翼翼地搀扶着老人绕过过往的车辆，将老人送到了路边的安全地带，而后自己又快速跑回到车内，继续行驶。

几天过去了，没想到这一善意举动深深地刻在了路旁一位小车驾驶员李先生心里。随后，李先生拨打了热线电话要求表扬好驾驶员。李先生说：“当时他开车正行至新三溪口路段，根本没注意路边站着的是个盲人。当我看到公交驾驶员的这一幕时，心中暗自赞赏，车流量这么大，健全人过马路都提心吊胆，更别说是盲人了，这位驾驶员师傅心眼真好。”

事后，王师傅得知自己被热线表扬后一个劲地说：“没想到会受到表扬，这点小事都是我应该做的，因为我是公交驾驶员。”（来源：《重庆时报》）

### （三）瘸拐乘客

瘸拐乘客是指因病因伤致残，导致截肢或腿部发育不健全的乘客。瘸拐乘客的心理特征主要表现为：

自卑。瘸拐乘客存在明显的生理缺陷，容易产生悲观失望的情绪。瘸拐乘客最反感人们用异样的眼神打量自己，这种歧视或轻蔑的目光往往会激发出不可遏制的愤怒作为回敬。

行动迟缓。瘸拐乘客在上下车门的时候，比一般健康的乘客花的时间要多。

自尊心强。瘸拐乘客尽管身带伤残，但由于怕被人瞧不起，他们大都不愿给别人添麻烦，除非万不得已，不然，不会主动向他人求助。

根据瘸拐乘客的心理特征，驾驶员在客运服务中应注意以下方面：

（1）当遇见瘸拐乘客乘车时，驾驶员在征求对方同意后，上前搀扶一把。如其随身带有行李物品，应帮助提拿并安放好。

（2）瘸拐乘客如果拒绝帮助，坚持自行上车，驾驶员应对这种自强自立精神表示赞赏。尽管对方腿脚不便，动作迟缓，驾驶员仍然要有耐心，做到不急、不躁、不催、不烦。

（3）关好车门，询问其是否坐稳后，再发动车辆，投入营运。途中应控制车速，保持车辆平稳，避免因剧烈颠簸而造成瘸拐乘客的伤残部位与车身发生碰撞。

（4）驾驶员在与瘸拐乘客谈话时，应格外热情，使对方感受到友善和尊重，不因存在生理缺陷而受到歧视或冷遇。

（5）瘸拐乘客下车时，驾驶员应帮助提拿行李。

（6）在接待瘸拐乘客的过程中，切记不可拿对方的生理缺陷开玩笑，这是他们最忌讳、最反感的，弄得不好会激化矛盾，酿成恶性服务事故。

【补充案例】

### 公交驾驶员抱残疾乘客下车 温暖一车人

2015 年 7 月 2 日，渝中区大坪车站，一名腿有残疾的乘客下车时行动不便，公交车驾驶员饶师傅走出驾驶室，把这名乘客抱下了车。那一刻，整个车厢都安静了，被抱下车的乘客悄悄抹了抹眼泪，而驾驶员在返回驾驶室时始终面带微笑……

乘客曾先生向记者讲述了当天的情景：当日中午 11 点 40 分，他在 818 路公交车起点站锦天康都上车，准备到江北区观音桥。上车时还没到发车时间，驾驶员也还没上车，随后，坐在后排的曾先生看见，一名拄着双拐、下肢截肢的男子慢慢走上了车。“40 出头的样子，膝盖以下都没有了，行动十分不便。”曾先生说，几分钟后驾驶员上车了，看见残疾大哥连忙上前询问，还嘱咐他拉好扶手。“到了大坪站停稳后，驾驶员走出驾驶室，抱着残疾乘客下了车。”曾先生说，很多乘客这才注意到残疾乘客行动不便，“整个车厢都安静了，大家都望着他俩，那一幕真的太温暖了”。

驾驶员饶师傅回忆，当天自己正准备上车，调度室工作人员就提醒他，说车上有位残疾人。“我一上车就去关注了一下，发现他膝盖以下都没有了。”饶师傅询问得知，这名残疾乘客要到重庆北站南广场，但 818 路公交车是去北广场的。“于是我建议他到大坪去换乘 421 路或者 138 路，并表示下车时可以给他搭把手。”饶师傅说，考虑到公交车台阶比较高，残疾乘客行动不便，而且下雨天路面湿滑，怕他摔倒。“我块头大，有 200 斤，觉得自己有能力帮他一把。”饶师傅说，搀扶的话反倒不太方便，于是干脆就把残疾乘客抱下了车。

通过监控视频，饶师傅才知道残疾乘客哭了。同时，饶师傅还发现，在他回到驾驶室的那段路上，脸上一直挂着微笑。“这笑是不由自主的，因为我都不记得自己有笑过。”饶师傅说，可能“助人”真的可以让人快乐吧。（来源：华龙网）

### （四）孕妇乘客

孕妇乘客的心理特征主要表现为：

怕羞、怕挤、行动不便。孕妇在乘车时总是躲躲闪闪，怕挤，她们上车后总是愿找一个僻静的地方。因为她们的身体负重大，行动不便。上下车时，格外小心。

担心、焦虑。孕妇在怀孕期有各种担心，担心胎儿发育不正常；担心新的生命会给生活、工作带来新的问题，在乘车过程中又担心发生意外，精神总是处于紧张状态，这会造成她们焦虑不安，有时出现呕吐、血压升高等现象。

对座位的特殊需求。孕妇由于身体负重大，行动不便，乘车过程中怕碰怕挤。尤其遇有急刹车等特殊情况时，很容易使她们站立不稳，因此，她们很需要座位。

根据孕妇乘客的心理特征，驾驶员在客运服务中应注意以下方面：

（1）对孕妇乘客，驾驶员应及时协助她们上车 、下车、找座位，确保她们的乘车安全。

（2）途中应控制车速，保持车辆平稳，避免因剧烈颠簸而造成孕妇乘客的身体与车身发生碰撞。

【补充案例】

### 孕妇无人让座 驾驶员拒发车

2012 年 10 月 17 日上午 8 时 30 分，家住南充市西华路的小玟在母亲陪伴下，挤上一辆 5 路车。小玟回忆：“当时车上很挤，4 个老弱病残专座都坐满了人，最前边坐的是一位老大爷，第二个座位上是个小伙子，他把头趴在前排靠背上；第三个座位上是位中年阿姨，第四个座位上是个女孩。”

任师傅是当天小玟所搭乘公交车的驾驶员，任师傅说：“那天我看见一名孕妇上了车，就高声喊前边的乘客请让个座，一车人无人动身。于是，我又大声喊请你们让个座，但还是没人起身。连喊两声之后，监控视频里看不到母女俩，估计到车后边去了，我又大声问，坐下没有？就听见一位女士回答，还没有哦。我又喊了第三声，请后排的男同志给让个座。喊完我又问坐下了没？又听到说还没有。当时我真的有点生气了！我就用更大的声音喊，今天必须让个座位出来，不然我就不发车了。”

听到驾驶员这句话，小玟很是感动，同时也很惭愧，自己的不便给一车乘客带来麻烦。身边一位中年阿姨起身让我坐下，就在我说谢谢的时候，车上不止一个人在喊，驾驶员快开车，她已经坐下了。（来源：《成都商报》）

#### （五）抱小孩乘客

抱小孩乘客是指带着 2 周岁以下婴幼儿乘车的乘客。抱小孩乘客的心理特征主要表现为：

对座位的需求强烈。从人的需要来说，每个人乘车都希望有一个舒适的座位，对座位都有需求。但相比于一般的乘客，抱小孩乘客的需求就更强烈一些。

对安全性要求更高。在乘车过程中，抱小孩乘客担心他们的孩子被挤着、冻着、热着，一般不喜欢坐在风口位置上。出于安全的考虑，不会把自己的小孩交给其他乘客或者售票员。哺乳期的女乘客为避免公共场所哺乳的尴尬，更希望自己的座位隐蔽一点。

根据抱小孩乘客的心理特征，驾驶员在客运服务中应注意以下方面：

（1）对抱小孩的乘客，驾驶员应及时协助她们找座位，确保她们的乘车安全。

（2）创设条件，为哺乳期的女乘客提供方便。

【补充案例】

### 妈妈再也不用害羞在车上喂奶啦！

2015年11月份，一位妈妈在北京地铁上哺乳时被人拍下照片，并上传至网络，一时引发网友热议和声讨。公共场所母婴室设施不完善，甚至许多场所还未设立母婴室，使得越来越多的育龄妈妈们在公共场合频频遭遇"哺乳"尴尬现象……，而这样的尴尬也常在公交车厢内上演着。

今后，妈妈们再也不用害羞或是担心会被拍照啦！为避免哺乳时的尴尬，体现更加人性化的服务，2016年3月，萍乡公交部门在原先老、幼、病、残、孕专座的基础上又设置了一处相对独立的小空间"哺乳妈妈专座"，为妈妈们提供私密空间，让妈妈在里面可以安心给孩子喂奶。

据介绍，该专座位置靠近公交车厢出口前方的一把座椅上，上方垂下一张可开合的粉色布帘，与座位后背、前方形成一个相对独立的"小包厢"，能为哺乳期的妈妈提供方便。

这个充满暖意的举措，得到了不少市民的点赞。一女乘客称赞道，现在公交车上设置了"哺乳专座"，不仅为年轻妈妈提供了方便，也正好解决了当众哺乳面临的尴尬，这个做法是人性化的细分和精确化，值得称赞和推广。（来源：中国江西网）

### （六）突发疾病乘客

乘客在车内突发疾病时，身体会出现不适的状况，有可能出现头晕、头痛、甚至晕厥、口吐白沫等情况，驾驶员应本着救死扶伤，全力相助的原则给予帮助，不能置之不理、不闻不问，要保持冷静，沉稳应对。

根据突发病乘客的情况，驾驶员在客运服务中应注意以下方面：

（1）立即选择安全地点停车，并开启车辆应急灯。

（2）立即拨打120急救电话，说明详细地址和患者基本症状，然后拨打110报警电话，完成上述工作后立即向路队长和分公司报告。

（3）车内没有其他乘客时，大声向周围群众呼救，请求他人帮助，不得单独留下患病乘客无人照管或置之不理。

（4）在等待救护车到达的过程中，打开车门、车窗，保持车内通风。

（5）请车内其他乘客或周围群众留下联系电话或联系方式。

（6）晕厥、呼吸困难、癫痫乘客，应帮扶乘客平躺或斜靠，将领口解开，放松腰带，腰部垫上软的衣服，立即将患者头部置于后仰位，托起下颌，使呼吸道畅通。

（7）救护车到达后，向医护人员说明患者情况，协助急救人员做好相关工作。

【补充案例】

### 公交车上突发病症 众人施救转危为安

2018 年 4 月 17 日，尹师傅驾驶 818 路公交车在线路上正常行驶着，突然，两名乘客先后请求他靠边停车，说车上有一名女乘客突然发病了，四肢僵硬，有点抽搐，无法站立。关键时刻，驾驶员尹师傅果断处置，将车停好在路边，随即拨打了 120。因为发病女乘客没有人陪同，又担心她独自在马路边等 120 会倒在路上，尹师傅没有马上离开，一直守着她，直到 120 来。期间，热心的乘客找来一瓶水递给发病女乘客，又帮助女子按摩手指。

好在医生来了后，诊断女乘客并无大碍。女乘客去医院后，尹师傅这才放心离开。尹师傅后来得知，女乘客当时由于办事不顺利，情绪激动，外加上没吃早饭，所以晕厥，四肢抽搐、麻木，一度动弹不了，后面心情慢慢平复，有一定的缓解。（来源：《重庆晚报》）

## 案例导入

### 胆大公交司机 边开车边吃面

2013 年 11 月，一段视频在网上火了。视频中，一个中年男公交车驾驶员，左手端着一碗面，右手拿着筷子，挑起面条往嘴里大口送。吃着吃着，驾驶员身子前倾，脑袋差点埋在碗里。10 多秒后，公交车走偏，驾驶员放下筷子调整方向盘。回到正常行进路线后，驾驶员边吃边用手肘抵住方向盘，车速没有明显减缓，此时，公交车上有 10 多名乘客。

“驾驶员眼睛不看路，万一避让不及，害怕与其他车相撞，一车人岂不……”乘客说到，随后，将驾驶员违章驾驶的视频上传至网络。（来源：央视新闻）

【思考练习】

1. 乘客投诉驾驶员有哪些形式？
2. 乘客投诉驾驶员有哪些原因？
3. 驾驶员有哪些技巧应对乘客的投诉？

# 第二节　乘客投诉心理分析及沟通处理

## 一、乘客投诉

乘客投诉是指乘客在接受客运服务过程中，由于驾驶员服务质量和服务态度而引发的矛盾和冲突，或者在乘客的权益受到损害时，向驾驶员或上级主管部门反映情况，提出自己的意见和要求的行为，是对乘车服务不满意的最直接的表达方式。

## 二、乘客投诉的种类

乘客投诉按照不同的分类方式有不同的种类。

### （一）按投诉的表达方式分类

乘客感到不满意后的反应一般有两种：一种是说出来，另一种就是不说出来。据一项调查表明：在所有不满意的乘客中，有 69% 的乘客从不提出投诉，有 26%的乘客向身边的服务人员口头抱怨过，而只有 5% 的乘客会向投诉管理部门，如客服中心、投诉电话等正式投诉。其中，正式投诉根据乘客表达方式的不同可以分为以下三种：

（1）当面口头投诉，包括向公司的任何一名职员。

（2）书面投诉。书面投诉的形式包括意见箱、邮局信件、网上电子邮件等。

（3）电话投诉。电话投诉的形式包括热线电话、投诉电话等。

### （二）按投诉的内容分类

按投诉的内容不同，乘客投诉主要可以分为以下几类：

1．规范服务方面的投诉

规范服务方面的投诉是指由于驾驶员违反客运服务规范，服务过程中态度不佳、使用忌语，未按规定操作服务设施而引起乘客不满，造成的投诉。

2．车辆运行方面的投诉

车辆运行方面的投诉是指因车辆、设备设施故障或其他突发事件造成车辆晚点等不能正常运行的情况，影响服务质量或相应善后处理欠缺造成乘客不满的投诉；在车辆运行过程中，因驾驶员超速行驶、超员行驶、交通违章等进而引起乘客不满，造成的投诉。

3．乘车环境方面的投诉

乘车环境方面的投诉是指车站管辖范围、车厢卫生状况及车站、车辆空调、移动电视等设备设施缺陷或故障，带给乘客不便而造成的投诉。

4．票款差错方面的投诉

票款差错方面的投诉是指因票款差错而给乘客带来经济损失的投诉。

## 三、乘客投诉的原因

引起乘客投诉的原因多种多样，既有主观方面的，如驾驶员、乘客自身因素引起的，也有客观方面的，如硬件设施因素引起的。

### （一）驾驶员原因

1．驾驶员服务质量

由于驾驶员的素质不高，说话没有修养、粗俗、冲撞乘客甚至羞辱乘客，不尊重乘客，或缺乏沟通技巧，不能快速有效地解决乘客的疑问等，乘客如果受到驾驶员的怠慢就会反感、恼火并可能直接导致投诉。

2．驾驶员服务态度

长期以来，服务态度是乘客投诉的重要原因。大部分投诉是由于驾驶员缺乏主观能动性，对乘客缺乏热情，呆板，照章办事，回答问题冷漠、简单等。例如，公交车有前门上后门下的规定，但乘客因携带大件物品需要从后门上，驾驶员却一味地严格按照规定办事。有时还不注意规范自己的言行，说话随意、不分轻重，很容易让乘客产生误解。所有这些都是不尊重乘客的表现，都会引起乘客的反感，甚至发生冲突，从而导致乘客投诉。

3．驾驶员服务行为

不良的驾驶服务行为不时发生。一方面，驾驶员在行车过程中接听手机、吃东西、吸烟等，乘客上车尚未坐好就启动车辆，乘客上下车时车门关闭过快夹到乘客，随意更改发车时间或路线等。这些未充分考虑乘客的需要的驾驶行为，都会引起乘客的投诉。另一方面，工作不负责任的行为表现也是乘客投诉的重要原因，主要表现为：工作不主动，对乘客的要求视而不见，损害或遗失乘客的物品，车厢清洁卫生工作马马虎虎，不干净等。

### （二）乘客自身原因

1．乘客自身行为违规

乘客不了解关于驾驶员一般服务项目的规章制度，对有些规定有误解。如高速行车系安全带，车厢内不许吸烟，不能携带大件物品上车，有些乘客为了自己的方便，违反相关规定，但又不接受驾驶员的规劝，从而发生矛盾，心理失衡，希望通过投诉改变这种制度或规定，或者得到一定程度的心理补偿。

2．对突发情况不理解

因突发情况或特殊原因，导致临时的发车时间调整，或是换车，个别乘客就不能够理解，也会投诉抱怨。

3．期望过高

有些乘客对乘车的条件和服务期望过高 ，当服务内容和手段跟不上，乘客因为失望而产生不满情绪。

4．乘客自身的情绪问题

个别乘客可能由于身体欠佳、心情不好等原因，无理取闹，发泄情绪。

### （三）其他乘客原因

车厢内的其他乘客的一些违规行为，引起乘客的不满，求助于驾驶员解决问题。如其他乘客在车厢内抽烟、大声喧哗、乱坐座位等，也会导致乘客投诉。

### （四）硬件设施原因

舒适心理是乘客在乘车过程中普遍的心理需求。车内的配套设施设备如果无法保障乘客的舒适性，如空调故障导致太冷或太热、噪声太大，座位功能故障，车厢环境不卫生等，也会导致乘客的不满和投诉。

## 四、乘客投诉的一般心理

通常来说，乘客在投诉时有以下几种心理需要：

### （一）求尊重的心理需要

尊重指敬重、重视。人的内心都渴望得到他人的尊重，但只有尊重他人才能赢得他人的尊重。尊重他人是一种高尚的美德，是个人内在修养的外在表现，是顺利开展工作，树立良好社交关系的基石。

服务要尊重乘客，主要表现在乘客的自主选择和消费权益，重视老弱病残乘客的特殊需要，重视乘客体现身份和地位的需要等。乘客投诉时的尊重表现在他们希望驾驶员尊重他们，认为他们的投诉是对的，有道理的，认为自己这样做是应该的。希望得到理解、尊重，愿意看到服务人员向他们表示歉意并立即采取相应的行动。

### （二）求公正的心理需要

乘客消费是寻求愉快美好的经历，如果他觉得自己受到不公平的待遇，会觉得心里不平衡或窝火，他们可能会找到有关部门进行投诉，为自己讨回说法，维护自己的利益。乘客敢于投诉，是自我法律保护意识的觉醒。乘客通过合法的途径投诉，既是为自己，也是为所有的消费者寻求利益保护。通过投诉，使相关部门重视乘客的反映，并不断改进服务质量，能让广大乘客在今后的乘车中得到更优质的服务。

### （三）宣泄的心理需要

宣泄，是指一个人遇到某种挫折时，把由此而引起的悲伤，懊恼，愤怒和不满等情感痛痛快快地“发泄”出来的心理调节方法。把情绪发泄出来后，就可以比较理智地对待遇到的挫折，而不至于耿耿于怀，从而达到一种平和。投诉的乘客是因为自己对服务质量不满意，遭到了某种挫折，客观上需要寻求心理上的某种平衡。此时，他们往往通过投诉“宣泄”自己的感情，“出了气再说”或者“出了气再走”就成为他们排解心中不快的最直接途径。

### （四）求补偿的心理需要

乘客认为自己花费了钱财和时间，就应该获得相应的优质服务。一旦他们在经济上或精神上受到了一定的损失，希望能得到补偿，便会向有关部门投诉，这也是一种较为普遍的心理。例如，乘客遇到客运班车晚点或取消，希望尽快改签或得到相应赔偿。当然，很多乘客通过投诉寻求的并不是物质上的补偿，更多的是精神上的补偿，或者说是通过物质上的补偿来达到精神上的代偿，获得心理的平衡。

### （五）关心企业发展的心理需要

当然，并不是所有的乘客都是为了满足个人的需求才投诉的，有些乘客投诉是出于对客运企业的关心，他们希望通过投诉引起有关部门的重视，这样既有利于乘客，也有利于企业的发展。例如，乘客发现车身的广告宣传词中有病句或者错别字；发现车站、车辆的设施设备不周全，如安全锤丢失、灭火器压力不足等，无法满足乘客的需要并希望提出自己的改进建议；发现驾驶员服务态度不好、违章驾驶、超速驾驶等。这些因素都可能会导致乘客投诉，其目的是期望企业的管理者不要忽视这一些“不重要的”“小”问题，因为这些问题会影响企业的形象和声誉。

## 五、处理乘客投诉的原则和对策

驾驶员在面对各种各样的乘客投诉事件时，既不要对乘客的投诉置之不理、淡然处之，又不要把乘客的投诉看作洪水猛兽而惊慌失措。应树立正确的观念，保持沉着平和的心态，有效采取相应的解决措施，有条不紊地化解各类乘客投诉。

## （一）处理乘客投诉的原则

### 1．“隔离”原则

在可能的情况下，驾驶员应尽量隔离投诉乘客与其他乘客的联系。首先，乘客的情绪具有感染性、扩散性，这样会使同质性其他乘客本能地站在投诉乘客的一边，指责驾驶员；另外，根据群体心理学和个体心理学理论，一个胆小的人在群体状态下可能做出惊天的冒险行为，在别人的鼓动和面子的支撑下，有些自知理亏的乘客没有下台的台阶，简单的问题可能复杂化。

### 2．“安抚”原则

驾驶员要把安抚乘客情绪是放在首位，在乘客的情绪平静后，再寻求解决方案。因为，一个人处于情绪中时，他的思维和行动是受情绪控制的，情绪化的行为可能是粗鲁的和违法的。在这样的状态下，乘客难以接受合情合理的解决方案。在乘客的情绪平静后，再寻求解决方案。通常的安抚技巧：一是耐心地倾听乘客的抱怨，哪怕是乘客的言辞激烈和不符合事实，也不要进行解释和说明，乘客的情绪会随着抱怨的过程而慢慢平息；二是对乘客所诉的非原则性问题进行简单的附和，以达到与乘客存在相似性的效果。

### 3．“底线”原则

法律就是我们的底线，驾驶员要善于用法律来保护乘客和自己的利益，有时候乘客的无理常常是无知的一种典型表现。对于无知的乘客，既不能硬碰硬，更不能置之不理。两种方式都会让驾驶员的服务形象受到致命的伤害，我们唯一可以做的就是耐心地教育这类乘客遵纪守法，让他们从无知到有知，懂得用理智和法律来维护自己的合法权益，而不是无理取闹，法律是我们处理服务投诉的底线。

## （二）处理乘客投诉的对策

### 1．耐心倾听，尊重为先

当乘客前来投诉时，驾驶员首先要给予其尊重。“冲动的乘客在火里，冷静的工作人员在水里，冷能抵热，水能克火。”当乘客抱怨时，驾驶员务必保持冷静，洗耳恭听，切不可贸然打断。假如此时驾驶员没有冷静应对，而是“兵刃相见，刺刀见红”，势必造成双方矛盾激化。有效处理乘客投诉的第一原则就是：耐心倾听乘客的抱怨，避免与其发生争辩，待乘客情绪平复后再与之商谈。

### 2．对症下药，换位思考

驾驶员要分析乘客投诉的心态，根据具体情况来进行分析，判断出乘客投诉的目的，区别对待。乘客提出过分要求、大多数是因为不了解具体情况，并非有意敲诈。一般来说，乘客的要求并不苛刻，不近情理的乘客毕竟是少数。漠视乘客的感受是处理投诉的大忌。驾驶员必须以乘客为中心，换位思考，将心比心，无论遇到任何问题，都不要先分清责任，而是先表达歉意，承认过失，然后再对症下药。

3．诚实相待，迅速解决

倾听抱怨后不采取行动解决问题是一个“空礼盒”。只对乘客说“对不起，这是我们的过失”，不如说“我能理解给您带来的麻烦与不便，您看我能为您做些什么呢?”乘客投诉的处理必须付之行动，迅速地给出解决方案。能够及时解决固然最好，但如遇到的问题比较复杂或特殊，不确信该如何解决，驾驶员不应向乘客做任何承诺。同向乘客承诺做不到相比，诚实更容易得到乘客的尊重。把准备采取的措施告诉乘客，征求乘客意见，了解乘客心理活动，以便采取两全措施，既不让企业、自己蒙受不该有的损失，又能让乘客满意。

4．跟踪结果，给予关注

有些情况，驾驶员往往不能直接去解决问题。但应对处理结果进行跟踪，给予关注。例如，确定乘客的问题是否最终得到了解决；了解乘客对处理结果的意见；问题解决后，应该与乘客联系，再次表示歉意。这种同步服务与关心会让乘客感到企业时刻“以服务为中心，以客户为中心”，从而对企业留下良好的印象。

5．事件解决后，及时总结

当整个事件处理完毕后，企业应对事件进行深入分析和研讨，找出问题，总结经验教训，摸索事物的发展规律，正确认识到工作中的优缺点；明确下一步工作的方向，少走弯路，少犯错误，提高服务工作效率。同时，企业应将典型的事件制成案例，以便进行长期循环培训，使驾驶员举一反三，起到警示教育作用。

## （三）避免乘客投诉的对策

众所周知，驾驶员在日常客运服务工作中难免会和一些乘客发生一些矛盾，这本是正常的，然而，当这些矛盾出现时，如果处理不当，就很容易成为乘客投诉的导火线，因此，为避免乘客的投诉，势必要在减少和化解与乘客的矛盾上下功夫。

1．爱岗敬业，突出一个“勤”字

俗话说“干一行，爱一行。”首先，驾驶员要热爱自己的职业，才能在客运服务的工作岗位上创造出优良的成绩，反之，如果对自己的本职工作认识有偏差，在工作中就难免出现心绪不宁，因此和乘客之间的矛盾接踵而来，所以热爱交通事业，增加工作热情和责任心，是避免乘客投诉的前提和关键。

2．服务周到，体现一个“细”字

常言道，于细微处见真情，而驾驶员的服务工作，更显得“细”字的重要，当发生矛盾时，通过细心地解释和细致的服务，就能达到化解矛盾和消除投诉之效果。

3．态度诚恳，讲究一个“真”字

在日常工作中，一些乘客往往会因为一些小事而对我们的工作有所想法，但是，绝大部分乘客都是通情达理的，只要我们态度诚恳，虚心接受，以真心换真心，就能取得乘客的理解。

4．方法灵性，注重一个“巧”字

面对不同性别，不同年龄，不同职业的乘客，处理矛盾和问题也要因人而异，有的可以通过摆事实、讲道理加以说服，有的要以诚恳的态度，委婉的语调加以劝说，有的则要得理让人，适用“冷处理”。

只要我们深深爱上客运汽车驾驶员的工作岗位，全身心投入到工作中，相信我们的工作会越做越有信心，越做越好，乘客的投诉自然会远离我们。

# 参考文献


[ 1 ] 范士儒. 交通心理学教程[M]. 北京：中国人民公安大学出版社，2005.

[ 2 ] 中国就业培训技术指导中心，中国心理卫生协会.心理咨询师国家职业资格培训教材[M]. 北京：民族出版社，2005.

[ 3 ] 徐鸿. 交通安全心理学[M]. 成都：西南交通大学出版社，2010.

[ 4 ] 林松. 驾驶员与乘客心理学[M]. 北京：中国物资出版社，2011.

[ 5 ] 道路交通运输部职业资格中心. 道路客货运输驾驶员从业资格培训教材[M]. 北京：人民交通出版社，2012.

[ 6 ] 常若松. 汽车驾驶员安全心理学手册[M]. 北京：人民交通出版社，2014.

[ 7 ] 戴家隽，王华容. 驾驶人安全心理指导手册[M]. 北京：人民交通出版社，2014.

[ 8 ] 孙云，柏松平，李鹏. 客运汽车驾驶员心理素质研究[M]. 北京：人民交通出版社，2014.

[ 9 ] 王慧晶. 轨道交通客运服务心理与实务[M]. 长沙：中南大学出版社，2015.

[10] 解云，徐新春. 道路交通安全心理学[M]. 北京：人民交通出版社，2017.

[11] 崔思栋. 驾驶心理学[M]. 北京：科学出版社，2017.

[12] 安平. 驾驶人个性特征与安全驾驶[J]. 湖南农机，2008（12）.

[13] 林劲松. 内部感觉心理对驾驶行为的影响[J]. 驾驶人心理，2006（1）.

[14] 王佚. 驾驶人的视觉特性与反应特性[J]. 驾驶人心理，2006（5）.

[15] 邓裴，龙玲玲. 谈驾驶员如何提高注意力[J]. 南方农机，2008（6）.

[16] 张宗福，范新泉. 机动车驾驶员感觉与安全行车的重要性[J]. 湖南农机，2009，36（1）.

[17] 施利承，戴家隽. 驾驶员职业适性检测现状与进展[J]. 交通医学，2010（2）.

[18] 杨帆，苑莉，乔晓峰. 驾驶员适应性研究述评[J]. 交通标准化，2010（7）.

[19] 赵圆圆，刘期. 满 12 分驾驶员的气质类型分布情况研究[J]. 交通工程，2010（5）.

[20] 李新伟. 营运车辆驾驶人驾驶适宜性检测评价指标的研究[D]. 西安：长安大学，2011.

[21] 杨彬彬. 营运车辆驾驶人驾驶适宜性检测设备系统建立[D]. 西安：长安大学，2012.

[22] 应江婷. 我国营运车辆驾驶人适宜性检测评价指标体系的研究[D]. 西安：长安大学，2012.
[23] 王华容，陶林，戴家隽. 长途客运驾驶员注意品质状况调查[J]. 交通医学，2012，26（1）.
[24] 李娜. 驾驶员应激研究综述[J]. 社会心理科学，2013（10）.
[25] 汪欣荣. OOPP 在旅游客运驾驶员职业倦怠应用研究[D]. 昆明：昆明理工大学，2013.
[26] 杨宏. 机车乘务员的意志品质对行车安全的影响[J]. 决策与信息旬刊，2013（5）.
[27] 柏建立. 汽车安全驾驶影响因素浅析[J]. 大科技，2014（1）.
[28] 孙宝芸，董雷. 道路交通视错觉现象的预防及应用[J]. 沈阳建筑大学学报：社会科学版，2014（2）.
[29] 孙龙，常若松. 驾驶员危险知觉：概念、机制及其影响因素[J]. 人类工效学，2014，20（4）.
[30] 楼黎明. 浅析驾驶员感知能力的培养[J]. 科教文汇：下旬刊，2014（4）.
[31] 王慧霞. 列车驾驶员心理调适保健研究[J]. 法制与社会，2015（33）.
[32] 马文瑶，孙龙，常若松. 驾驶员危险知觉训练研究述评[J]. 人类工效学，2015，21（4）.
[33] 周维民. 新手驾驶员心理素质与行车安全[J]. 文教资料，2015（6）.
[34] 卞文. "路怒症"的心理学阐释[J]. 校园心理，2016，14（4）.
[35] 刘蕾. 我国驾驶适宜性检测的应用现状及发展建议[J]. 天津职业院校联合学报，2017，19（2）.
[36] 陈国良，张磊，丁伟艳，李岩松. 交通事故伤幸存者与创伤后应激障碍[J]. 应用心理学，2017，23（2）.
[37] 潘毅润，张磊. 驾驶员驾驶疲劳测评方法的研究状况[J]. 现代国企研究，2017（14）.